CHOSUN CHEF

조선셰프 서유구의
채소 이야기

조선셰프 서유구의
채소 이야기

임원경제지 전통음식 복원 및 현대화 시리즈

(13)

CHOSUN CHEF'S
VEGETABLE

풍석문화재단 음식연구소 **지음**
대표 집필 곽유경

자연
경실

채소와 우리 민족, 채소의 연금술사

우리나라는 산이 많고 초지가 넓지 않아 가축을 방목하는 것보다는 작물을 재배하는 데 더 적합했다. 한곳에 머무르면서 농사를 짓고 채소를 기르는 정착 생활을 하면서 자연스레 채소 음식을 즐겨 먹고 저장 음식을 만들어 배고픔에 대비했다. 사냥을 통해 얻는 고기는 일정하지 않아 예측하기 어려웠다. 채소는 산이나 들에 가면 채취할 수 있고 기르는 것도 손쉬워 식량자원으로도 보다 안정적이었다.

채소가 많이 나는 계절에 어린 순은 그때그때 맛있게 나물을 무쳐 먹고 조금 더 성숙한 잎줄기는 엮어서 말렸다가 국을 끓여 먹거나 볶아 먹었다. 채소는 종류가 많은 만큼 맛과 식감이 다 달라 먹는 이로 하여금 미각을 발달시키고 창의적인 조리법을 궁리하게 만들었다.

채소가 나지 않는 계절을 대비해서 제철 채소를 선별해 건조를 시키거나 식초나 술지게미 등으로 절임을 만들고 소금에 절여 저(菹)를 담가 겨울을 날 채비를 했다. 소금이나 여러 가지 절임원, 향신 양념류도 모두 보존성을 높여주었다.

한국인은 채소의 민족이다. 아니 더 정확하게는 채소의 연금술사들이다. 서유구가 《금화지비집(金華知非集)》에서 말한 "시냇가의 물풀이나 들의 푸성귀도 어머니 손을 거쳐 데치기만 하면 모두 색다른 맛이 났다"라는 어머니 한산 이 씨에 대한 회상은 솜씨 좋고 손맛 좋은 모든 어머니들에 관한 이야기다. 한갓 풀에 불과한 푸성귀들이 사람에게 이로운 음식으로 재탄생하는 경이로움이다. 지혜롭게 채소를 이용할 줄 아는 적극성이 기아와 질병의 고통으로부터 많은 사람을 구하고 밥상을 풍요롭게 만들었다.

대부분의 채소는 약성을 가지고 있어 병증에 따라 적절하게 음식으로 만들어 먹으며 생활 속에서 병을 치유하기도 했다. 먹고 마시고 바르는 모든 것이 채소에서 기인했다. 약채와 일상에서 먹는 소채는 밥을 넘기게 해주는 반찬과 약선식, 약재의 역할을 했다.

여러 고문헌에는 채소의 제철과 재배법, 저장법, 조리법이 상세하게 나와 있어 기근을 대비하는 지침서의 역할을 했다. 특히 제철 과일이나 채소를 겨울까지 생생하게 장기 보관하는 방법에도 골몰했다. 채소는 저마다 알맞은 토양이 있어 지역에 따라 생산되는 채소의 질이 달랐다. 이를 바탕으로 지역의 특색 있는 향토 음식이 만들어졌고 특산물의 거래가 활발했다. 서울의 경우 조선시대에는 소채전 같은 채소 전문 장터에서 팔았다.《한경식략(漢京識略)》에 조선시대에는 남자들이 장에 다녔는데, 부녀자들만 드나들 수 있는 채소 시장이 있었고 '여인시장'이라고 불렀다는 기록이 보인다.《조선무쌍신식요리제법》에 보면 서울만 해도 방아다리나 훈련원 배추가 유명했고, 진주 배추는 크고 어찌나 연하던지 땅에 떨어지면 금방 부스러져 물이 되는데 이렇게 좋은 배추는 천하에 으뜸이라고 했다. 산갓은 지리산 것이 제일이라고 평했다.

채소의 온실재배는 1930년대에 이르러서 보다 발달하게 되었고, 그 이전에는 비교적 조잡한 수준이었다. 이전에는 겨울에 따뜻한 방이나 움을 통해 누런 연화 채소를 길러 먹었다. 무, 부추, 소루쟁이, 움파 등도 길러 먹었다. 1930년대 이후에는 더욱 활발하게 중국, 일본과도 서로 종자를 교환하며 채소를 재배해 기술적으로 발전하게 된다.

식량이 부족할 때 채소는 언제든지 대체식량, 구황식의 역할을 했다. 잎줄기는 물론이고 황정이나 토란, 곶감 등을 넣어 구황떡을 만들고 도토리, 마름, 감자, 연근, 고구마, 산마, 옥수수 같은 열매나 뿌리 식물을 이용해 전분을 얻어 배고픔을 면했다.

서유구의《번계시고(樊溪詩稿)》경자편(庚子篇)에 나오는〈전가십이월령가(田家十二月令歌)〉에 보면 월령(月令)에 맞는 농사일이 나와 있다. 계절에 따른 곡식 농사와 채소도 나오고 농민들의 고달픈 삶도 절절하게 묘사되어 있다. 오월령(五月令)에 보리는 푸른빛을 띠었을 때 반을 거두고, 구월령(九月令)에 고구마 저장하려 넝쿨 잘라 두고, 십일월령(十一月令)에는 채소 담가서 돌로 눌러 두고 볏짚 쌓아 얼 때를 대비한다는 내용이 있다.

음력 정월 대보름에는 시래기, 박고지나물, 말린 버섯, 가지고지, 호박고지 등 묵나물인 진채(陳菜) 즉 상원채(上元菜)를 불려서 기름에 볶아 나물을 무쳐 먹으며 여름에 더위를 타지 않기를 바랐다.

입춘에는 오신채를 먹으며 입맛을 찾고 몸을 깨워 다가올 더위를 대비했다. 이렇듯 우리 민족은 채소 음식을 늘 가까이하며 채소 음식을 여러모로 시의적절하게 활용하는 슬기로운 민족이었다.

〈정조지〉 교여지류(咬茹之類)에는 씹어 먹는 채소 음식들을 10가지 항목으로 나눠 기록했다. 채소를 10가지 방법으로 가공해서 밥과 함께 먹을 수 있는 저장식과 일상식을 만들어 먹는 구체적인 방법들이다. 엄장채(醃藏菜), 식향채(食香菜), 자채(鮓菜), 제채(虀菜), 저채(菹菜)는 모두 절임, 담금 같은 장아찌나 김치류를 만드는 법이고 건채(乾菜) 역시 모두 채소 저장법에 해당된다.

자잡채(煮煠菜)는 국을 끓이고 데쳐 나물 만드는 법, 외증채(煨烝菜)는 굽거나 찌는 조리법, 유전채(油煎菜)는 기름에 튀기거나 볶고 지지고 기름을 넣어 조리하는 법, 수채(酥菜)는 두부나 우무, 묵처럼 부드러운 고형 음식 등 일상식을 만드는 법이 소개되어 있다.

자잡채 편 총론에는 "흐물흐물하게 삶고 익도록 데쳐[爛煮熟煠] 막힌 것을 소통시키고 혈액을 돌게 한다[疏壅導血]"라고 하여, 번거로워도 우리가 채소 음식을 먹어야 하는 이유가 분명하게 나와 있다. 땅의 정수를 머금고 서리와 이슬 가득한 향기를 품은 채소 자체는 고기의 누린내와 생선의 비린내로 어지럽힐 수 없는 채소의 본성이요, 미덕이다. 교여지류는 채소 하나하나가 주인공인 이야기이며 가장 소중한 자연의 이야기이기도 하다.

　　캐고 다듬고 씻고 데치고 절이고 무치는 과정이 손이 많이 간다고 이제는 채소 음식을 상에 올리는 걸 기피하기도 한다. 수공이 빠진 음식은 그저 영양 덩어리일지 모른다.

CONTENTS

좌판의 나물거리들

나물거리를 두고 채소를 사러 가는 아이러니

3월과 4월은 경이로운 계절이다. 조금만 관심을 가지면 주변에 온통 찬거리들이다. 산과 들에는 풀이 모여 군락을 이루고 있다. 도심의 빽빽한 아파트 숲처럼, 작은 땅이라도 있으면 송곳처럼 파고들어 몸을 비비며 어우러져 산다. 비가 한번 내리면 하루가 다르게 성장한다. 이를 놓칠세라 아는 사람들은 봄이면 산으로 들로 다니며 여러 가지 나물들이나 새순을 뜯거나 꺾어 찬거리로 삼았다.

손수 농사 지은 나물거리와 잡곡을 챙겨 오느라 번잡했을 아침을 커피 한 잔으로 추스른다.

도시가 커지면서 식물들이 사는 땅은 모두 포장되거나 건물이 들어서면서 먹을거리는 유통을 통해 슈퍼나 마트에서 사 먹는 형태로 바뀌고 말았다. 채소들은 무게를 재고 가격표를 단 채로 모양을 심사받는데, 표준화된 모양과 색을 가져야만 선택받을 수 있다. 자신의 무게만큼 썩지 않을 포장재 속에 담긴다. 사는 재미도 고르는 재미도 흥정하는 재미도 느껴지지 않는다. 어쩐지 생명력이 느껴지지 않는다.

아침에 섰다가 해가 따가운 빛을 내뿜는 정오가 되면 흔적도 없이 사라지는 '도깨비시장'에는 사람 사는 냄새가 난다. 천변을 따라 늘어선 좌판에는 손가락이 웅숭그려 고부라진 할머니들의 작은 판이 펼쳐진다. 나물을 캐서 싸 온 보자기가 그대로 매대가 된다. 할머니의 안으로 잦아드는 눈빛만큼 간절하고 작은 나물더미들이 눈길을 잡아 끈다. 슈퍼나 마트에서는 절대 볼 수 없는 진짜 반찬감들이 나와 있다. 꼬깃꼬깃 모아 온 비닐봉지마저 정답다. 눈대중으로 나눈 모둠에 덤까지 받으면 왠지 미안해진다. 허리를 구부리고 쪼그려 나물을 캐는 일이 여간 대간할 일이 아니기 때문이다. 늘 변함없는 물건들이 아니라 그때그때 산과 들의 숨결을 그대로 담은 작은 좌판이 소중하기만 하다. 마음도 흡족하고 조리법을 친절하게 알려주시는 아저씨의 이야기도 보물 같다.

가죽나무순은 까중가리요, 부추는 솔, 씀바귀는 가새 싸랑부리, 김치거리는 지거리, 나물은 너물이라고 쓰인 명패가 재미있다. 나물도 보고 할머니들과 이야기도 나누는 재미가 몸과 마음을 행복하게 해 준다. 나물은 그런 음식이다. 기성품이 아니라 살아 있는 생명을 접하는 귀한 음식이다. 나물과 우리 사이에 벽이 생기기 전에는 나물은 행복을 주는 음식이었다.

농업이 공업이 되고 식품이 식품산업이 되면서 자연과 교감하며 먹거리를 얻던 지혜가 더 이상 필요하지 않게 됐다. 그러다보니 전통 지식은 쓸모없는 것이 되어 버렸고, 유행처럼 새로운 것들을 찾아 사 먹는 세상이 되었다. 주부들도 집에서 밥을 하지 않는다. 더군다나 손이 많이 가서 번거로운 나물반찬은 잘 하지 않는다. 집 밖에 나가면 하트처럼 잎이 예쁜 말냉이, 흰민들레, 소루쟁이, 꽃다지, 홀나물, 유채, 쑥, 쑥부쟁이, 돌나물, 머위, 냉이 등 나물거리들이 말없이 살아가고 있다. 차와 사람이 주인공이 된 세상에 인간이 만든 시스템은 자신까지 가둬버렸다. 채식은 자유로움이다. 얼마든지

국 끓여 먹고 깍두기 담그고 생채 무치고 생선조림에 턱 하니 깐다.
무나물 해서 밥 비벼 먹고도 남은 것은 말려 두었다가 무말랭이 만들어
밑반찬을 만든다. 못생겨도 무 한 무더기 안 살 수가 없다.
무시라고 쓴 사투리가 정겹기만 하다.

응용가능한 넓은 세상이다. 더군다나 우리는 전통적으로 고기와 물고기를
채소와 함께 조리하는 데 탁월한 재능과 지혜를 가진 민족이다. 고기만 덩
이로 먹지 않고 서로 조화를 이루도록 조리하는 법이 발달했다. 전통음식
의 가치는 거기에 있다. 한 그릇의 음식 속에서도 채소를 주인공이나 조연
이 되게 배치하는 데 뛰어난 조리사들이었다. 교여지류 속에 어떤 이야기
들이 들어 있을지 설레었던 이유다.

심사에서 탈락한 파프리카, 애호박, 무 등은 싸게 팔린다. 어디에나 B품은 있다.
B품은 값도 싸고 허물이 없다. 성장기에 햇빛을 고루 못 받았든 다른 형제들에게
치어 양분을 제대로 못 받았든 고르지 못한 외모는 결격사유다.

선비들의 채소밭 가꾸기

사람은 채소를 가꾸고 채소는 사람을 기른다

마음대로 되는 게 하나도 없는 세상이지만, 정직하게 보답하는 게 있다. 바
로 채소를 가꾸는 일이다. 조선시대에도 선비들은 부식을 해결하면서 수양
을 하는 수단으로 채마밭을 가꾸었다.

꽃밭을 지나 간결하게 만든 나무문을 지나면 채마밭이 이어진다.

내 집에 작은 채마밭이 있는데 마루 앞에 바로 면해 있다.

아이종 하나가 거기에 부지런히 힘을 기울이면

밥반찬으로 나물을 마련하는 데 이바지할 수 있다.

그 심은 것으로는 파, 마늘, 부추, 무, 배추, 겨자, 아욱,

방아, 해바라기, 상추, 시금치, 오이 등이다.

호박과 박은 담장 아래에 줄지어 심었다.

채마밭 가까이에 우물이 있는데

우물 아래에는 푸른 미나리를 심었고

뜰 주변에는 가지를 심었는데 조금 남은 땅이 있어

고추를 심었다. 이 채소들은 절여 먹을 수 있고

국을 끓여 먹을 수 있고 데쳐 먹을 수 있고

생으로 먹을 수 있고 해물이나 고기에 넣어 먹을 수 있고,

즙을 내어 먹을 수 있고 약용으로 쓸 수도 있다.

이옥, 〈나의 채마밭〉 중에서

채마밭 가꾸기와 채소음식은 수신의 한 방편

농사법을 다룬 〈본리지(本利志)〉를 시작으로 16개 분야로 나눠 살림살이에 필요한 지식을 다룬 《임원경제지》는 상업에 관한 지식을 담은 〈예규지(倪圭志)〉로 끝을 맺는다. 절약과 검소함을 수신의 한 덕목으로 다뤘다. 절약을 통해 길러지는 4가지를 언급하면서 다음과 같은 내용을 인용한다.

독한 술에 취하거나 고기를 배불리 먹으면 사람의 정신이 혼미해진다. 그러나 만약 거친 밥에 채소국을 먹으면 장과 위장이 깨끗하게 비워져 찌꺼기나 오물이 없으니 이로써 정신을 기를 수 있다.
사치하면 함부로 구차하게 재화를 탐내느라 의지와 기개가 비루해지지만 한결같이 검약하면 다른 사람에게 구함이 없고 자기에게도 부끄러움이 없으니 이로써 기개를 기를 수 있다. 그러므로 노자(老子)는 절약을 보배 중의 하나라 여겼다.《학림옥로(鶴林玉露)》
醉醲飽鮮, 昏人神志, 若疏食菜羹, 則腸胃淸虛, 無滓無穢, 是可以養神也. 奢則妄取苟求, 志氣卑辱, 一從儉約, 則於人無求, 於己無愧, 是可以養氣也, 故老氏以爲一寶.《鶴林玉露》

검(儉)이라는 한 글자는 여러 오묘함이 드나드는 문이다. 다른 사람에게 구하는 것이 없고 자신에게 욕심을 줄이니 덕을 기를 수 있다.

소박하면서도 뜻을 분명히 밝히고 마음을 맑게 비워 정신을 기르니 의지를 기를 수 있다. 스스로 각고의 노력을 기울여 지출을 절약하고 구하는 것이 적으니 염치를 기를 수 있다. 당장의 부족함을 참고 훗날을 위해 잉여를 남기니 복을 기를 수 있다. 《복수전서(福壽全書)》

儉之一字, 衆妙之門. 無求於人, 寡欲於己, 可以養德; 淡泊明志, 淸虛毓神, 可以養志; 刻苦自勵, 節用少求, 可以養廉; 忍不足于前, 留有餘于後, 可以養福. 《福壽全書》

나아가 정약용은 편지에 채소나 약초를 심어 소득을 올리는 법에 대해 적기도 했다.

오늘날 선비들이 대단한 절개도 없으면서 누추한 집에
몸을 감추고 명아주나 비름 같은 나물로 배를 채우며 부모와
처자식을 헐벗고 굶주리게 한다면 그것이 선비의 도리인가.
생계수단으로는 원포(과일과 채소를 심는 것)와 목축만 한 게 없다.
연못을 파서 물고기를 기르는 것도 해 볼 만하다.
집 앞의 가장 비옥한 밭을 10여 무둑으로 구획하여 반듯하게
고르고 사계절 내내 채소를 심어 집에 먹을거리를 공급해야 한다.
집 뒤꼍의 빈 땅에는 진귀하고 맛 좋은 과일나무를 심고 그
가운데에 조그마한 정자를 세워 맑은 운치가 풍기도록 하면서
도둑을 지키는 데 이용하여라. 그리고 먹고 남은 여분은 시장에
내다팔고 혹 아주 크고 탐스러운 것이 있으면 각별히 편지를
써서 가까운 벗이나 이웃 어른에게 보내어 진귀하고 색다른 맛을
보여드려라. 이것도 넉넉한 마음씀씀이니라. 또 흙을 잘 일궈서 여러
가지 약초를 심는데 모싯대, 지치, 산마 등은 토질에 따라 구별하여
심어야 한다. 특히 인삼은 그 쓰임이 많으니
법에 따라 재배하면 많이 심어도 좋다. 보리농사는 세상에서
가장 이익이 없다. 나라에서는 권장하지만 백성들이 편히 사는
방도로는 할 만한 것이 못된다. 동백은 기름을 짜내 부인들의
머리를 꾸미는 데 쓰며 치자는 약에 넣고 염료로도 쓰이니

정약용도 서유구도 유배지와 세거지 근처에 머물며 텃밭을 가꿨다. 머릿속
에 든 지식으로 하면 태산을 이룰 정도였지만, 손수 텃밭을 가꾸며 스스로
먹을거리를 생산한다. 지식인으로 염치 있게 사는 도리를 실천했다. 지금도
그렇지만 손발을 움직여 농사를 짓고 나무를 심고 물고기를 잡는 행위는
두려움과 울분에 가득 찬 마음을 치유해 주는 원예테라피이자 그동안 좋
은 환경에서 공부에만 매진하느라 반편이가 된 자신을 수신하는 가장 좋
은 방법이었다.
밭에서 재배한 무를 뽑아 무채를 썰며 이런저런 상념과 생각을 가다듬는
모습이 눈에 선하다. 텃밭에서 보낸 시간이 없었던들 성숙과 성찰의 기회
도 가지지 못했을 것이다.

채소음식의 여러 얼굴들

채소는 다룰 줄 아는 사람에 의해서 두 가지 얼굴을 가지고 있다. 극히 호화롭거나 지극히 평범할 수 있다. 우리 민족은 채소를 자유자재로 다룰 줄 알았다. 맛을 알고 즐길 줄 모르면 할 수 없는 일이다.

우리가 알고 있는 잡채는 주인공이 당면이다. 당면을 먹기 위해 잡채를 만든다. 특히 소박한 백반집에서 나오는 잡채는 8할이 당면이다. 당면은 넣으면 좋지 아니하다는 《조선무쌍신식요리제법》의 저자 이용기(李用基, 1870~1933)의 지적을 보면 잡채는 원래 도라지, 황화채, 미나리 같은 채소가 주고 목이, 고기와 제육, 표고채, 파채, 데친 움파(많이 넣으라고 당부한다), 석이, 황백지단, 붉은 고추채, 실백, 해삼, 전복채까지 올라가는 격식을 갖춘 채소음식이다. 겨자나 초장에 찍어 먹는다. 나물음식의 맨 끝에 잡채를 실은 것만 봐도 나물들을 모아 맛을 낸 나물의 종합편이다.

떡볶이도 지금의 고추장 위주의 채소 없는 떡볶이가 아니다. 더운물에 데친 떡을 붙지 않게 기름에 버무리고, 정육과 양깃머리, 표고, 석이, 송이, 파, 미나리, 목이, 황화를 채치고 고명해 볶고, 장, 설탕, 후춧가루를 넣고 합해 볶은 음식이다. 역시 석이, 표고채, 실고추, 알고명, 실백을 얹고 송이는 굵게 하고 암소갈비도 삶아 끼워 넣고 숙주도 거두절미하고 넣기도 하고 애호박이나 애호박고지를 넣으면 매우 좋다고 했다. 화려하기 그지없다. 나물과 버섯이 중요한 역할을 하고 음식을 색스럽게 하는 데 한몫을 한다.

구절판은 고운 채를 썬 채소와 고기를 밀전병에 싸 먹는 아름다운 음식이다. 진주비빔밥인 화반도 채소를 곱게 채쳐 나물을 까부라지도록 무쳐 올린다. 된장이나 고추장, 간장에 막 버무린 나물까지, 우리 민족만큼 나물반찬을 다양한 색깔과 층위로 현란하게 인간을 위해 이롭게 만드는 민족도 없다.

신선로 역시 채소가 빠지면 안 된다. 수승화강(水昇火降)의 원리로 물과 불의 기운을 빌려 모든 식재를 모아 보여주는 이 독특한 조리도구에도 파, 부추, 미나리, 배추, 순무, 무, 오이, 생강, 고추, 천초, 후추, 잣, 말린 대추가 빠진다면 조화로운 음식이 될 수 없다.

전립투도 고기만 구워 먹는 것이 아니라 가운데 오목한 곳에 장물을 붓고 도라지, 파, 무, 미나리 같은 채소를 데쳐 먹어 조화와 균형을 이루도록 했다.

산적을 꿸 때도 반드시 고기나 내장 외에 제철 채소가 들어간다. 움파산적에 주인공은 고기가 아니라 노랗고 연한 움파다. 고기의 단맛보다 움파의 단맛이 고기와 서로 어우러지는 조화로운 맛을 최고로 쳤다. 당연히 산적은 귀한 대접을 받아 술안주 상에 올랐다. 마늘종도 마찬가지고 송이, 양하, 두릅, 풋마늘, 당귀잎 모두 마찬가지다.

청나라 학자 양장거(梁章鉅)가 《수원식단》에 대해 평하길 "《수원식단》에서 중요시하는 조리법은 대개 항상 채소를 먹고 산해진미가 없어도 우아한 사람의 깨끗한 정취를 잃지 않는 것이다."라고 했다. 당시 문인들은 도는 평범함 속에 있듯 기이함을 찾아 시간을 허비하지 않고 소박함 속에 품위를 잃지 않는 법을 존중했다.

유배지에서 보낸 정약용의 편지를 보면 다음과 같은 내용이 나온다.

> 오늘날 선비들이 대단한 절개도 없으면서
> 누추한 집에 몸을 감추고 명아주나 비름 같은 나물로 배를 채우며
> 부모와 처자식을 헐벗고 굶주리게 한다면 그것이 선비의 도리인가.

선비들의 무능을 탓하고 있지만, 그만큼 명아주나 비름, 소루쟁이 같은 나물거리들은 구황식으로 가난한 이들의 목숨을 살렸다.

아이들을 많이 낳아 기르던 1960, 70년대까지도 부모들은 매 끼니를 차려내는 것이 여간 버거운 일이 아니었다. 어머니들은 조리법을 달리 한 풀반찬들로 상을 채웠다. 아이들은 김구이나 생선구이, 돼지고기, 계란반찬을 꿈꿨다.

현대에 구황식은 건강을 구하는 음식이 되었다. 반찬거리가 무궁무진하게 널려 있건만 우리의 무지로 잡초로 버려진 여러 가지 '자생초'들이 산과 들에 가득하다. 자생초는 자연산이다. 일부러 심지 않아도 스스로 적응해서 살아남았기 때문에 모양은 고르지 않아도 맛이나 향, 약성 어느 것 하나 빠지지 않는다.

조선시대 우리 할머니, 어머니 세대만 해도 먹을 수 있는 나물과 푸성귀의 종류는 무궁무진했다. 지금은 자연과 떨어져서 일 년 내내 비슷한 채소만을 먹는다. 남들이 재배한 채소들을 사 먹는다. 상추, 깻잎, 부추, 시금치 등 종류가 빈약하기만 하다. 봄에 쏟아져 나오는 새순이나 연한 채소류는 점

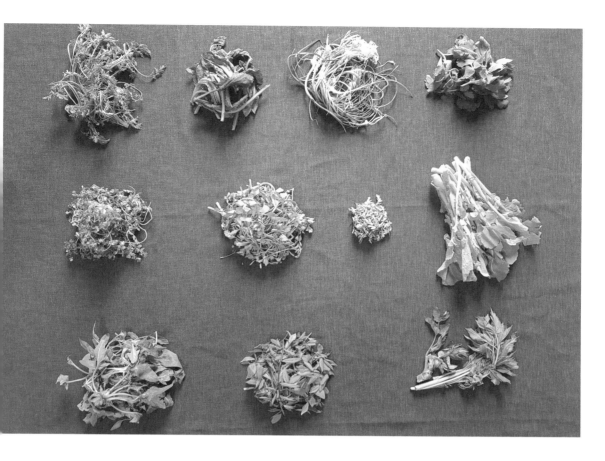

점 멀어져 갔다. 두릅, 옻순, 가죽나무순, 엄나무순, 화살나무잎, 찔레순 같은 목본류는 물론 겨울을 난 고수나물, 전호나물, 씀바귀 같이 귀해진 들나물들, 질경이, 소루쟁이, 원추리 같은 잡초가 되어버린 풀들, 고비, 머위, 산마늘 같은 산나물도 우리 스스로가 잊어버렸다. 계절에 따라 자연스럽게 찾아 먹던 우리 민족의 지혜가 만들어낸 나물의 채식문화는 축소되고 위축되어 버렸다. 집에서 담근 간장, 된장, 고추장, 식초, 술, 소금, 젓갈만 있으면 얼마든지 재료의 성질을 살려 반찬이 만들어졌다.

정약용이 노파의 지혜를 이야기하는 대목에서 씨를 받아 기르는 땅의 미덕에 대한 이야기가 나온다. 땅에 뿌리를 박고 자라는 식물은 땅의 기운에 따라 곡식과 풀을 길러낸다. 떨어지는 것은 순간이지만 받아서 품었다가 기르는 항심(恒心)은 깊고 너른 마음이 아니면 불가능하다.

유행도 좋고 외국에서 들어온 식재도 좋지만 우리에게 필요한 것은 항심이 아닌가 싶다. 항심을 가지고 꾸준하게 우리 식문화의 전통을 살리고 오랜 지혜를 다시 살펴볼 필요가 있다. 자연을 차용하고 자연과 함께 하며 의식주를 해결했던 우리가 이제는 자연을 약탈적 관계로 이용하기 시작했다. 몸에 좋아서 먹기도 하지만 욕심을 내려놓고 자연을 나누어 먹는 순수한 기쁨을 느꼈으면 한다. 봄에 나오는 모든 새순과 푸성귀는 모두 나름의 맛이 있다. 모두 짧은 봄의 한순간이 허락하는 성찬이다. 달고 짜고 매운맛이 판 치는 요즈음 쌉싸래하며 게미 있고 향기롭고 연하며 아삭거리는 봄채소의 맛을 잊어서는 안된다. 미각을 다양화시키고 단련하는 일은 문화인의 할 일이다. 조미료나 재료 본연의 맛은 죽이고 내 입맛에만 맞추는 우를 범하지 말자. 쓴맛 뒤에 올라오는 훗맛을 느껴보자. 나물을 뜯고 따고 꺾고 캐고 씻고 데치고 말리고 불리고 무치고 볶고 지지고 장에 박아서 먹던 구황식이 지금은 그 어떤 진미보다도 맛있는 음식으로 여겨지고 있다. 너무 잘 먹어서 탈인 시대에 비건, 채식, 사찰식 등이 각광받는 이유이기도 하다. 절제와 자연스러움, 본성을 죽이지 않는 조리법, 관찰하고 존중하는 속에 음식이 저절로 되는 조리법이 도리어 건강한 음식으로 여겨지고 있다.

우리는 모르는 게 너무 많다. 늘 곁에 있는 것도 경험이 없어서 무지한 채 모르고 지나가기 일쑤다. 겨울을 견디느라 마디게 자라 키는 작지만 대가 굵고 붉은 것들이 훨씬 달고 맛이 있다. 참나물, 미나리, 고수 다 마찬가지다. 저항과 시련 없이 죽 자란 채소들은 싱겁고 단맛이 없다. 낮은 기온에서 조금씩 다져지며 큰 채소들은 진한 빛깔과 차진 맛이 깃든다.

제철식재로 만든 음식 속에는 산야의 흙기운과 만드는 이의 정성과 애정이 들어간다. 애정이 있어야 조화로운 음식이 만들어지고 저절로 이야기가 엮어진다. 이야기가 있는 곳에 오래도록 남을 추억도 쌓인다. 새싹, 잎줄기, 아름다운 꽃, 뿌리까지 곁에서 함께한 푸성귀들한테서 우리는 큰 자양분을 선물받고 살아가고 있다.

나와 이웃, 지구의 건강을 위한 선택! 비건

우리가 육식을 먹기 위해서는 넓은 초지가 필요하다. 엄청난 양의 탄소를 배출하는 동물들 탓에 지구의 환경은 빠르게 파괴되고 있다. 사람을 포함한 생명체가 살아가는 데 필요한 필수요소인 물, 공기를 인간이 독점하고 약탈하듯 소비하는 태도를 반성하고, 이제부터라도 다음 세대에 물려주기 위한 지속가능한 환경 조성과 지구에 살고 있는 다른 생명체와 공존을 위해 환경문제에 대해 더는 등한시할 수 없게 되었다. 기후변화로 인해 지구촌 곳곳이 재앙을 겪고 있고, 지구의 사막화와 오존층 파괴, 해수면 상승 같은 지구에 닥친 위기에 관심을 갖기 시작하면서는 MZ세대들 사이에서 채식을 진지하게 실천하는 사람들이 늘고 있다.

채식을 억제나 금지의 개념으로 받아들이기보다는 자발적이고 트렌디한 몸짓으로 해석한다. 채식은 삶을 건전한 방향으로 이끌면서 공익에 보탬이 되려는 긍정적인 변화를 상징한다고 여긴다. 모두의 안녕을 위해 기꺼이 시도해 보고 즐기려는 자세다. 빨대를 쓰지 않고 자신의 컵을 가지고 다니며 자신의 작은 텃밭을 소중하게 가꾸는 생활속에서 작은 실천이 큰 변화를 만든다. 도시인에게 텃밭을 제공하는 가전형 텃밭도 이런 흐름에 발맞춘 제품이다.

과거에도 종교적인 이유로 채식을 실천하는 사람들은 있었다. 유대교나 이슬람교, 기독교의 종파 중에는 돼지를 먹지 않는 경우도 있다. 도살이나 집단사육의 비윤리적인 부분에 반감을 가지고 채식을 하는 사람들도 있다. 건강상의 이유로 채식을 하기도 한다. 특히 과체중이나 성인병에는 채식이 효과적이기 때문에 다이어트를 위해 채식을 실천하는 경우도 많다.

채식을 하려는 사람도 정도에 따라 7가지 단계로 나눈다.

채소만을 먹는 비건, 유제품과 꿀까지는 허용하는 락토베지테리언(lacto-vegetarian), 채소와 계란만을 허용하는 오보베지테리언(ovo-vegetarian), 둘을 허용하는 락토오보베지테리언(lacto-ovo-vegetarian), 생선까지 허용하는 페스코 베지테리언(pesco-vegetarian), 육류 중 닭고기까지는 허용하는 폴로 베지테리언(polo-vegetarian), 유연하게 채식을 실천하는 플렉시테리언(flexitarian)이 있다.

고기를 대체하는 대체식의 분야도 빠르게 성장해 음료부터 버터, 대체육까지 점차 다양해지고 있다. 식물성 유지도 동물성 못지않게 영양이 풍부하다. 잣, 호두, 개암, 홍화씨 등 우리 식재 중에도 활용할 수 있는 것들이 많다. 사찰식과 마찬가지로 조금만 관심을 가지면 빈약한 채식이 아니라 창의적이고 영양이 풍부한 미식의 세계를 경험할 수 있다.

춘아(春芽)의 향연(饗宴), 봄 20여 일간의 짧은 꿈

땅의 기온이 올라가면 겨우내 얼었던 땅의 표면이 풀리면서 삽이 땅에 들어간다. 긴 잠을 깨고 농사꾼의 부지런한 손길을 받아들일 준비가 시작된다. 겨우내 핼쑥하던 나무 표면에도 윤기가 돌기 시작한다. 동면은 개구리, 두꺼비, 뱀만 하는 것이 아니고 나무도 잎을 떨군 채 동면을 취한다. 제 본성을 드러내기 전의 어린싹은 독성이 없어 아주 짧은 순간의 봄채소 싹이나 여리고 어린잎은 좋은 반찬거리가 된다. 햇순, 햇나물이 주는 에너지와 활력은 다가올 여름을 지낼 에너지에 불을 지핀다.

춘흥(春興)…, 배고픔도 춘흥을 이기지는 못한다.

온산에 물이 오르면 우리 조상들은 이 기운을 함께 하려고 봄나물, 봄꽃과

함께 여러 가지 놀이를 즐겼다. 화전놀이는 꽃달임이라고 했다. 꽃이 피는 산으로 가서 꽃도 보고 꽃을 따서 화전을 부쳐 먹으며 모처럼 집안을 벗어나 이날만큼은 바깥공기를 쐬며 봄기운을 만끽했다.

고사리를 쪄서 먹는 산행증궐(山行蒸蕨) 역시 이런 풍습을 잘 보여준다. 모든 날이 다 축제다. 어찌 보면 놀기 위해 일을 하는 민족이 우리 민족이었다. 구한말 우리나라에 온 외국인 선교사의 눈에도 그렇게 보인 모양이다. 특히 농사를 중시하는 우리 민족은 농경의식을 통해 결속을 다지고 힘든 노동을 견딜 힘을 얻었다.

한식(寒食)에는 불을 피우지 않으며 살생을 하지 않는다. 오곡밥에 갖가지 나물, 반찬, 두부를 김으로 쌈을 싸서 먹는다 한식날의 오곡밥은 약식으로 만든다. 한식은 채식의 날이었다. 4대 명절인 설날, 한식, 단오, 추석에는 묵나물이나 생나물을 이용해 계절에 맞는 나물을 만들어 먹었다.

한민족은 오랜 세월 동안 농업을 주된 생업으로 해서 살아왔다. 우리나라

의 기후조건은 사계절이 뚜렷하고 벼농사와 밭농사를 겸용하여 한겨울만
빼고는 곡식과 채소를 재배할 수 있었다. 봄에는 자연적으로 계절의 변화
에 따라 봄에 올라오는 새순을 따서 나물이나 국을 끓여 먹었고, 여름에는
연한 잎을 골라 쌈을 싸 먹고, 가을에는 약성이 강한 잎은 말려서 가루를
내 약재로 쓰거나 차를 달여 마시고 열매나 뿌리를 채취해 먹거나 말려서
약재로 썼다. 겨울에는 성장한 뿌리를 캐서 움에 심어 두었다가 싹이 나면
연한 황아를 잘라 겨울이나 이른 봄에 귀하게 여기며 먹었다.

쪽, 닭의장풀, 꼭두서니, 홍화, 맨드라미, 봉선화, 목부용, 원추리를 심어 음
식이나 천에 고운 색을 들이고 어린잎을 따서 나물을 만들어 먹었다. 술을
담그거나 차를 달여 마시며 음식문화를 정교하게 발전시켰다.

몽골족은 중앙아시아의 초원과 웅대한 사막에서 반농반목의 생활을 하면
서 가축들과 함께 이동생활을 하기 때문에 육식을 중심으로 음식 종류가
다양하지 않다.

육류요리가 발달한 여진이나 말갈의 영향을 받아들여 설렁탕이나 설하멱
적, 전골틀에 고기를 구워 먹는 법이 들어와 우리 음식으로 토착화되었다.
건식요리와 함께 밥을 먹을 수 있는 여러 가지 습식요리가 발달했다. 조리
법으로는 절임을 하는 저(菹), 삭혀서 먹는 해(醢), 끓여서 갱(羹)이나 탕을
만드는 자(子), 증기를 이용해 찌는 증(蒸)이 발달했고 한 번 데친 후 말리거
나 기름에 볶는 초(炒) 같은 조리법이 발달했다. 구이를 할 때는 통으로 굽
기보다는 다져서 반대기를 짓거나 칼집을 넣어 양념에 재워 굽고 채소와
함께 꼬치에 꿰어 쪄서 즙에 재워 산적을 만들어 먹었다.

사람의 목숨을 구한 구황식물, 초근목피(草根木皮)

기근이 들어 먹을 게 없으면 풀뿌리를 캐서 씹고, 밀기울이나 깻묵
도 먹고 산에 가서 도토리를 주어다 가루 내서 떡도 만들거나 심지어 밀랍
으로도 만들어 먹었다. 삘기나 칡뿌리, 단수수를 꼭꼭 씹어 단물을 빼먹고
샐비어나 진달래, 찔레꽃을 반재미 삼아 따 먹었다.

냇가에 다슬기나 피라미는 중간중간 잡는 재미와 까먹는 재미를 함께 주었다.
뿌리, 줄기, 열매, 꽃… 식물은 무엇 하나 버릴 것 없이 모두 사람의 목숨을
구하는 식재가 되었다.

조선 후기에 들어온 외래식품으로 담배와 감자, 고구마와 호박이 있다. 조선시대에는 여러 가지 재해로 굶주림과 기근이 만연했다. 이 때문에 수많은 구황식이 개발되었다. 배고픔의 고개는 길어 빈독을 바라보는 춘궁기(春窮期)를 어찌어찌 넘기면 논에 벼는 아직 여물지 않은 음력 7월 칠궁기(七窮期)를 넘겨야 한다. 풋바심이라고 해서 아직 여물지 않은 곡식을 훑어서 양식을 삼았다. 이때 여러 가지 채소, 특히 감자나 고구마가 식량의 역할을 해줬다.

구황식에는 소나무의 꽃가루로 만든 송화병(松花餠)이나 송화주, 토란으로 만든 토란국, 도토리로 만든 도토리묵과 도토리떡, 감자를 갈아 만든 감자전, 두부를 만들 때 나오는 비지로 만든 비지찌개 같은 것이 있는데, 이것은 한걸음 더 나아가 별식과 향토식으로 발전한다. 지금 우리가 먹는 도토리묵이나 비지찌개가 사실은 구황식에서 나온 것이다.

이런 구황식은 다양한 저장식품의 발전을 가능하게 했고 약용식품의 다양화를 가져온다. 특히 다양한 저장식품들이 선을 뵈는데 더덕 같은 식물들을 된장이나 고추장에 박아 장아찌로 만들어 1년 내내 먹는 저장식이 대표적이다. 지금은 일상식이 된 장아찌 역시 구황식에서 나온 것이다.

온갖 나물

봄이 되면 산이나 들에는 냉이나 씀바귀, 쑥을 캐는 손길들이 분주하다. 나물들은 저마다의 모습과 향을 가지고 있다. 솜털이 보송보송한 쑥은 뿌리가 약해 쉽게 캘 수 있다. 반면에 냉이는 뿌리가 장대하고 된장국을 끓이면 포근하게 씹히는 맛이 봄날의 단맛을 담뿍 담고 있다.

보리는 아직 패지 못하고 지난해 지은 쌀은 바닥을 드러냈을 때 초근목피로 생명을 이어갔다. 풀뿌리는 삶의 의지를 보여주는 상징으로 실제 곡식의 양을 늘려주는 것은 물론 장이 막히는 것을 막아줬다.

쑥, 씀바귀 같은 고채들은 참고 견디는 근성을 길러주었다. 곰과 호랑이에게도 쑥과 산달래를 먹고 100일을 견디면 사람이 될 수 있는 기회가 주어졌다. 단군조선의 시작도 나물과 함께 시작됐다. 스위스에도 쑥과 고사리는 있지만 우리처럼 나물이나 국으로 먹지는 않는다. 우리나라 사람들은 온갖 나물을 가지고 음식을 만들어 먹으며 음식문화를 발전시켰다. 심지어는 짠지를 담가 두었던 무를 다시 헹구고 물에 담갔다가 양념해서 나물로 무쳐 먹었다. 나물밥, 나물죽, 나물떡, 나물탕반, 나물전골, 나물무침, 나물볶음, 건나물, 나물국, 나물찌개, 나물만두 등 종류가 무궁무진하다. 나물을 통해 우리는 지혜와 살아갈 용기와 이유를 배우고 있다.

출가자가 불법을 수행하는 데 필요한 계율을 기록한 율전인 〈사분율(四分律)〉에는 죽의 효능에 대해 "공복감과 갈증을 없애며 소화가 잘되게 하고 대소변을 없애고 풍을 없앤다."라고 5가지로 정리하고 있다.

　　사람을 살린 구황죽—죽십리(粥十利)
　　먹고살기 힘든 사람들은 싸라기, 시래기, 산나물류를 섞어
　　끓인 죽으로 식량부족을 때우며 연명했다.

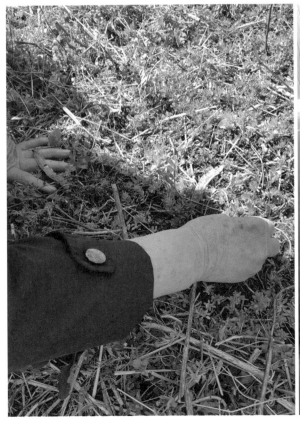

나물은 〈관휴지(灌畦志)〉에 128종이 정리되어 있다. 나물은 구황식물로 사람들의 목숨을 살리는 초근목피가 바로 식용 가능한 부위의 식물이다. 나물을 만드는 법에는 두 가지가 있다. 나물을 기름에 볶아 간을 하는 방법과 데치거나 쪄서 그 상태로 빨리 열기를 식힌 다음 갖은양념에 무치는 방법이다. 전자는 빠르고 간편한 방법이고 후자는 정갈하면서 나물 본연의 식감을 아삭하게 잘 살리는 방법이다.

나물 속 식이섬유는 변의 통과시간을 줄여 줘 체내 독성물질의 배출을 돕고 변비를 예방하며 배변량을 늘여준다. 식이섬유는 공복감을 줄여 줘 과식을 방지해 다이어트에도 도움이 된다. 섬유질은 발암물질의 생성을 줄여주고 콜레스테롤도 걸러내는 역할을 한다. 대장암의 예방을 위해서도 식이섬유가 풍부한 나물의 섭취를 권장한다. 나물에는 여러 가지 약리학적인 기능이 있다.

《조선무쌍신식요리제법》에는 나물 볶는 법이 잘 나와 있다. 특히 "멧나물은 살짝 삶되 연두색이 나는 것이 가장 좋고 파란 것은 좋지 못하다. 줄기가 굵고 연한 것이 좋다. 양념으로는 소금, 기름, 초고추장, 고추장, 초 또는 장을 쓰되 어떤 것으로 하든지 기름과 깨소금과 고춧가루를 넣어 주물러 만든다. 혹시 나물에 심한 독이 있다 해도 봄에 처음으로 나오는 어린것들은 독기가 심하지 않다. 비록 독초라 하더라도 단오 안에 먹는 것은 모두 괜찮다. 나물로 좋은 것은 두릅, 도라지, 고비, 고사리 이외에도 창출, 으아리, 잔대[蔓蔘] 등 상등 나물들이 있다."라고 하여 산나물 요리 방법과 종류에 관해 기술하였다.

지금은 샐러드도 생채로 많이 먹지만 조선시대에는 대개 나물을 기름에 볶아 숙채로 만들어 먹었다. 생채는 무생채, 외생채, 황화채, 도랏생채, 겨자채, 초나물, 묵청포가 있다.《조선무쌍신식요리제법》에도 숙채 32종, 생채 7종이 소개되어 있다. 생채는 주로 겨자나 식초처럼 시고 톡 쏘는 맛을 살린다면 숙채는 기름에 볶아 갖은양념을 넣고 다시 볶아 푹 익힌다. 나물이 가지고 있는 쓰고, 떫고, 아리고 매운 맛 등을 빼내기 위해 삶고 데치고 물에 담갔다. 푸성귀를 말릴 때도 끓는 물에 데친 다음 볕에 말리고, 말린 나물은 다시 불려 조리했다. 나물은 무치거나 혹은 쌈을 싸 먹기도 한다.

조선시대의 온실

조선시대에는 기근이 들어 식량이 부족할 때를 대비해 식품을 저장하거나 말리는 방법이 발달했다. 고조리서에도 대부분 식품 저장법과 건조법, 다시 되살려 쓰는 법이 소개되어 있다.
《산가요록(山家要錄)》에는 온실을 만들어 채소 재배하는 법이 나와 있다. 동절양채(冬節養菜)는 겨울철에도 채소를 재배해 먹을 수 있게 온실을 설계한 획기적인 사례다.

집을 지을 때는 크기는 마음대로 하되, 삼면을 막고 종이를 발라 기름칠을 하며 남쪽면은 모두 창문살창을 만들어 종이를 바르고 기름칠을 한다.

온돌구들을 놓되 연기가 나지 않게 하고 온돌 위에 한 자 반(약 45cm) 가량의 흙을 쌓고 봄채소를 심는다.

아침저녁으로 항상 따뜻하게 하고 바람이 들지 않게 하되 날씨가 몹시 추우면 편비내를 두텁게 덮어 창을 가리고 날씨가 풀리면 즉시 치운다. 날마다 물을 뿌려주어 방안에 이슬이 맺히게 해 주고 항상 따뜻하고 축축하게 해 주어 흙이 하얗게 마르지 않게 한다.

또 굴뚝은 벽밖에 만들고 가마솥은 벽 안쪽에 걸어서 아침저녁으로 가마솥에서 나는 수증기가 방안을 두루 퍼지게 한다고도 한다.

《음식디미방》에는 제철이 아닌 나물을 재배하는 방법이 소개되어 있다. "마구간 앞에 땅을 파 움을 만들고 거름과 흙을 깐 다음 당귀, 산갓, 파, 마늘을 심는다. 움 위에 거름을 덮어 두면 움 안이 따뜻해 나물이 돋아나게 되는데 이를 겨울에 사용하면 된다. 오이와 가지도 이렇게 하면 겨울을 날 수 있게 된다."라고 해서 겨울철에 움을 이용해 채소를 길러 먹었음을 알 수 있다.
총자방(蔥炙方)의 움파 구이는 겨울철에 움에 심어 노랗게 속이 꽉 찬 달짝지근한 움파를 불에 구워 먹는 별미음식이다. 숯불에 석쇠를 놓고 노릇노릇하게 구운 움파 구이는 연하고 달짝지근한 즙이 풍부해 겨울에 술안주로 최고의 음식이다.

〈관휴지〉의 채소 재배법

교여지류 속의 여러 채소들을 재배하려면 농사법을 알아야 한다.《임원경제지》〈관휴지〉 속에는 두둑과 채전, 약초밭 만드는 법이 상세하게 나와있다. 구덩이를 파야 하는 게 있고 두둑 사이 일구어놓은 이랑 사이에 심어야 하는 순무, 무, 생강, 마늘 같은 종류도 있다. 수시로 호미로 흙을 깨주면서 북돋아 주어야 잘 자란다. 농사 지으려는 밭 근처에는 물이 있어야한다. 이런 대책을 잘 세워 놓고 농사를 지어야지 물을 잘 주지 않으면 싹이 트지 않는다.

농사를 지을 때 천시, 지리, 인력이 다 갖추어져도 종자 하나가 좋지 않으면다 버리게 된다. 채소와 과일 종자는 물에 일어 가라앉는 것만 쓰고, 뜨는것은 쭉정이이므로 모두 버린다. 채소 종자를 보관할 때 가장 주의할 점으로 바람을 멀리하고 상자에 보관하라는 것이다. 종자를 뱀장어즙에 담그거나 말뼈 국물에 부자를 담그고 누에똥, 양똥, 오줌을 섞어 곡식을 심어 벌레를 피하는 법도 소개되어 있다. 씨앗은 파종 전에 반드시 햇볕에 말리고씻은 종자를 젖은 수건으로 덮어 3일 후에 싹이 손가락만큼 자란 후에 파종한다. 미리 잘 부식된 흙으로 만든 두둑 안에 물을 대고, 싹이 튼 종자를고르게 뿌리고 다시 체로 친 가는 거름흙을 그 위에 덮어, 직접 햇볕이 내려쬐어 어린싹이 마르는 것을 방지한다. 이 방법의 이점은 풀이 채소보다늦게 나와서 빈틈을 얻지 못해 김매기가 쉬워진다. 풀이 우위를 점하지 못하게 먼저 작물이 잘 자라도록 돕는 현명한 방법이다. 계란껍데기 위쪽에작은 구멍을 내고 내용물을 빼낸 후 오이나 박 씨를 넣고 종이로 봉한 후에49일 동안 품게 하면 채소가 속성으로 발아해서 자라 먹을 수 있다는 방법도 흥미롭다. 김매기, 물 주기는 부지런히 꾸준히 해줘야 할 일이다.

거름을 주고 고삼뿌리와 석회를 섞은 물을 뿌려 벌레를 퇴치한다. 염색공방에서 여과한 맑은 재를 햇볕에 말려 생오이, 가지를 싸서 저장하면 겨울에도 먹을 수 있다.

〈관휴지〉에는 채소류, 참고할 만한 채소들, 산야채류, 바다에서 나는 채소류, 열매류, 약류들의 명칭과 품종, 재배 시기, 심고 가꾸는 법, 수확하는법, 용도까지 잘 정리되어 있다.

구분	
채소류	아욱, 파, 자총, 부추, 염교, 마늘, 마늘(택산), 생강, 겨자, 개람, 순무, 무(당근), 배추, 쑥갓, 운대, 시금치, 나팔꽃나물, 근대, 상추, 개자리, 비름, 고추, 양하, 고수, 층꽃나무, 나리, 석잠풀, 차조기, 회향, 미나리, 순채, 여뀌, 버섯, 두릅나무
기타채소	구기자나무싹, 오가피나무싹, 참깨의 싹, 층층둥글레싹, 지황싹, 쇠무릎싹, 삽주싹, 결명자싹, 갯방풍싹, 형개싹, 박하싹, 우엉싹, 원추리싹, 당귀싹, 회화나무싹, 누런콩 싹, 녹두 싹, 둥글레싹, 잇꽃싹, 질경이싹, 궁궁이싹, 노야기싹, 여우콩싹, 모싯대싹과 뿌리, 접시꽃싹, 죽순, 부들순, 갈대순
산야초 [山野蔌品]	냉이, 말냉이, 고사리, 고비, 새완두, 좀명아주, 명아주, 약모밀, 는쟁이냉이, 꽈리, 물쑥, 덤불쑥, 방가지똥, 별꽃, 소리쟁이, 산마늘, 송이, 보리볏짚 버섯, 석이, 곰취, 동취, 청아채, 머위, 자개, 수소, 청옥채, 원추리꽃
해초류 [浦海菜品]	김, 모자반, 큰실말, 참다시마, 긴다시마, 진두발, 청각, 톳, 우뭇가사리, 건태, 갱태, 매생이
열매류	오이, 동아, 호박, 주먹외, 수세미외, 박(편포), 가지, 토란
약류	인삼, 층층둥글레, 둥글레, 지황, 당귀, 도라지, 모싯대, 삽주, 쇠무릎, 천문동, 맥문동, 결명자, 더덕, 궁궁이, 노야기, 형개, 박하, 갯방풍, 우엉, 질경이

건채

(乾菜, 채소 말리기)

01

총론

總論

       채소가 귀한 겨울을 나기 위해서 제철에 나는 채소를 잘 저장해두는 일은 매우 중요하다. 늦봄부터 가을까지 수확하거나 채취하는 잎줄기, 싹, 열매들은 대부분 포를 만들었다. 포를 만들면 저장성도 좋아지지만 향과 맛, 영양 성분이 증가한다. 겨울에도 밥이나 죽, 떡, 면, 만두 같은 주식은 물론 국이나 찌개, 탕, 나물 같은 찬을 만들 때도 건채는 요긴하게 쓰였다.

이 장에는 건채를 만들기 위한 다양한 방법들이 소개되어 있다. 소금에 절여 말리고, 찌고, 삶고, 데치고 때로는 향약들을 첨가하여 저장성을 높이면서 맛을 들이는 법들은 채소의 독을 다스리는 방법이기도 하다. 찌는 법을 써서 식감을 다르게 만들기도 하고 생채에서는 맛볼 수 없는 쫄깃한 식감과 향을 만들기도 한다. 우엉, 죽순, 연방, 파초뿌리 등을 이용해 식물성 포도 만든다. 우백, 봉선화는 물론 물이끼까지 모두 차로 마시거나 말려두었다가 식재로 썼다. 약성이 강한 약채와 향채, 생체 모두 건채를 만들어 건강을 유지하고 식량이 부족할 때를 대비했다. 말린 채소를 되살리는 법도 참고해 볼 만하다. 채소의 진면목(眞面目)은 건채나 반건채를 만들어 보면 안다.

건채(乾菜, 말린 채소)는 생채소를 볕에 말려 포(脯, 말린 음식)로 만든 것으로, 만드는 방법이 일정하지 않다. 썰어서 편으로 만들거나, 깎아서 가락으로 만들거나, 소금과 술지게미를 섞거나, 향약(香藥, 향기가 나는 약재)으로 만들기도 한다. 대체로 모두 음식을 저장하여 겨울에 대비하는 한 가지 방법이다. 《옹치잡지》

乾菜用生菜曬而脯之也, 其法不一. 或切作片焉, 或削作條焉, 或以鹽糟拌之, 或以香藥爹之. 大抵皆旨畜御冬之一法也. 《饔饎雜志》

고기 같은 쫄깃한 맛

증건채방

烝乾菜方

채소 쪄서 말리기(증건채방)

3~4월 사이에 큰 포기의, 품질이 좋은 채소를 골라서 깨끗이 씻고 물기를 말린다. 이를 끓는 물에 넣고 데쳐서 5/10~6/10이 익으면 볕에 말린다. 이를 소금과 간장, 시라(蒔蘿), 화초(花椒, 산초), 설탕, 귤껍질을 넣고 함께 푹 익힌다. 이를 꺼내서 또 볕에 말리고, 아울러 편으로 잘라 찔 때는 자기그릇에 저장해둔다. 사용할 때 향유를 발라 주무른 뒤, 식초를 약간 넣고 자기그릇에 넣은 다음 밥 위에 올려 쪄 먹는다.《중궤록》

烝乾菜方

三四月間, 將大窠好菜擇, 洗淨乾, 入沸湯內煠, 五六分熟, 曬乾. 用鹽醬、蒔蘿、花椒、砂糖、橘皮同煮極熟. 又曬乾, 幷烝片時, 以磁器收貯. 用時, 著香油揉, 微用醋, 飯上烝食.《中饋錄》

길쭉하게 생긴 경종 배추가 눈에 쏙 들어왔다. 경종 배추 아니면 키우지 않는다는 아저씨는 경종 배추의 장점을 잘 알고 있다. 배추 대가 연하면서도 물기가 적어, 이 배추로 김치를 담그면 쉬이 무르지 않고 오래도록 변치 않는 김치맛을 볼 수 있다. 수분이 적은 대신 감칠맛이 있다. 속은 경종 배추로 만든 시래기는 연하면서 길어 목에 술술 넘어간다.

호배추 대신 재래종 경종 배추로 증건채를 만들었다. 데치는 시간과 정도에 유의해야 나중에 탄력 있는 상태를 유지할 수 있다. 말린 후에 간장, 소금, 설탕에 절이기 때문에 간이 깊이 배고 화초와 시라, 귤껍질의 시원한 향이 배고 참기름과 식초가 들어가 유연하면서 탄력 있고 깔끔한 맛이 난다. 시라, 화초, 식초는 음식이 상하지 않고 오래 보존해주는 방부 작용도 뛰어나다. 꼬들꼬들하면서도 쫄깃해서 은근히 고기를 씹는 거 같다. 말리는 과정을 반복하고 다시 밥에 찌기 때문에 밥 향과 수분이 배 더욱 고소한 풍미가 살아 있다.

예전에는 무엇이든 밥에 넣고 쪄먹어야 제맛이 난다고 생각했다. 짜게 절인 조기도 쌀뜨물에 담가 짠 기운을 빼고 갖은양념을 해서 밥에 쪄먹고, 가지도 쪄서 찢어 나물을 해 먹거나 된장찌개도 밥에 올려 증기로 조리하고, 무엇이든 밥 한편에 찌면 맹물 김에 찌는 것보다 훨씬 구수하고 맛있었다. 전기 보온압력 밥솥을 쓰면서 이런 맛깔스러운 찐 음식을 만드는 법이 그만 사라져 가고 있다. 편리함도 좋지만 가끔은 솥 밥을 하면서 밥에 찌는 음식을 만들어 먹으면 맛있고 살아 있는 음식 맛을 볼 수 있다. 밥은 밥 이상의 가치를 가지고 있었다.

재료

큰 포기의 품질 좋은 채소
(경종 배추 데쳐서 물기 짠 것 1kg),
소금 4g, 조선간장 26g,
시라 1g, 화초(산초) 1g,
설탕 10g, 귤껍질 10g,

향유(참기름) 11g,
식초 18g

만들기

1 3~4월경 큰 포기의 경종배추를 골라 깨끗이 씻어 물기를 말린다.

2 끓는 물에 줄거리부터 넣어 절반 정도 익으면 꺼내서 얼음물에 헹궈 물기를 빼고 볕에 말린다.

3 잎은 마르고 줄거리에 수분이 남았을 때 분량의 소금, 간장, 시라, 화초(산초), 설탕, 귤껍질을 넣고 쪄서 익힌다.

4 다시 3을 볕에 말리고 먹기 좋게 잘라 자기 그릇에 저장한다.

5 찔 때는 향유를 발라 고루 주무른 뒤 식초를 넣고 자기 그릇에 담아 밥 위에 올려 찐다.

Tip

데친 후에 반드시 얼음물에 담가 푸른빛을 살린다. 참기름에 주무르기 전에 쌀뜨물에 잠시 불리거나 주무른 후에 쌀뜨물에 담갔다가 식초를 넣고 찌면 더욱 부드럽고 탄력이 있다. 줄기나 너무 뻣뻣한 부분은 미리 손질해서 넣고 찐다. 밥이 한 번 끓고 나서 뜸 들이기 전에 넣고 찐다. 더 부드럽게 하고 싶으면 술을 조금 넣는다.

제1장 건채(乾菜, 채소 말리기)

건약채방

乾藥菜方

약채(藥菜, 약채소) 말리기(건약채방)

구기자·지황·감국·청양(靑蘘, 생강과의 여러해살이 풀)·우슬·회화나무싹·백출·춘아(春芽, 봄에 딴 차싹)【향기가 나는 것】·질경이·황정(黃精)·합환(合歡, 자귀나무)·상륙(商陸, 자리공뿌리)·결명자·목료(木蓼)【누렇고 나무에 붙은 싹】등의 각각 어린 것을 가져다 양에 관계없이 데쳐서 장수(漿水, 좁쌀죽웃물)로 윤이 나게 한다. 이를 소금물 속에 넣었다가 꼭 짜서 악즙(惡汁)을 제거한 다음 대그릇에 널어 볕에 말린다. 이때 종이를 덮어 바람으로 인한 먼지가 들어가지 못하게 한다.

사용할 때는 따뜻한 물에 담가 부드럽고 깨끗하면서 윤기가 나게 하고 악즙을 제거한다. 다시 다른 물로 끓여 푹 익힌 뒤에 문드러지도록 볶아서 간을 맞춰 먹는다. 우엉·서여(薯蕷, 마)·백합 등의 재료도 겨울의 적당한 때에 수고롭지 않게 미리 거두어둔다.《거가필용》

乾藥菜方

枸杞、地黃、甘菊、靑蘘、牛膝、槐芽、白朮、春芽【香者】、車前、黃精、合歡、商陸、決明、木蓼【黃連樹芽】各取嫩者, 不限多少煠之, 漿水澤了. 入鹽汁中, 握去惡汁, 曬乾於竹器中, 以紙覆之, 勿令風塵入.
用時, 以煖湯漬軟淨澤, 去惡汁. 更以別湯煮令熟, 然後爛炒, 調和食之. 其牛蒡、薯蕷、百合等物, 冬中是時, 不勞預收.《居家必用》

Tip

약이 되는 채소를 말려두면 몸이 아팠을 때
단방약으로 달여 먹을 수 있다.

재료

말리기 재료
구기자. 지황. 감국.
청양. 우슬. 회화나무 싹. 백출.
춘아(봄에 딴 차 싹)-향기가 나는 것.
질경이. 황정. 합환(자귀나무).
상륙(자리공 뿌리). 결명자.
목료-누렇고 나무에 붙은
싹 등의 각각 어린것.
장수(좁쌀죽 웃물). 소금물.
우엉. 서여(마). 백합

나물 재료
구기자 싹 40g. 장수 200g.
소금 10g. 물 120g. 참기름 2g.
조선간장 3g. 참깨 2g

만들기

1. 말리는 재료들을(어린 것들을) 가져다가 장수로 데쳐 윤이 나게 한다.

2. 다시 건져 소금물 속에 넣었다가 꼭 짜서 악즙을 제거한 다음 대채반에 널어 볕에 말린다.

3. 종이를 덮어 먼지가 들어가지 않게 해서 말린 후 보관한다.

4. 먹을 때는 따뜻한 물에 40분 이상 담가 불려서 부드럽고 깨끗하게 한다. 윤기도 나고 악즙도 제거된다.

5. 다시 다른 물에 푹 익도록 삶아 무르도록 볶아 간을 맞춰 먹는다.

구기자

봄이 되면 일반 푸성귀들도 돋아나지만 약채들도 고개를 내민다. 이 중에 구기자 싹은 잎으로 자라기 전에 채취해 여러 단계를 거쳐 순하게 만들면 매하면서도 꼬독꼬독 씹히는 맛이 일품이다. 물론 독한 맛을 잘 빼야 하는 번거로움은 있다.

먼저 소금을 넣은 끓는 물에 데치고 미리 조밥을 지어서 식기 전에 찬물을 부어 옹기 항아리에 넣고 숙성시킨 장수를 부어 준다. 장수는 좁쌀 웃물 죽으로 뜨거운 좁쌀밥에 물을 부어 두면 발효가 돼 2~3일만 지나도 보글보글 게거품이 올라온다. 발효가 잘되어 먹어보면 달면서 약간 시큼한 맛이 난다. 먹으면 소화도 잘되고 갈증을 가시게 해 줘 음료로 쓰였다. 전분 성분이 있어, 데친 구기자 싹을 넣어 두면 해독은 물론 유연하면서 윤기가 나게 해 준다. 다시 한번 소금물에 넣었다가 짜면 강한 맛이 빠지면서도 색이 선명해지고 탄력이 생긴다. 말려두었다가 먹을 때에 다시 따뜻한 장수에 불리고 다시 삶아 볶아 먹으면 탄력 있으면서 씹는 맛이 살아 있는 나물 반찬이 된다.

질경이

'길장구'라고도 불리는 질경이는 사람이 다니는 길 가운데에 무리를 지어 자란다. 잎을 '차전초'라고 부르고 종자는 '차전자'라고 부르며 약재로 사용한다. 이뇨제로 쓰여 몸을 가볍게 해 준다. 달걀모양의 귀여운 잎은 튼튼해서 물에 넣고 데쳐도 숨이 팍 죽지 않는다. 아무데서나 잘 자라고 자손을 번식시키기 위해 길가로 나온 만큼 튼튼한 몸을 가졌다. 어린잎은 생채, 나물, 김치, 튀김 등 다양한 음식을 만들어 먹었다.

자리공 뿌리

예전에 사약의 재료로 쓰일 만큼 독성이 있다고 알려져 있다. 그 정도는 아니지만 카리오필린(caryophyllin)과 피토라카사우르(phytolaccasaure)라는 성분이 있어, 이뇨 작용을 하고 변비를 완화해 주지만, 지나치게 많이 먹으면 복통과 설사를 일으킬 수 있어 주의한다. 기관지 질환이나 관절염을 치료하는 약재로도 쓰였다.

자귀나무 잎

자귀나무 잎은 밤이 되면 잎이 빗살처럼 오므라든다. 6월경에는 화려한 분홍색의 불꽃같은 꽃이 피어 초여름 하늘에 어린다. 자귀나무는 부부 금실을 좋게 하는 합환수(合歡樹)로도 불릴 만큼 남녀 모두의 스테미너를 향상시키는 폴리페놀 성분을 가지고 있다. 자귀나무의 줄기나 뿌리의 껍질을 '합환피'라고 하고 근육통, 요통, 타박상에 쓰인다. 어린잎은 데쳐서 먹는다. 뼈가 약한 사람들은 자귀나무를 달여 먹으면 뼈 건강에 도움을 받을 수 있다.

감국잎

질경이

회화나무 싹

자리공 뿌리

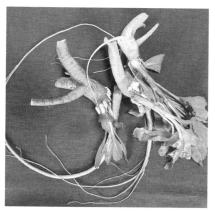

자귀나무 잎

어린 찻잎

제1장 건채(乾菜, 채소 말리기)

겨울, 어린 겨자가 나는 계절

풍채방

風菜方

납채(臘菜) 바람에 말리기(풍채방)

납채는 어린 심(心)을 새끼로 묶은 다음 바람이 드는 곳
에 드문드문 걸어 바람에 말린다. 편리한 대로 사용하는
데, 삶거나 볶거나 모두 맛이 빼어나다. 《다능집》

風菜方

臘菜取嫩心用繩紮之, 稀稀掛在風處, 風乾. 隨便用之, 或煮
或炒, 俱妙. 《多能集》

재료

어린 납채(겨울 겨자) 60g

만들기

1 12월 추운 겨울에 먹을 어린 겨자의 심을 새끼로 엮
어 바람이 드는 곳에 드문드문 걸어 바람에 말린다.

2 먹을 때 삶거나 볶아서 먹으면 맛이 빼어나다.

Tip

통풍이 잘되는 반 응달에서 말려야 바스라지지 않고
향이 좋은 시래기가 된다.

제1장 건채(乾菜, 채소 말리기)

부드럽고 깊이 있는 맛

자건납채방

煮乾臘菜方

납채 삶아 말리기(자건납채방)

납함채(臘鹹菜. 소금에 절인 겨자) 남은 것은 청명(淸明)이 되기 전에 삶아야 한다. 하오(下午. 오후 12시~오전 12시)에 삶되 뒤집어서 다시 삶는다. 뚜껑을 덮고 하룻밤이 지난 뒤, 다음날 아침에 볕에 말렸다가 단지 안에 저장해둔다. 더러는 시루에 넣고 문드러지도록 찌기도 한다. 그러면 맛이 더욱 빼어나다.

함채(鹹菜. 소금에 절인 채소)는 먼저 볕에 말려서는 안 된다. 만일 지나치게 말리면 문드러지도록 삶기가 어렵다. 간혹 흑료두(黑料豆. 검정콩)를 넣고 함께 달이면 맛이 더욱 빼어나다. 《다능집》

煮乾臘菜方

臘鹹菜剩餘的, 須在淸明前煮, 下午煮, 起翻轉再煮. 蓋過夜, 次早曬乾, 收貯罈內. 或以甑蒸爛, 更妙.

鹹菜不可先曬乾. 如過乾則難爛. 或放黑料豆同煮, 更妙. 《多能集》

바람에 말린 겨자잎 삶은 것과 소금에 절인 겨자잎을 검정콩과 함께 삶은 것을 똑같은 양념장으로 무쳐 먹어 보았다. 풍채는 삶자 푸른빛이 바로 살아나면서 다시 생생해졌다. 탄력이 있으면서 연하고 푸른 기운이 감돈다. 다른 계절에 되살려 먹어도 원 계절의 싱그러움을 느낄 수 있다. 검정콩 삶은 물에 같이 삶은 납채는 검정콩 물에서 나온 검은색이 들고 윤기와 고소함이 들어가 맛이 오묘하게 느껴진다. 실켓가공을 한 면처럼 뭔가 섬세하고 부드럽고 입에 감기는 맛으로 바뀌었다. 검정콩 물 자체가 조미액 역할을 충분히 해 준다.

채소를 부드럽게 삶는 법으로 검정콩 물에 삶기, 참기름을 넣고 삶기 등을 활용하면 매우 좋은 방법들이다. 섬유질을 연화시키면서 강한 맛과 독소를 줄여주고 풍미를 배가시킨다.

이렇게 전처리를 하고 나면 어떤 양념이든 원하는 대로 하면 된다. 그래도 가벼운 최소한의 양념을 해야 본연의 맛이 살아난다. 일부러 알려주지 않으면 겨자라고 느낄 수 없을 만큼 부드러운 나물로 재탄생한다.

겨자잎에는 비타민 A, B, C, E, K는 물론 칼슘을 비롯한 망간같은 미네랄이 풍부하게 들어 있어 면역력을 향상시킨다.

재료

납함채(소금에 절인 겨자) 230g
(겨자잎 245g과 소금 25g을
절이면 납함채 230g이 됨),
흑료두(검정콩) 70g

만들기

1 소금에 절여 두었던 겨자는 청명 전에 꺼
  내서 낮 시간에 뒤집어가며 삶는다.
2 그대로 불을 끄고 뚜껑을 덮어 하룻밤 둔다.
3 다음날 아침에 꺼내 물기를 빼서 볕에 말
  려 저장한다.
4 일부를 시루에 넣고 푹 찌면 맛이 있고 검
  정콩을 넣고 함께 삶으면 더욱 맛있다.

Tip

함채는 먼저 볕에
말려서는 안 된다.
만일 지나치게 말리면
연하게 삶기가 어렵다.

제1장 건채(乾菜, 채소 말리기)

쇄산방
曬蒜方

마늘 볕에 말리기(쇄산방)

마늘종[蒜苗, 산묘] 다루는 법 : 마늘종에 소금을 조금 넣고 절여서 하룻밤을 보낸다. 이를 볕에 말린 뒤 끓는 물에 데친다. 다시 볕에 말려 감초탕(甘草湯, 감초 끓인 물)에 섞고 시루에 얹어 찐 뒤, 볕에 말려 항아리에 넣는다. 《중궤록》

마늘종[蒜薹, 산대] 볕에 말리는 법 : 싹이 통통하고 어린 마늘종을 양에 관계없이 끓는 소금물에 데쳐서 볕에 말린다. 사용하고 싶을 때는 끓인 물에 담가 부드럽게 한 뒤, 간을 맞춰 먹는다. 기름진 고기를 함께 넣어 만들면 더욱 빼어나다. 《거가필용》

말린 마늘종[蒜薹]을 소금에 3일 동안 절여 볕에 말린다. 3일 동안 절였던 소금물을 끓이고 여기에 마늘종을 데친다. 다시 볕에 말렸다가 푹 쪄서 자기항아리에 담으면 오래 두어도 맛이 변하지 않는다. 《군방보》

曬蒜方
做蒜苗法 : 苗用些少鹽淹一宿, 晾乾, 湯焯過. 又晾乾, 以甘草湯拌過, 上甑蒸之, 曬乾入甕.《中饋錄》

曬蒜薹法 : 將肥嫩者, 不拘多少, 用鹽湯焯過, 曬乾. 欲用時湯浸軟, 調和食之, 與肥肉同造, 尤妙《居家必用》

乾蒜薹鹽醃三日, 曬乾, 元滷煎滾煠過. 又曬乾蒸熟, 磁罐盛之, 久留不壞.《群芳譜》

제 1 장 건채(乾菜, 채소 말리기)

① 마늘종 볕에 말리는 법 1

재료

마늘종(산묘) 300g, 소금 5g,
감초탕(감초 5조각, 물 800g)

만들기(마늘종 다루는 법)

1 마늘종에 소금을 조금 넣고 절여서 하룻밤을 보낸다.

2 이를 볕에 말린 뒤 끓는 물에 데친다.

3 다시 볕에 말려 감초탕에 섞고 시루에 얹어 찐 뒤 볕
  에 말려 항아리에 넣는다.

Tip

마늘종 자체가 대가 가늘고 연한 경우 오래 절이지 않아도 된다.
대가 두꺼운 경우 하룻밤을 절인다.

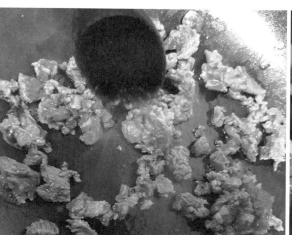 

② 마늘종 볕에 말리는 법 2

재료

마늘종 300g, 소금 5g(데침용),
기름진 고기 100g, 조선간장 16g, 물 40g,
참기름 12g(원전에는 없지만 추가함)

만들기

1 싹이 통통하고 어린 마늘종을 양과
　관계없이 끓는 소금물에 데쳐서 볕
　에 말린다.

2 사용하고 싶을 때는 끓인 물에 담가
　부드럽게 한 뒤 간을 맞춰 먹는다.

3 기름기 있는 고기를 다져 넣고 마늘
　종을 함께 넣은 후 약불에서 끈끈하
　게 볶아준다.

Tip

소고기는 미리 잘게 썰어 두드려 준다. 간장으로
밑간한 후에 참기름을 두르고 볶는다. 물을 넣어
주어야 연하게 속까지 간이 잘 밴다.

③ 마늘종 볕에 말리는 법 3

재료

말린 마늘종 300g, 소금 20g

만들기

1 말린 마늘종을 소금에 3일 동안 절
　여 볕에 말린다.

2 3일 동안 절였던 소금물을 끓이고
　여기에 마늘종을 데친다.

3 다시 볕에 말렸다가 푹 쪄서 자기
　항아리에 담으면 오래 두어도 맛이
　변하지 않는다.

Tip

마늘종은 가늘고 부드러운 것 중에 대 끝이 마른
것을 사용해도 된다.

마늘종은 대 안에 단 즙이 가득 담겨있고 껍질이 탄탄해서 여러 번 데치고 말리고 찌고 다시 말리기를 반복해도 잘 견딘다. 마늘종만의 약한 매운맛과 단맛을 오래도록 느끼기 위해 흔히 마늘종 장아찌를 담근다. 꼬독하고 빼독빼독한 맛이 입맛을 당겨 여름철에 꼭 필요한 밑반찬이다.

소금에 절여 간을 베개하고 볕에 말려 수분을 줄여주고 끓는 물에 데쳐 말리면 마늘종이 연해진다. 감초탕에 담갔다가 쪄서 말리면 고운 녹색이 살아난다. 감초는 방부 작용이 있으면서 맛을 조화롭게 해 준다. 해독 작용이 있어 육수를 낼 때 넣으면 좋다.

끓는 소금물에 데쳐서 볕에 말리는 방법은 일반적으로 쓰는 방법이다. 다시 끓인 물에 담가 부드럽게 만든 후 기름진 고기와 함께 간을 해서 먹으면 고기의 고소한 맛과 마늘종의 단맛이 부드럽게 어우러져 젓가락이 계속 가는 든든한 밑반찬이 된다. 참기름을 치고 볶고 물을 조금 넣어야

속까지 간이 들어간다. 서두르지 말고 약불에서 뜸 들이듯이 충분히 볶아준다.

이번에는 말린 마늘종을 미리 소금물에 절였다가 볕에 말리고 소금물을 끓여 마늘종을 데친다. 다시 볕에 말렸다가 푹 쪄서 자기 항아리에 담으면 오래 두어도 맛이 변하지 않는다고 했다. 세 번째 방법 역시 말리기, 소금에 절이기, 끓인 소금물에 데치기, 볕에 말리기, 푹 찌기의 5가지 과정을 거치면 구증구포처럼 반복적인 처리 과정을 통해 맛까지 오래 보존해 준다. 첫 번째 방법은 소금에 절이기, 말리기, 끓는 물에 데치기, 말리기, 감초탕에 담그기, 찌기, 말리기의 과정 중에 감초가 큰 역할을 해준다. 두 번째는 간편한 방법이며 세 번째는 맛이 변하지 않게 장기 보존하는 법이다. 세 가지 모두 제각각 장점이 있으니 참고해 볼 만하다.

쌉싸래한 게미를 위하여

건개방
乾芥方

갓 말리기(건개방)
채소를 말릴 때는 갓·고속(苦蕒) 등에 관계없이 모두 끓는
물에 데친 다음 볕에 말렸다가 거두어들여 겨울에 사용
한다.《군방보》

乾芥方
乾菜不拘芥菜、苦蕒等, 俱以滾湯煠過, 曬乾收起, 冬月應用.
《群芳譜》

재료

갓, 고속(벌씀바귀) 적당량,
소금 적당량

만들기

1 갓과 씀바귀는 다듬어서 깨끗하게 씻어 물기를
   뺀다.

2 소금을 넣고 끓는 물에 데친 다음 볕에 말려 저
   장한다.

씀바귀는 밭 가장자리, 길가, 산과 들 어디서나 볼 수 있었다. 늦가을부터 봄까지 자생하며 사람들의 입맛을 되찾아 줬다. 할머니들은 먹던 습관대로 씀바귀를 캐서 장에 가지고 나오셨다. 예전에는 흔했는데 약이 된다고 해서 너도나도 다 캐서 이제는 보기가 힘들어졌단다. 사람들이 익숙한 채소만 사기 때문에 씀바귀를 사려면 노점시장에 가서 할머니들이 캐 오신 것을 사야 한다. 그것도 운이 좋아야 만날 수 있다.

'가새싸랑부리'라는 이름도 들을 수 있었다. 김제 용지에서 오신 할머니는 "데쳐서 나물을 무쳐 먹으면 게미가 있어."라고 귀띔해주신다. "게미가 뭐예요?"라고 여쭤보니, "응, 먹고 나면 뒷맛에 맛있다~ 하는 느낌이 남는 거야. 우리 어려서는 이것이 많았는데 이제는 약이 된다고 하니까 싹 캐 가서 귀한 것이 되었어."라고 남원에서 오신 귀가 어두운 할머니께서 말씀하신다. "우리 어려서는 가새싸랑부리가 많았는디 이제는 잘 없어, 귀물이 되었어. 된장 넣고 무쳐 먹으면 맛나. 봄에는 쓴나물

을 먹어야 혀"라며 모든 답을 다 들려주신다. 가새는 가위의 사투리로 아마도 씀바귀의 잎이 좁고 가늘며 도피침형으로 생겨서 붙인 이름 같다. 싸랑부리는 쓴맛 때문에 붙은 게 아닐까?

쓴맛은 묘한 중독성이 있어서 일단 맛을 들이면 피곤한 몸이 절로 원한다. 쓴맛을 좋아할 나이가 되면 인생의 깊은 맛을 알 나이가 아닌가 싶다. 씀바귀는 비타민 A, 베타카로틴, 칼륨 등이 풍부해 잃어버린 입맛을 되찾아 준다. 쓴맛 나는 건위제인 셈이다. 봄철 나른하고 피로를 느낄 때 활력을 되찾아 준다.

씀바귀는 흰 씀바귀, 선씀바귀, 꽃 씀바귀, 벌씀바귀, 내씀바귀, 좀씀바귀 등이 있다.

갓 역시 맵고 싸한 맛은 둘째가라면 서러울 정도다. 끓는 물에 데쳐서 볕에 말렸다가 묵나물을 만들어 먹으면 매운맛이 줄어, 겨울에 나물거리가 귀할 때 꺼내 밥반찬을 만들어 먹거나 생선조림 등에 넣어 먹을 수 있다.

Tip

갓은 잎이 약하기 때문에 잠깐만 데친다.
씀바귀는 뿌리의 흙을 꼼꼼하게 여러 번 씻는다.

젤리처럼 쫀득한 순무, 채소의 영양을 손실 없이 흡수해

증건무청방

蒸乾蕪菁方

무청(蕪菁, 순무) 쪄서 말리기(증건무청방)

무청 뿌리를 끓인 물에 깨끗하게 씻은 다음 잘 걸러서 1곡(斛)들이 항아리 속에 넣는다. 갈대나 억새로 항아리 안을 채워서 주둥이를 막는다. 솥 위에 항아리를 거꾸로 안치고 천으로 항아리와 솥이 만나는 곳을 잘 둘러 묶은 뒤, 말린 소똥에 불을 지펴 밤새도록 찐다. 굵고 가느다란 무청 뿌리가 고루 익으면 씹을 때 쫀득쫀득한 느낌이 참으로 사슴꼬리요리[鹿尾]와 비슷하다. 《제민요술》

蒸乾蕪菁方

作湯淨洗蕪菁根, 漉著一斛甕子中, 以葦、荻塞甕裏以蔽口. 著釜上繫甑帶, 以乾牛糞然火, 竟夜蒸之. 麤細均熟, 謹謹著牙, 眞類鹿尾.《齊民要術》

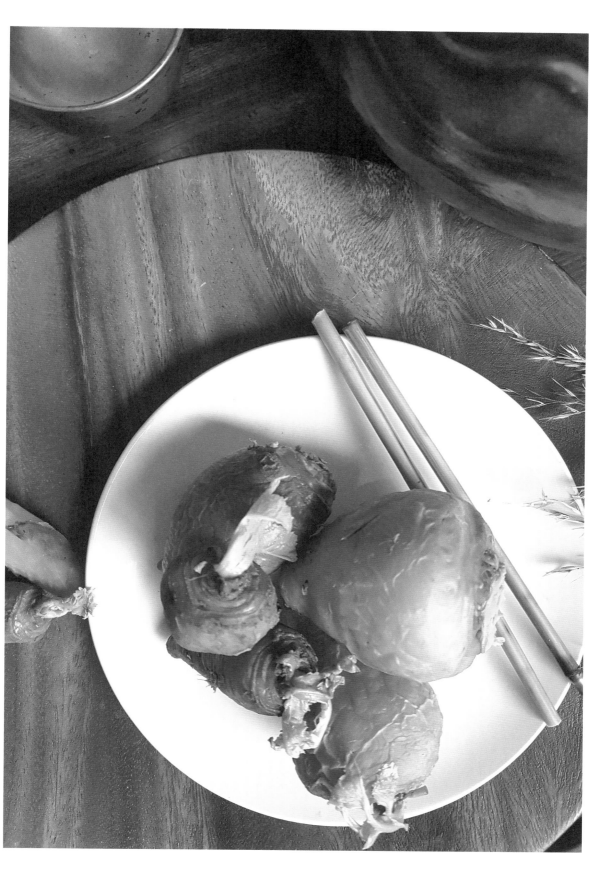

재료

무청 뿌리 1kg,
갈대나 억새 적당량

Tip

갈대의 줄기 부분을 끊어서
항아리에 지른다.

만들기

1 무청 뿌리를 끓인 물에 깨끗하게 씻은 다음 잘
  걸러서 항아리 속에 넣는다.

2 갈대나 억새로 항아리 안을 채워서 주둥이를
  막는다. 솥 위에 항아리를 거꾸로 안치고 천으
  로 항아리와 솥이 만나는 곳을 잘 둘러 묶은
  뒤 약불로 끈끈하게 5시간 정도 찐다.

3 굵고 가느다란 무청 뿌리가 고루 익으면 항아
  리에 식도록 두었다가 꺼내 서늘한 곳에 보관한
  다. 잘라서 겨장이나 초장에 찍어 먹으면 사슴
  꼬리와 맛이 같다.

순무는 메밀처럼 미리 땅심을 올려놓고 씨앗을 뿌리기만 하면 싹이 터서 잘 자란다. 성장 속도가 빨라 부지런히 솎아 주지 않으면 금세 빡빡해진다. 치어서 자라지 못한 연한 무청은 어릴 때 잘라서 데쳐 나물을 무쳐 먹거나, 된장국을 끓여 먹는다. 튼실하게 알이 찬 순무는 김치나 물김치를 담가 먹으면 된다.

미처 알이 차지 못한 작은 무녀리 순무들은 모아서 보관해 두었다가 쪄서 말리면 된다. 이런 작은 순무들은 찜 요리에 적합하다. 항아리 속에 넣고 갈대로 빠지지 않게 항아리 입구를 질러 준다. 갈대는 가는 대처럼 생겼고 물가에서 자라서 그런지 잘 꺾인다. 원하는 길이로 잘라 지르기 좋다. 대나무보다는 훨씬 연해서 맨손으로도 다룰 수 있다. 항아리를 뒤집어도 순무는 쏟아지지 않으면서도 베로 막은 솥 입구에서 올라오는 수증기를 잘 통과시킨다. 연료로는 말린 소똥을 썼다.

여물을 먹은 소의 똥은 냄새가 나지 않을 뿐만 아니라 말리면 그 자체가 훌륭한 연료가 된다. 끈끈하게 오래 타면서 화력도 꾸준하게 유지된다. 초식동물인 소는 여물이나 알팔파 같은 목초를 먹어야 건강하다.

식물은 저마다 특유의 방어물질인 피토케미컬을 가지고 있다. 막에 싸여 있어 생체흡수율을 높이려면 생으로 먹는 것보다 서서히 쪄서 익혀 먹는 것이 좋다.

순무는 조직이 무에 비해서 치밀하기 때문에 증기로 찌면 조직에서 수분이 빠지면서 더욱 치밀해져 탄력이 생긴다. 사슴 꼬리는 '녹미(鹿尾)'라고 해서 허균(許筠, 1569~1618)은 《도문대작(屠門大嚼)》에서 부안에서 있을 때 먹어 본 그늘에서 말린 것이 가장 좋다고 이야기했다. 녹미는 고기도 아닌 것이 연골처럼 생긴 젤리 질이 미식가들의 호기심과 기벽, 자부심을 만족시켜 주었을 것이다. 특별한 맛이 있어서라기보다는 제비집처럼 독특한 질감을 즐겼다.

순무가 녹미 같은 질감을 낸다니 큰 쓸모없어 보이던 작은 순무가 새로운 별미로 탄생하는 순간이다. 음식은 역시 맛도 중요하지만 질감으로도 얼마든지 별미에 들 수 있다는 사실을 확인시켜 준다. 홍어 연골이나 민어 부레 같은 부위도 같은 이유로 오랫동안 미식가들의 선택을 받아왔다.

녹미(鹿尾, 사슴 꼬리)

건나복방

乾蘿菔方

무 말리기(건나복방)

무를 주사위 크기로 자른 다음 볕에 말려 저장한다. 엄개채(醃芥菜, 절인 갓)를 절이면서 나온 소금물을 끓인 뒤 무에 붓는다. 여기에 천초·시라를 더하여 고루 섞은 뒤, 볕에 말리고 저장해둔다. 오래 두어도 상하지 않고 맛도 매우 좋다.《군방보》

또 다른 방법 : 무를 잘라서 소금에 하룻밤 절였다가 한낮에 볕에 말린 다음 사용한다.《군방보》

乾蘿菔方

蘿菔切作骰子大, 曬乾取貯. 候醃芥菜滷水煮, 加川椒、蒔蘿拌均, 曬乾收貯. 久留不壞, 味極美.《群芳譜》

又法 : 切過, 鹽淹一宿, 日中曬乾用. 同上

제1장 건채(乾菜, 채소 말리기)

무를 오래도록 두고 먹는 방법은 여러 가지가 있다. 저(菹)를 담글 수도 있고 건조시킬 수도 있다. 건나복방(乾蘿蔔方)은 이 두 가지 저장법을 모두 활용했다. 거기에 갓을 절인 소금물, 시라, 천초 같은 향신료를 넣어 보존성을 더욱 높였다. 시라와 천초는 항균, 항염, 방부 작용이 있어 음식이 오래도록 상하지 않는 방부제 역할도 해 준다. 무나 갓, 시라, 천초 모두 소화가 잘되게 도와주는 역할을 한다. 이 방법으로 저장하면 무가 약(藥)이 되는 것이다. 무에 갓의 보라색이 물들어 색감도 나아진다.

시골에서는 할머니들이 겨울이 오기 전에 기다란 단무지용 무를 사서 토방에 비스듬히 기대어 무를 말린다. 무는 볕과 바람에 주름이 가늘게 생기면서 빼들빼들 말라갔고 허리가 점점 휘어갔다. 수시로 무를 휘어 보며 적당한 때를 기다렸다가 쌀겨를 가지고 단무지를 담그셨다. 지금 시중에서 파는 단무지하고는 색도 모양도 식감도 완전히 달랐다. 이 방법은 예전의 단무지 식감을 떠올리게 한다. 식감만으로도 특별하다.

말려서 보관했던 무가 장아찌처럼 꼬들꼬들해지면 원하는 방식으로 음식을 해 먹을 수 있다. 만두소에 다져 넣거나 고춧가루, 깨소금, 참기름을 넣고 갖은양념을 해서 무쳐 먹을 수도 있고 멸치조림 같은 것을 할 때 함께 저며 썰어 넣고 볶아도 맛있는 밑반찬이 될 수 있다.

①

재료

무 1개(825g), 갓 212g,
물 1L, 소금 40g, 소금 66g,
천초 1g, 시라 1g

만들기

1 무를 주사위 크기로 자른 다음 볕에 말려
  저장한다.

2 엄개채(절인 갓)를 절이면서 나온 소금물을
  끓인 뒤 무에 붓는다.

3 여기에 천초, 시라를 더하여 고루 섞은 뒤
  볕에 말리고 저장해 둔다.

②

재료

무 937g, 소금 25g

만들기

1 무를 잘라서 소금에 하룻밤 절였다가 한
  낮에 볕에 말린 다음 사용한다.

Tip

무는 청이 달린 싱싱한
무를 골라 절인다. 청은 따로
떼서 소금에 절였다가 데쳐서
시래기를 만들어 둔다.

제1장 건채(乾菜, 채소 말리기)

고상한 누호 향을 오래도록 누리는 법

건누호방

乾蔞蒿方

누호(蔞蒿, 물쑥) 말리기(건누호방)

누호 줄기를 채취하여 약간의 소금에 절였다가 볕에 말리면 맛이 매우 좋고, 멀리 보낼 수도 있다.《군방보》

어린 누호싹을 끓는 물에 데쳐 장수(漿水)에 담가놓으면 누호절임이 된다. 만약 맑은 물이나 석회수·반수(礬水)로 절임을 헹궈서 강한 맛을 제거하고 볕에 말리면 오래 두었다가 음식을 만들 수 있다. 절여서 불에 말리면 향이 매우 좋다.《군방보》

乾蔞蒿方

採蔞蒿莖, 微用鹽醃, 曝乾, 味甚美, 可以寄遠.《群芳譜》

嫩苗以沸湯瀹過, 浸于漿水則成薑. 如以淸水或石灰水、礬水拔之, 去其猛氣, 曬乾, 可留製食. 醃焙乾, 極香美. 同上

3월이 되면 빈 땅에 흙만 보이다가 드문드문 물쑥이 올라온다. 푸릇푸릇한가 싶으면 하루가 다르게 쑥쑥 자라 올라온다. 고만고만하게 쑥 머리들이 키재기를 하다가 대가 올라오면 그 줄기를 채취한다. 4월 초 비가 내리는 날 아직은 질기지 않은 물쑥 줄기를 골라 잘라준다. 빗속에서도 물쑥의 향기가 기분 좋게 퍼진다. 쑥 향이 쓴 향을 기본으로 하고 있다면 물쑥은 달고 시원한 향을 가지고 있어 향수로 써도 좋을듯싶다.

민어, 조기, 부세가 모두 비슷한데 달고 고소하면서 탄력 있는 조기가 가장 선호되듯 여러 가지 쑥 중에서 물쑥이 가장 매력이 있다는 생각이 든다.

과거에는 냉장 시설이 발달하지 않아 먹기 좋은 때를 기다려 채취해서 보관하는 방법이 발달했다.

청명(淸明), 한식(寒食), 곡우(穀雨) 무렵에는 식물의 성장이 가장 빠른 시기다. 이때를 놓치지 않고 연한 줄기를 골라 채취해 소금에 절였다가 말려두면 맛도 좋고 물쑥을 구할 수 없는 지역에 보낼 수도 있었다. 짧은 쑥과 달리 대가 유연해서 나물을 무치거나 생선국에 넣고 끓여 먹으면 물쑥의 향을 언제든지 느낄 수 있었다. 나물거리를 건사하며 실용적인 면과 낭만이 함께 느껴진다.

(1)

재료

누호 줄기 240g.
소금 28g

만들기

1 4월경 비 오는 날 쑥 자란 누호 줄기를 채취하여 약간의 소금에 절인다.

2 볕에 말려 기름종이에 싸서 보관한다.

3 먹을 때 꺼내서 소금기를 제거하고 국을 끓여 먹거나 가루내어 떡에 넣거나 살짝 볶아 먹는다.

Tip

누호 줄기가 너무 자라면 질길 수 있어 시기를 잘 봐서 채취한다.

제1장 건채(乾菜, 채소 말리기)

②

재료
어린 누호 싹 200g, 장수 250g,
소금 적당량

만들기
1 어린 누호싹을 끓는 물에 데친 후 건져
   장수에 담가 누호절임을 만든다.
2 이 절임을 맑은 물이나 석회수, 반수(명
   반을 녹인 물)로 헹궈서 강한 맛을 제거
   하고 볕에 말린다.
3 절임을 약불에 말려 향을 살린다.

천지에 돋아나는 쑥을 봄에 캐서 저장하는 법에는 건조법과 삶아 우렸다가 물기를 짜서 얼려두고 먹는 법이 있다. 떡을 만들어 먹거나 색을 내는 재료로 요긴하게 쓸 수 있다. 어린 누호 싹을 끓는 소금물에 데치고 장수에 담가 누호 절임을 만들고 물에 헹궈 강한 맛을 빼서 볕에 말리거나 절여서 불에 말리면 향이 코끝에 은은하게 스친다. 장수를 쓰면 윤기가 생기고 나중에 음식을 해도 윤기가 돌고 부드러우면서 탄력 있는 식감을 살려준다. 장수를 만드는 법은 어렵지 않다. 강한 맛을 다스리고 섬세한 맛을 더해주는 장수를 활용해 더욱 부드럽게 나물을 되살릴 수 있다.

Tip
절인 다음 불에 말릴 때는 약불에서 천천히 덖는다.
장수는 좁쌀로 밥을 짓고 옹기 항아리에 넣은 후 뜨거울 때 물을 부어 두고 5일 정도 발효시켜준 후 윗물을 따라서 쓴다.

제1장 건채(乾菜, 채소 말리기)

봄에 핀 유채를 되살려 먹는 법

쇄운대방
曬蕓薹方

유채[蕓薹, 운대] 볕에 말리기(쇄운대방)

춘분(春分)이 지난 뒤에 유채의 꽃을 채취한다. 양에 관계
없이 끓는 물에 데친 다음 널어서 물기를 말린다. 소금
약간을 고루 섞어 한참 동안 볕에 말린 뒤, 종이주머니에
저장해둔다. 사용할 때 끓인 물에 담갔다가 기름·소금·
생강·식초를 섞어 먹는다.《군방보》

曬蕓薹方

春分後, 摘薹菜花, 不拘多少, 沸湯焯過, 控乾. 少用鹽拌均, 良
久曬乾, 以紙袋收貯. 臨用湯浸, 油、鹽、薑、醋拌食.《群芳譜》

24절기 중 춘분(春分)은 양력 3월 21일 경으로, 낮과 밤의 길이가 같고 음양이 조화를 이뤄 덥지도 춥지도 않다. 이때쯤 한 해 농사의 풍흉을 점치고 봄갈이를 하면서 농사 준비를 하게 된다. 춘분 무렵에 비가 내려 땅이 부드러워져 새순이 돋는데 춘분 무렵 캐는 유채는 대도 부드럽고 꽃봉오리도 연해 나물로 먹기 적당한 때다.

유채는 이름 그대로 기름을 짜는 채소라는 뜻이다. 유채씨를 압착해 만든 기름이 카놀라유다. 〈정조지(鼎俎志)〉 권6 미료지류(味料之類) 중 기름과 타락[油酪] 편에 보면 유채는 맛이 참기름만은 못해도 반찬을 만드는 데 쓰인다고 나와 있다. 원매(袁枚, 1719~1797)의 저술인 《수원식단(隨園食單)》에 보면 유채꽃을 바람에 말린 채화두(菜花頭)를 돼지고기를 삶을 때 사용했다.

유채는 잎과 꽃대를 먹으면 엉긴 혈을 흩어지게 하고 부기를 가라앉히는 효능이 있어 약재로 쓰였다. 꽃이 피기 직전이 영양이 가장 풍부하다. 비타민 B1, B2, 엽산을 포함한 무기질, 베타카로틴이 들어 있다. 특히 섬유질과 비타민 C가 풍부하게 들어있어 다이어트에 좋고 감기를 예방하며 봄철 나른해진 몸에 활력을 준다.

유채는 끓는 물에 단시간 데친 다음 얼음물에 바로 넣어야 잔열로 인한 갈변을 막을 수 있다. 말릴 때는 염장한 다음 쇄건(曬乾)이라고 해서 볕에 쬐어 말려 수분을 제거해 보관성을 높인다. 종이 주머니에 갈무리해서 서늘하고 통풍이 잘되는 곳에 두면 장기 보관이 가능하다. 섬유질이 많은 유채를 다시 부드럽게 하고 싶으면 끓인 물에 담그면 된다. 녹색 나물을 먹을 때 간은 소금으로 해야 페오피틴(pheophytin)을 억제하는 작용이 있어 녹색이 선명하게 유지된다. 생강을 넣은 후 식초를 넣는 게 좋다. 식초는 색을 선명하게 유지하고 식감을 향상시키는 역할을 한다. 식초와 소금은 비타민 C 산화효소의 작용을 억제해준다. 마지막으로 기름을 넣어야 생강 향도 살고 조화로운 맛이 잘 스민 채 유지된다.

노랑과 녹색이 아련히 섞인 유채의 빛깔과 탄력 있게 줄기를 되살려 먹는 방법이 지혜롭기 그지없다.

재료

말리기 재료
유채 350g, 끓는 물 3L,
소금 35g

나물 재료
말린 유채 60g, 유채기름 10g,
소금 2g, 생강 5g, 식초 15g

만들기

1 춘분이 지난 뒤에 유채를 채취한다.

2 양에 관계없이 끓는 물에 데친 다음 널어서 물기를 말린다.

3 소금 약간을 고루 섞어 한참 동안 볕에 말린 뒤 종이 주머니에 저장한다.

4 사용할 때 끓인 물에 담갔다가 물기를 짜서 소금으로 간한다.

5 생강채를 넣고 버무린 뒤 먹기 직전에 식초와 기름을 넣어 색을 살린다.

Tip

꽃은 아직 피지 않은 봉오리로 꺾는다. 삶은 대 중에서 만져 보아 억센 부분은 잘라낸다.

건죽순방

乾竹筍方

죽순(竹筍) 말리기(건죽순방)

말리는 법 : 큰 죽순을 생으로, 뾰족한 머리 부분을 제거하고 가운데를 쪼갠다. 여기에 소금을 많이 넣고 오래 담가두었다가 볕에 말린다. 사용할 때는 오랫동안 물에 담그는데, 물을 갈아가면서 담근다. 이것으로 국을 끓이면 햇죽순 같다.《순보(筍譜)》

포 만드는 법 : 죽순을 포를 떠서 익히고 잘게 자른 뒤, 생강·식초에 담근다. 이를 불에 말린 뒤 동이에 저장한다. 이때 바람이 닿지 않게 한다.《순보》

말린 죽순 만드는 법 : 5월에 죽순살(껍질 벗긴 속살) 100근에 소금 5승, 물 1작은통을 준비한다. 죽순에 소금을 섞고 물에 반나절 동안 담근 뒤 꺼내서 주물렀다가 말린다. 처음에 죽순을 담갔던 소금물을 맑게 가라앉히고 이 물로 죽순을 삶아 익힌 다음 건져내고 물기를 짜서 볕에 말린다. 사용할 때 물에 담가 부드럽게 한 뒤 죽순을 담갔던 물로 달이면 그 맛이 더욱 좋다.《구선신은서》

싱거운 죽순을 볕에 말리는 법 : 신선한 죽순을 양에 관계없이 껍질을 제거하고 편이나 가락으로 썬다. 이를 끓는 물에 데친 다음 볕에 말려 저장해둔다. 사용할 때는 쌀뜨물에 담가 부드럽게 하면 은(銀)처럼 하얗게 된다. 이를 끓는 소금물에 데치면 이것이 바로 죽순절임이다.《중궤록》

乾竹筍方

乾法：將大筍生去尖銳頭，中折之，多鹽漬停久，曝乾．用時久浸，易水而漬．作羹如新筍．《筍譜》

脯法：作熟脯搥碎，薑、醋漬之，火焙燥後，盎中藏．無令風犯．同上

做筍乾法：五月取筍肉一百斤，用鹽五升、水一小桶，調鹽漬水半餉，取出揉乾．以原滷水澄清，煮筍令熟，撈出壓之，曬乾．臨用時，以水浸軟，就以浸筍水煮之，其味尤佳．《臞仙神隱書》

曬淡筍法：鮮筍貓耳頭，不拘多少，去皮切片條，沸湯焯過，曬乾收貯．用時，米泔水浸軟，色白如銀，鹽湯焯，卽醃筍矣．《中饋錄》

① 건죽순 만들기

재료

큰 죽순 500g, 소금 50g

만들기

1 큰 죽순을 뾰족한 머리 부분은 제거
   하고 가운데를 쪼갠다.
2 여기에 소금을 많이 넣고 하루 정도
   담가 두었다가 볕에 말린다.

Tip

죽순을 삶을 때는 껍질째 삶는 것이 맛있다.
안쪽 껍질에 있는 아황산염이 연화 작용과
표백 작용을 한다.
사용할 때는 4시간 동안 물에 담그는데 물을
갈아가면서 담근다. 이것으로 국을 끓이면
햇죽순 같다.

죽순대는 5월에서 6월 중순까지 죽순이 올라온다. 성난 쇠뿔 모양으로 삐죽삐죽 올라와 순식간에 자라 20m까지 성장한다. 죽순은 충남 이남의 남부지방에서 잘 자란다. 죽순으로는 여러 가지 음식을 만들 수 있어, 제철에 잘 말려두면 언제든지 불리거나 삶아서 이용할 수 있다. 죽순을 말렸다가 사용하면 생것보다 훨씬 쫄깃하고 비타민 D나 섬유질 등이 증가하며, 요리에 넣었을 때 고기 같은 식감을 느낄 수 있다. 주로 사찰에서 애용하는 식재료로 장아찌를 담그거나 소금에 절였다가 짠 기를 빼서 무친 다음 반찬으로 즐겨 먹는다.

죽순은 된장을 푼 쌀뜨물에 넣고 끓여 먹거나 영계와 함께 죽순탕을 끓여 먹을 수도 있고 죽순 계란탕을 끓일 수도 있다. 소금에 절였다가 말리면 간이 배서 은은한 감칠맛이 느껴진다.

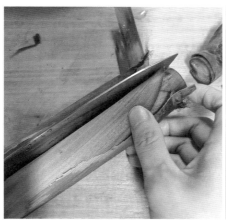

② 포 만드는 법

재료

죽순 340g, 생강 54g, 식초 100g

만들기

1 죽순을 세로로 잘라 포를 뜨듯 썬다.

2 포 뜬 죽순을 쪄서 익힌 후 적당한 길이로 자른 후 채썬 생강과 식초에 살살 버무려 절인다.

3 생강 향이 배도록 2시간 정도 두었다가 물기를 빼서 덮어 말린 후 식힌다.

4 바람이 통하지 않게 밀폐된 그릇에 저장한다.

죽순 포를 생강과 식초에 담가 두면 죽순의 빛이 맑고 깨끗해진다. 누렇고 어두운 빛 대신 제 몸의 빛이 생생하게 살아난다. 맛도 깔끔해지고 죽순 특유의 텁텁하고 떫은맛도 빠져 죽순 포를 만들 때 추천할 만한 방법이다. 나중에 불려서 죽순 김치나 샐러드에 넣어도 잘 어울린다.

Tip

불에 말릴 때 생강도 함께 말려 죽순과 같이 요리에 이용한다.

③ 말린 죽순 만드는 법

재료

죽순 살 500g, 소금 40g, 물 1.5L

만들기

1 5월에 나온 껍질을 벗긴 죽순 살에 분량의 소금물을 붓고 3시간 동안 담근 뒤 꺼내서 주물렀다가 말린다.

2 다음날 꼬들해진 죽순을 1의 소금물을 가라앉힌 물로 죽순을 삶아 익혀 건져서 물기를 짜서 다시 볕에 말린다.

3 말린 죽순은 먹을 때 물에 담가 불린 뒤 이 물을 이용해 삶는다. 맛의 허실이 없다.

Tip

소금은 천일염을 써야 맛이 깨끗하면서 감칠맛이 밴다.

죽순에 소금 맛을 여러 번에 걸쳐 입히기 때문에 죽순이 생생하면서도 쫄깃하고 감칠맛이 있다. 죽순이지만 고기를 먹는 기분이 난다. 들깨를 넣고 나물로 무치거나, 육개장 등 주로 탕 요리에 잘 어울린다. 소금에 절이고 말리고 삶고 다시 볕에 말리는 과정을 반복하면서 풍미가 생기고 영양 성분이 증가한다.

죽순을 다시 불려 사용할 때도 담갔던 물을 버리지 않고 그 물로 달이면 맛의 허실이 없다. 건채를 불린 물을 그대로 채수로 활용하는 것이 좋다. 소금에 절이면 맛이 빠져나가지 않고 조직을 단단하게 해 준다. 죽순을 소금에 절여 젓갈같이 담가두면 언제든지 죽순 맛을 볼 수 있다. 죽순의 맛을 아는 사람은 미식가다. 강하고 독한 맛을 가진 식재가 가지지 못한 미덕을 가지고 있다.

재료

신선한 죽순 500g, 쌀뜨물 적당량,
소금 30g, 물 1.5L

Tip

쌀뜨물은 3번째 씻은 것으로 준비한다. 첫
번째는 먼지나 이물질을 흘려보내는 용도고
두 번째는 표면의 잔여물과 혹시 모를 잔여
농약 등을 없애기 위해 흘려보낸다.

만들기

1 껍질이 있는 신선한 죽순을 구해 껍질을 벗긴
  후 편이나 길이로 자른다.

2 끓는 물에 데쳐 볕에 말려 저장한다.

3 말린 죽순은 쓸 때 쌀뜨물에 뽀얗고 부드럽
  게 될 때까지 3시간 동안 담가둔다.

4 끓는 소금물에 데쳐 건지면 죽순절임이 완성
  된다.

죽순을 끓는 물에 데쳐 볕에 말려두었다가 쌀뜨물에 넣고 불리면 쌀뜨물 속의 전분과 유분 덕분에 부드럽게 불려진다. 남아 있던 매한 맛도 빠져나간다. 그러고 나서 끓는 소금물에 데치면 부드럽고 쫄깃한 식감을 얻을 수 있다. 소금물에 절여서 처리한 것보다 연하고 부드럽기는 해도 간이 깊이 배지 않아서 추가로 간장 간을 해서 볶으면 맛이 좋아진다. 죽순은 쌀겨나 쌀뜨물에 삶아야 아린 맛이 빠지고 연해진다. 《규합총서》를 보면 죽순나물을 만들 때 밀가루를 넣고 볶아 전체적인 어우러짐은 물론 죽순을 더욱 연하게 만든다. 말린 죽순으로 고기소를 넣어 전을 부칠 수도 있고 적을 뀔 수도 있다. 생죽순으로도 많이

하지만 아린 맛, 떫은맛이 빠진 건죽순 불림이 음식을 하기에 편리하다. 죽순은 자체가 맛이 담담하고 담백하기 때문에 여러 가지 강한 양념하고는 어울리지 않는다. 단순한 양념으로 제맛을 살리고 볶을 때는 물을 부어 뜸을 들여 연하게 만든다.

일본에서는 덴마라는 열대성 대나무를 잘라 발효시켜 만든 재료를 고명으로 얹어 먹는다. 부드럽게 불린 죽순을 덴마처럼 라면에 넣어 끓여 먹으면 씹는 맛이 있어 잘 어울린다.

제1장 건채(乾菜, 채소 말리기)

쫄깃한 고사리의 맛

건궐방

乾蕨方

고사리 말리기(건궐방)

3월에 어린 고사리를 채취한 다음 푹 찐다. 여기에 마른 재를 섞어 볕에 말렸다가 재를 씻어 버린 뒤, 다시 볕에 말려 거둔다. 먹을 때 끓는 물에 담가서 부드럽게 하고 파·기름·간장으로 볶아 익히면 맛이 좋다.《구선신은서》

乾蕨方

三月採嫩蕨, 烝熟, 以乾灰拌之, 曬乾洗去灰, 又曬乾收之. 臨食, 以湯浸令軟, 蔥、油、醬炒熟, 味佳.《臞仙神隱書》

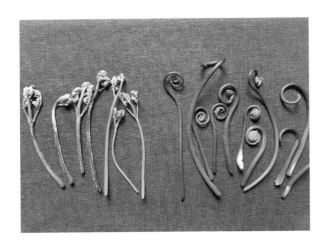

고사리와 고비의 비교
왼쪽에 대가 거무스름한 먹 고
사리가 푸른 고사리보다 맛이
있다.

4월에 산에서 캐는 고사리는 솜털이 보송보송하게 나고 머리는 아직 펴지지 않아 돌돌 말린 모습이다. 이런저런 고사리들이 보이는데 이 중 눈길을 끄는 고사리가 있다. 대가 유난히 통통하고 마치 먹물을 들인 듯 모두 검은색이다. 산중에서 일일이 뜯은 '먹 고사리'라고 한다. 먹 고사리는 푸른빛이 도는 고사리보다 맛있고 살이 많아 쫀득한 맛이 난다고 한다.

고사리를 삶을 때는 주의해야 한다. 너무 오래 삶으면 연한 대가 풀어헤쳐져 보기도 싫고 식감도 나빠진다. 삶다가 한 번 뒤집어 주고 얼른 찬물에 담가 열기를 빼줘 여열로 계속 익는 것을 방지한다. 잘 삶기 어려울 때는 찌면 뭉개질 위험이 적다. 쪄서 잠시 물에 담갔다가 대를 잡고 떨어뜨려 휘지 않는 부분을 잘라주면 연한 고사리를 맛볼 수 있다. 준비해 둔 재에 버무려 말렸다가 물에 씻으면 고사리가 색이 변해 있지만, 그냥 삶아 말린 것보다 부드럽게 된다. 재는 주성분이 탄산칼륨이다. 산채의 잡맛의 성분인 타닌(tannin), 옥살산

(oxalic acid), 클로로겐산(chlorogenic acid) 등은 대개 산성 물질이어서 알칼리성인 잿물과 접촉하면 중화되어 쉽게 빠져나온다. 고사리가 그저 퉁퉁 분 느낌이 아니라 야물어지면서 조직에 탄력이 생기게 해줘야 식감이 좋아진다.

말린 고사리를 불릴 때는 지나치게 많이 불리면 불어서 맛이 떨어지니 주의해야 한다. 조금 덜 펴진 듯해야 나물로 볶았을 때 씹는 맛이 생긴다. 고사리도 스파게티처럼 알 덴테(al dente) 상태가 적당하다.

햇고사리는 쫄깃한 맛이 있어 찌개나 육개장에 넣으면 각별히 맛이 있다. 고사리나물은 제사상에 올라가고, 제사가 끝난 후에는 비빔밥을 만들어 먹는다. 고사리에 대해 여러 가지 안 좋은 이야기가 있지만, 적당량을 먹으면 걱정할 필요가 없다. 각 집마다 부녀자들은 산에 가서 따 온 고사리를 잘 찌거나 삶아 말려 일 년 내내 맛있는 고사리나물을 만들어 먹었다.

재료

말리기 재료
고사리 600g,
마른 재 적당량, 끓는 물

나물 재료
불린 고사리 217g, 다진 파 15g,
참기름 6g, 조선간장 9g

만들기

1 봄에 어린 고사리를 채취해 물에 씻어 가루를 제거한 다음 뒤집어가며 찐다.

2 대가 뭉개지지 않고 휠 정도가 되면 꺼내서 찬물에 헹궈 열기를 빼준다.

3 물기를 빼고 마른 재를 섞어 볕에 말린다.

4 다 마르면 재가 나오지 않을 때까지 씻어 버린다.

5 다시 볕에 말려 거둔다.

6 먹을 때는 끓는 물에 담가 부드럽게 해둔다.

7 파와 기름을 치고 볶다가 고사리를 넣고 간장 간을 해 마저 볶아 완성한다.

8 불을 끄기 전에 기름을 조금 더 쳐도 좋다.

Tip

재는 나무를 태운 재를 체로 걸러서 사용한다.
고사리의 머리 부분은 떨어지는 것을 미리 잘라야 덜 지저분하다. 찐 다음 손질할 때 굵은 대 부분을 잡고 떨어뜨려 휘지 않는 부분은 잘라낸다.

밥을 쉬지 않게 지켜주는 천연 보존제

건마현방

乾馬莧方

쇠비름[馬齒莧, 마치현] 말리기(건마현방)

부드러운 쇠비름 싹을 푹 삶은 다음 볕에 말리면 채소가 될 수 있지만, 말리기가 몹시 어렵다. 싹을 회화나무로 만든 망치로 두드린 다음 해를 향한 곳에 시렁을 만들고 여기에서 여러 날 볕에 쬐면 바로 마른다.《군방보》

乾馬莧方

軟苗煮熟, 曬乾, 可爲蔬, 然至難燥. 槐木椎碎, 向日作架, 曬數日卽乾.《群芳譜》

재료

말리기 재료
부드러운 쇠비름 싹 300g

나물 재료
참깨 1g, 참기름 5g,
조선간장 8g, 다진 파 8g,
생강가루 0.5g

만들기

1 쇠비름 싹을 푹 삶는다. 물러지면 건져서 단단한 회화나무 망치로 두드려 납작하게 편다.
2 여러 날 볕이 들고 통풍이 잘되는 곳에서 말린다.
3 마른 쇠비름 싹을 불릴 때는 물을 갈아준다.
4 원래 모양대로 되면 건져 물기를 짜고 나물 양념에 조물조물 무쳐 먹는다.

Tip

어린싹은 연해서 오래 삶지 않아도 된다. 찬물이나 얼음물에 담가
열기를 빨리 빼준다.

쇠비름의 잎은 같은 과에 속하는 채송화의 잎과 흡사하다. 쇠비름의 작고 노란 꽃을 보다가 자세히 살펴보면 채송화와 같이 작고 까만 씨가 떨어져 있는 것을 볼 수 있다. 먹고 싶은 생각이 썩 들지는 않지만, 소염, 이뇨, 살균 작용이 있고 오래전부터 고약의 원료로 쓰였다. 쇠비름으로 효소를 담가 타서 마시면 열을 내려 주고 기력 회복에 좋아, 한때 쇠비름 열풍이 불기도 했다. 생잎을 먹어 보면 쌉싸름하면서 매운맛이 나는데 돌나물보다 훗맛이 오래간다. 알칼로이드(alkaloid), 쿠마린(coumarin), 사포닌(saponin), 플라보노이드(flavonoid) 성분을 포함하고 있다.

〈정조지〉권2 취류지류(炊餾之類)에 보면 밥을 쉬지 않게 하는 법이 소개되어 있다. 생비름나물을 밥 위에 펼쳐 놓거나 연잎으로 밥을 싸면 더위에 쉬지 않는 것도 대장균 등을 죽이는 쇠비름의 항균 작용 덕분이다. 습도가 높은 여름철 쇠비름은 한창이고 밭에 흔하게 있으니 절묘한 방법이다.

쇠비름은 진한 초록 잎에 붉은 줄기, 까만 씨앗, 노란 꽃, 창백한 흰 뿌리를 가지고 있어 오행초라고도 불린다. 말의 이빨을 닮아 마치현(馬齒莧)이라고도 불리며 장수하게 해 줘 장명채(長命菜)라고도 한다. 작물이 한참 자라는 시기인 6월에 본격적으로 번지는 탓에 밭 가장자리에 자라는 경우가 많다. 위로 자라는 성질이 아니어서 밭 한복판에서는 생존에 불리한 모양이다.

쇠비름은 시원한 맛이 있어 생으로 샐러드를 만들어 먹거나 물김치를 담가 먹어도 잘 어울린다. 맵싸하고 시원한 맛이 도리어 여름 더위에 지친 몸에 생기를 되찾아 준다. 수분이 많은 쇠비름 줄기를 납작하게 두드려 말리면 겨울에도 불려서 나물을 무쳐 먹을 수 있다. 지천으로 깔린 쇠비름 속에는 오메가-3가 들어 있어 두뇌 건강과 혈액순환을 도와준다. 말린 건채를 뜨거운 물에 불려서 물기를 짜고 나물을 무치면 쫀득하면서 탄력이 느껴진다. 맛도 순해지니 생것이 싫은 사람도 거부감 없이 먹을 수 있다.

제1장 건채(乾菜, 채소 말리기)

가난한 사람들의 단골 반찬

건려방

乾藜方

명아주 말리기(건려방)

명아주가 어릴 때 잎을 채취하여 끓는 물에 데친 다음 볕에 말리
면 겨울의 쓰임에 대비할 수 있다. 《군방보》

乾藜方

嫩時採葉, 滾水煠之, 曬乾, 可備冬月之用.《群芳譜》

재료

말리기 재료
어린 명아주 잎 300g,
끓는 물, 소금 5g

나물 재료
말린 명아주 잎 33g,
조선간장 7g, 참기름 2g,
깨소금 2g

만들기

1 5월 말 즈음에 어린 명아주의 잎과 윗대를 따서 끓는 물에 데친다.

2 건져서 찬물에 담갔다가 물기를 짜서 널어 볕에 말려 저장한다.

3 말린 명아주는 물에 불렸다가 끓는 물에 삶아 건져서 헹궈 물기를 짠다.

4 간장과 참기름, 깨소금을 넣고 무쳐 먹는다.

Tip

명아주는 어릴 때 잎을 채취해야 연하고 대도 함께 먹을 수 있다.

뿌린 적도 없는데 명아주가 알아서 자리를 잡고 올라온다. 5월 말에서 6월 초 분홍 분가루를 잎 가운데 뒤집어쓴 명아주가 눈에 띈다. 명아주는 군락을 이루고 자기들끼리 알아서 잘 자란다. 처음에 줄기가 아주 연할 때 줄기까지 꺾어 데치고 말려두면 탄력 있는 나물을 얻을 수 있다.

명아주는 비교적 잎이 둥글고 부드러워서 나물을 하기에 그만이다. 부지깽이도 기름에 튀기면 먹을 수 있다는 어른들 말씀처럼 무슨 푸성귀든지 된장만 들어가면 다 맛있는 나물이 된다는 말이 맞다. 명아주 줄기가 단단해지기 전에 따서 삶아 말려두면 언제든지 명아주 잎을 되살려내 된장이나 간장을 넣고 나물을 무쳐 먹을 수 있다. 시금치처럼 된장국도 끓여 먹을 수 있어 가난한 선비 집 밥상에 단골 반찬으로 올랐던 모양이다. 명아주나 비름나물은 문 걸어 잠그고 책만 보며 식솔들의 끼니를 챙기지 못하는 무능한 가장의 슬픈 엘레지(elegy)를 떠오르게 한다.

지금은 농약이나 제초제, 매연의 세례를 피한 건강한 명아주를 만난다면 주저 없이 따서 묵나물을 만들어 두라고 하고 싶다.

명아주는 구황작물로 즐겨 먹었던 만큼 영양도 풍부하다. 《농정회요(農政會要)》에 보면, 거위의 발을 닮은 잎은 독이 있어 벌레를 죽이거나 벌레 물린 데 쓰고, 양치질을 했으며, 사마귀를 제거하는 데도 명아주 태운 재(동회, 冬灰)를 사용했다는 기록이 있다.

잎과 줄기에는 다양한 비타민이 포함되어 있으며, 구충제의 원료가 되는 아스코르브산(ascorbic acid)을 함유하고 있다. 명아주의 전초와 뿌리에는 정유 성분과 유지 성분이 포함되어 있으며 씨앗도 기름을 함유하고 있다. 건위와 소화를 돕는 작용도 뛰어나다.

땅에 씨앗으로 내려 아무도 돌보지 않아도 스스로 대지를 딛고 나날이 단단해진 명아주 줄기는 가벼우면서도 부러지지 않아 청려장(靑藜杖)이라는 지팡이를 만드는 소재로 쓰인다. 장수한 노인들에게 청려장을 드리며 장수를 축하드리고 공경하던 풍습이 있었다. 요즘에도 지역 행사로 다시 청려장을 드리던 풍습을 재현하기도 한다.

고기포 맛을 꼭 닮은 식물성 포

우방포방
牛蒡脯方

우엉포[牛蒡脯, 우방포] 만들기(우방포방)

한겨울이 지난 뒤에 우엉 뿌리를 캔 다음 껍질을 제거하고 깨끗이 씻어서 달이되, 지나치지 않도록 한다. 이를 두드려서 납작하게 만든 다음 소금·간장·회향·시라·생강·후추·숙유(熟油) 등 여러 양념 1냥을 곱게 갈아서 우엉에 바른 뒤, 불에 쬐고 말려 먹으면 육포와 같은 맛이 난다. 죽순포(竹筍脯)·연포(蓮脯)도 같은 방법으로 만든다. 《산가청공》

牛蒡脯方

孟冬後, 采根去皮, 淨洗煮, 毋失之過. 槌區壓, 以鹽·醬·茴·蘿·薑·椒·熟油諸料, 研細一兩, 火焙乾食之, 如肉脯之味. 筍與蓮脯同法. 《山家淸供》

재료

우엉 뿌리 392g,
소금 2g, 조선간장 25g,
진간장 10g,
회향 0.5g, 시라 0.5g, 생강 6g,
후추 0.5g, 숙유 25g

만들기

1 한겨울이 지난 뒤에 우엉 뿌리를 캔 다음 껍질을 긁어 깨끗이 씻는다.

2 끓는 물에 데치되 지나치게 삶아지지 않게 주의한다.

3 건져서 찬물로 헹궈 물기를 닦아낸다.

4 적당한 길이로 자른 후 포를 뜬다.

5 이를 칼등이나 나무망치로 두드려 납작하게 만든다.

6 소금, 간장, 회향, 시라, 생강, 후추, 숙유 등 여러 양념을 곱게 갈아서 바른다.

7 불에 쬐어서 말려 먹는다.

우엉은 중국보다는 우리나라와 일본에서 즐겨 먹는 대표적인 식재다. 흙 속에 깊이 뿌리를 내린 우엉은 껍질이 얇다. 갓 뽑은 연한 우엉 뿌리에서는 달면서도 건초 향이 밴 흙냄새가 기분 좋게 올라온다. 목질화가 된 질긴 우엉은 맛이 없지만, 여린 우엉은 단맛이 제법 올라오고 씹는 맛이 있다. 땅속으로 깊이 뿌리를 내리기 때문에 농약 등에 비교적 안전한 식재로 여겨진다.

우엉 요리는 전라도 지방에서 주로 만들어 먹는데, 우엉 뿌리를 먹기 좋은 크기로 잘라 식초 물이나 쌀뜨물에 데쳐 김치를 담그거나, 우엉을 채를 썰어 데친 후 간장, 설탕, 맛술, 참기름, 물엿을 넣고 무치거나 볶는다. 김밥 속에 넣으면 은근하게 감칠맛이 올라온다. 어리고 연한 우엉 잎으로는 찹쌀풀을 발랐다가 말려 식용유에 튀겨 부각을 만들어 먹는다.

우엉은 말렸다가 차로 달여 마시는데, 약초로서도 효능이 뛰어나다. 열나고 피부에 습진이 생겼을 때 가라앉혀주고 담을 삭여주며 특히 기침을 멈춰주고 이뇨를 돕고 식중독을 낫게 해 준다. 우엉 씨는 종기가 났을 때 짓이겨 환부에 붙이면, 고름이 빨리 빠지게 해 준다. 우엉은 단백질, 당질, 무기질, 비타민 B1, 칼슘과 섬유질이 풍부하다. 다만 소화가 잘 안 될 수 있어, 식초 물에 데쳐서 조리한다.

우엉 포를 만들 때는 우엉 자체에 수분이 많기 때문에 양념장에 한 번 재워 굽고, 다시 장을 한번 더 발라 재벌구이를 하면 짭짤한 맛이 배 감칠맛이 올라와 더 깊은 맛이 난다. 구운 다음에 가늘게 찢어서 먹어도 좋고, 가로로 잘라서 먹으면 또 다른 식감을 느낄 수 있다. 우엉 포는 가히 땅속의 육포라고 할 만하다. 회향, 시라, 후추 향이 언뜻언뜻 느껴져 침샘을 자극한다.

Tip
죽순 포와 연포도 같은 방법으로 만든다.
우엉은 2등분이나 3등분을 길이로
갈라준다.
한 번 발라 두었다가 2차로 다시 한번 장을
발라 구워주어야 간이 잘 밴다.

새로운 고기맛 포의 탄생

초포방

蕉脯方

파초 뿌리에는 2가지 종류가 있다. 1가지는 끈끈한 뿌리로, 찰파초[糯蕉, 나초]라 하며 먹을 수 있다. 이를 채취하여 큰 편(片)으로 만든 뒤 잿물에 삶아 익히고 잿물을 버린다. 또 맑은 물로 삶되 물을 바꿔가며 잿물 맛을 완전히 없앤 뒤 짜서 말린다. 소금·간장·무이(蕪荑)·산초·말린 생강·숙유·후추 등 여러 재료를 넣고 간 것 1냥에 축축하게 하룻밤 동안 절였다 꺼내서 불에 말린다. 살짝 두드려 부드럽게 만들면 고기의 맛과 거의 비슷해진다. 《군방보》

蕉脯方

蕉根有兩種, 一種粘者爲糯蕉, 可食. 取作大片, 灰汁煮令熟. 去灰汁. 又以淸水煮, 易水令灰味盡, 取壓乾. 以鹽、醬、蕪荑、椒、乾薑、熟油、胡椒等雜物, 硏涓一兩, 宿出焙乾. 略搥令軟, 全類肉味. 《群芳譜》

재료

찰파초 150g, 소금 2g,
간장 14g, 무이 1g,
산초 1g, 말린 생강 3g,
숙유 7g, 후추 간 것 1g,
잿물

만들기

1 찰파초의 뿌리 쪽을 채취하여 납작납작 큰 편으로 자른다.

2 잿물에 삶아 익으면 잿물을 버리고 맑은 물에 삶되 물을 바꿔가며 잿물 맛을 완전히 뺀다.

3 짜서 말린 뒤 소금, 간장, 무이, 산초, 말린 생강, 숙유, 후추 등을 간 것에 축축하게 하룻밤 절인다.

4 꺼내 불에 말린다.

5 살짝 두드려 부드럽게 만든다.

Tip

파초 뿌리를 캘 때 뿌리쪽이 다치지 않게 해야
원하는 부위를 얻을 수 있다.

파초는 조선 시대 선비들이 정원에 관상용으로 즐겨 심던 풀이다. 잎이 시원스럽게 커서 마당 한편에 서 있는 것만 봐도 절로 남국의 정취가 느껴졌던 모양이다. 파초는 다음 해 봄에도 새순이 나고 불에 타도 죽지 않아 불멸의 존재이자 부귀의 상징으로 길상문(吉祥紋)으로 그려졌다. 김동명의 〈파초〉라는 시도 파초의 운명에 우리 민족의 현실을 빗대어 표현한 명작으로 꼽힌다. 파초는 잎을 감상하는 관엽식물 중에 상당히 사치스러운 식물로 얼어 죽을 염려가 적은 남부지방에서 주로 키운다. 남부지방에서는 겨울에도 얼어 죽지 않고 한 뿌리만 심어두어도 계속 번지는 습성이 있어 성장 속도가 빠르고 뿌리도 잘 내려 생각보다 키우기 쉬운 편이다. 잘하면 일 년 내에 열매까지 볼 수 있다.

뿌리 쪽은 붉은 기가 돌기도 하는데 잘라보면 찰기가 있고 가는 실이 나는 것을 볼 수 있다. 별다른 향은 나지 않지만, 조직이 연하고 부드러워 빵이나 치즈를 자르는 기분이 난

다. 잿물에 삶고 다시 잿물 기를 빼서 양념하는 과정을 거치며 파초 포는 변신에 변신을 거듭한다. 뿌리와 줄기의 경계 부분에서 조직이 바뀌는데 뿌리는 조직이 곱고 치밀하면서 매우 부드럽다. 줄기 부분은 부들처럼 돌아가면서 스펀지처럼 구멍이 뚫려 있는 기공 질의 조직이며 질긴 느낌을 준다. 줄기는 먹을 살이 없어 뿌리 부분과 확실하게 구분이 된다.

파초 뿌리 포는 불에 말려서 두드려 먹어 보면 달고 연하다. 섬유질이 많은데도 질기지 않고 살이 폭신하게 있어 고기 씹는 느낌이 난다. 무이, 산초, 생강, 후추가 들어가 맵싸한 맛과 향기가 시원하면서도 입맛을 당긴다. 마치 고기처럼 육즙이 느껴지면서 조직이 살아 있고 볼륨감이 있어 이게 파초라는 사실을 잊게 해 준다.

제1장 건채(乾菜, 채소 말리기)

연방포방

蓮房脯方

연방포(蓮房脯) 만들기(연방포방)

어린 연방을 채취하여 꼭지를 제거하고 또 껍질을 벗긴다. 우물에
서 새로 길은 물에 재를 넣고 삶아 축축하게 하는데, 이는 파초포
만드는 법과 같다. 불에 쬐어 말린 다음 돌로 눌러 납작하게 한
뒤, 조각으로 만들어 거둔다.《군방보》

蓮房脯方

取嫩蓮房, 去蔕又去皮, 用井新水入灰煮浥, 一如芭蕉脯法. 焙乾, 以石壓
令匾, 作片收之.《群芳譜》

논에 연 농사를 지어 장관을 이루곤 했
는데, 근처에서 연을 재배하는 곳이 많
이 줄었다. 연은 여름 내내 멋진 볼거리
를 제공한다. 기다리던 어린 연방이 7월
이 지나서야 올라온다. 노란 꽃술을 치
마처럼 두르고 잎 틈에 간간이 서 있다.
연을 찾아다니다 보니 신기하게도 오래
된 동네에는 크고 작은 연 방죽이 있다.
논 가운데에 민가 근처에 있는 논 방죽
에는 익숙한 수생식물들이 보인다. 연
은 잎도 꽃도 연방도 둥그렇게 원만한
데, 부들이 시원스럽게 치고 나간다. 바
람이 부는 대로 흔들리는 부들의 움직
임이 크고 고상하다. 부들과 연의 흔들
림이 마음까지 시원하게 한다.
연방 포는 반드시 어린 연방을 써야 연

하고 부드러워 포로 만들어 먹을 수 있
다. 파초 포를 만들 때처럼 꼭지 부분을
따서 껍질을 벗긴다. 들어가는 향신료
도 같은데 짭짤하면서도 무이와 산초,
생강, 후추가 들어가 기분 좋은 매운맛
과 향이 감돈다. 연방을 말려 편으로
포를 떠서 먹어보면 연방 속의 다채로
운 층을 씹는 맛이 고기포를 먹는 것 같
다. 풋 연자 속의 스펀지 조직, 귀를 연상
시키는 조직 등이 어우러져 씹는 재미를
더한다. 고기포 부럽지 않은 식물성 포
는 흥미롭다. 연방 포는 연자(蓮子)와 연
자 집의 영양을 모두 취하는 실속 있는
포다. 연방은 길상문의 하나로, 연자는
아들을 의미하고 연꽃과 함께 그려 귀
한 자식을 얻고자 하는 마음을 담았다.

재료

어린 연방 12개(200g),
소금 5g, 조선간장 16g,
무이 1.5g, 산초 1g,
말린 생강 0.8g,
숙유(참기름) 10g,
후추 0.8g, 재 25g

만들기

1 어린 연방을 채취해서 꼭지를 제거하고 또 껍질
  을 벗긴다.

2 신선한 물에 재를 넣고 삶아 축축하게 만든다.

3 초포방 만드는 법을 참고해 재가 씻어질 때까지
  물을 갈아가며 삶고 물로 헹궈 꼭 짜준다.

4 볕에 말리고 준비한 향신료와 소금, 간장, 참기
  름에 하룻밤 절여둔다.

5 불에 쬐어 말린 다음 무거운 돌로 눌러 납작하
  게 펴서 잘라준다.

Tip
반드시 어린 연방을 써야 연해서 맛을 느낄 수
있다.

이토록 아름다운 연꽃과 부들을
보려고 다리를 높이 세워 정자를
지었다. 날아갈 듯 맵시 있는 처마와
푸른 이끼, 앉아 있는 새까지 그대로
풍경이 된다. 후에 덧댄 계단이
거추장스럽다.

부용당(芙蓉堂)

아침에 일어나니 어젯밤 비에 연꽃 흠뻑 젖었고　朝起芙蓉宿雨滋

잠깐 비 갠 사이 높은 집 못 위에 제비가 엇갈려 낮으네　午晴高館燕差池

흩뿌려 떨어진 천만 개의 진주 구슬 알　瀉落珠璣千萬顆

미풍에 기울어 푸른 유리구슬처럼 쏟아지네　微風傾瀉碧琉璃

김부용(金芙蓉 1812~1860?)

향기롭고 미끈한 육지의 매생이

수태포방

水苔脯方

물이끼포[水苔脯, 수태포] 만들기(수태포방)

봄에 처음 채취한 어린 물이끼를 물에 씻으면서 좋은 것만 골라 아주 깨끗하게 한다. 이를 다시 씻어 모래와 벌레를 제거한 뒤, 돌로 눌러 짜서 말린다. 사용할 때 소금·기름·화초·썬 부추를 함께 섞어 병에 넣는다. 여기에 다시 초강(醋薑. 식초에 절인 생강)을 더하여 먹으면 맛이 매우 좋다. 《증보도주공서(增補陶朱公書)》

水苔脯方
春初採嫩者, 淘擇令極淨, 更洗去砂石、蟲子, 以石壓乾. 用時, 入鹽、油、花椒、切韭菜同拌入瓶, 再加醋薑食之, 甚美. 《增補陶朱公書》

재료

봄에 채취한 어린 물이끼 60g,
소금 1g, 기름 3g, 화초 1g,
썬 부추 10g,
초강(식초에 절인 생강) 5g

만들기

1 봄에 처음 채취한 어린 물이끼를 물에 씻으면서
   좋은 것만 골라 아주 깨끗하게 한다.

2 이를 다시 씻어 모래와 벌레를 제거한 뒤 고운
   체로 걸러 돌로 눌러 짜서 말린다.

3 쓰려면 소금, 기름, 화초, 썬 부추를 함께 섞어
   병에 넣는다.

4 여기에 다시 초강을 해 먹는다.

Tip

손으로 풀어서 볕에 말리고 무칠 때는 칼로 잘라준다. 화초는
갈거나 부숴서 넣는다.

산속 맑은 계곡물이 흐르다가 바위 웅덩이를 만나면 그 곳에 물이 고인다. 그 곳에서 자라는 물이끼를 채취해야 하는데 물이 차고 맑은 곳이 아니면 오염된 곳일 수 있기 때문이다. 물이끼라고 하지만 민물 녹조식물인 해캄을 말한다. 해캄은 녹색의 고운 실무늬를 낼 수 있어 왕실이나 상류층에서 쓰던 고급한지인 태지(苔紙)를 만들 때도 사용했다. 닥나무 섬유에다 수태(水苔)를 넣어 만들었다고 전해지는데, 일제강점기를 지나면서 맥이 끊어졌다. 수태는 시간이 지나면 죽어서 색이 검어지기 때문에 물에 가둬두고 죽지 않고 떠내려가지 않도록 보관했다.

수태는 섬세하고 매끄러우며 촉촉해서 종이를 만들면 종이가 유연하면서 녹색의 가는 실무늬가 매우 아름답다. 주로 왕실의 편지지나 혼서지(婚書紙) 등으로 많이 쓰였는데, 나중에는 해캄의 섬유질만을 흉내 내서 인쇄해서 썼다. 《조선왕조실록》1541년(중종 36) 6월 25일 기사에 병조 판서 김안국(金安國)이 태지(苔紙) 5속(束)을 진상하고 이어 아뢰기를,

"신이 시골에 있을 때에 고서(古書)를 보니 물이끼[水苔]로 종이를 만든다는 말이 있는 것을 보았습니다. 그래서 신이 시험 삼아 만들어 본 것입니다. (以苔紙五束進上, 仍啓曰: "臣居鄕時, 見古書, 有以水苔爲紙之語, 臣試造之")라고 하였다.

해캄은 원생동물로 봄부터 여름에 주로 볼 수 있는데, 표면에 점액이 많아 미끈거리고 스스로 광합성을 해서 양분을 만들어낸다. 물기를 빼고 말렸다가 봄부추, 식초에 절인 생강, 기름, 화초를 넣고 소금으로 간해서 무치면 달고 매운 맛이 돌면서 향기로운 무침이 된다. 매끄러운 게 매생이와 비슷하지만 조금 더 씹는 맛이 느껴진다. 맑은 물에서 채취해 모든 다른 재료의 맛을 잘 살려주고 비단결처럼 부드럽다.

환경이 오염되어 물의 유속이 적절하면서 바위와 모래가 있는 담수가 적어져 좋은 해캄을 얻기 어려워지고 있다. 매운맛을 내는 향기로운 재료와 잘 어울리는 수태 무침은 봄이 가져다준 선물이다. 생강도 초에 절여두면 매운맛이 줄고 단맛이 올라온다.

제1장 건채(乾菜, 채소 말리기)

응어리를 내려 주는 여성들의 벗

봉선포방

鳳仙脯方

봉선화포[鳳仙脯, 봉선포] 만들기(봉선포방)

봉선화는 머리 싹을 채취하여 끓는 물에 데친 다음 소금을 조금
더하여 볕에 말리면 1년 남짓 둘 수 있다. 참깨를 섞어서 상에 올
린다. 새것은 차에 넣으면 가장 좋고, 밀가루 1근과 함께 볶아 먹
어도 좋다. 두부·채소와 삶아도 좋으니, 어느 것 하나 안 되는 것
이 없다.《증보도주공서》

鳳仙脯方
鳳仙花採頭芽湯焯, 少加鹽曬乾, 可留年餘. 以芝麻拌供. 新者可入茶最
宜, 炒麪魽食佳. 燻豆腐·素菜, 無一不可.《增補陶朱公書》

Tip

봉선화의 종자는 급성자(急性子)라고 하는데
어중독(魚中毒)의 해독제로 쓰인다. 급성자는 고기를
삶을 때 넣으면 고기와 생선을 연하게 해 준다.

봉선화꽃이 피면 여러 가지 색깔의 꽃
과 잎을 백반과 함께 짓찧어 손톱에 고
운 물을 들였다. 반드시 꽃과 잎을 함
께 써야 색이 진하고 곱게 든다. 벽사의
의미도 있지만, 여름날 정취가 가득 담
겨 있다. 날씬하게 빠진 잎과 처연한 흰
꽃, 화려한 분홍 꽃, 붉은 꽃, 주홍 꽃
과 꼬투리가 매달린 모습, 시큼한 풀 내
음이 한국적인 미를 자아낸다. 치마폭
에, 손톱 끝에, 마음에 물을 들이는 염
색은 소망과 기대, 기다림, 아쉬움 같은
정서를 대변한다.
봉선화는 일년생 초본이지만 씨가 떨어
진 자리에서 다음 해에도 어김없이 봉
선화가 올라온다. 작년에 흰 봉선화가
난 자리에 다시 흰 봉선화가 나풀거릴

것이다.
건드리기만 하면 톡톡 튀어 나가는 급
성자는 잘 받아두었다가 대문 앞이나
장독대 옆에 심었다. 봉선화는 해충이
나 뱀 등을 쫓는 용도로도 심었다.
봉선화 잎을 데쳐서 소금에 절여 말리
면 겨울까지 두고 나물을 해 먹을 수 있
다. 잎은 맛이 달면서도 쓴맛이 있고 매
우면서도 독이 약하게 있어 데치는 게
좋다. 봉선화 잎만으로도 제법 적갈색
의 물이 나온다. 차로 마셔도 되고 나
물이나 국을 끓이면 쫄깃해서 먹을 만
하다. 맵싸한 맛이 있어 데치고 헹궈서
맛을 빼준다. 어혈이 뭉친 것을 풀어주
고, 잔가시나 닭 뼈 같은 것이 목에 걸
린 것을 내려가게 해 준다. 꽃이나 잎,
줄기를 찧어 나온 즙은 무좀 같은 피부
병 부위에도 바른다. 무엇이든 막힌 것
을 뚫어주고 나쁜 것은 쫓아주는 봉선
화는 관상용은 물론 식재로 약재로 염
색제로 다양하게 쓰였다.

재료

말리기 재료
봉선화 머리 싹 200g, 소금 20g

나물 재료
불린 봉선화 싹 150g, 참깨 2g,
밀가루 13g, 물 100g, 참기름 5g

불린 봉선화 싹 50g, 두부 70g,
채소 20g, 조선간장 13g

만들기

1 봉선화의 머리 싹을 끓는 물에 데친다.

2 찬물에 헹궈 물기를 제거하고 분량의 소금에 절
   여 볕에 말린다.

3 먹을 때는 불리거나 다시 데쳐 물기를 제거하고
   참깨를 섞어서 상에 올린다.

Tip

봉선화는 꽃이 피지 않은 어린 싹을 딴다.
봉선화 햇싹을 말린 것은 차에 넣으면 가장 좋고 밀가루를 넣고
볶아 먹거나 두부, 채소와 삶아도 좋다.

꼬들꼬들 향기로운 외

건과방

乾瓜方

오이 말리기(건과방)

오이[越瓜. 월과] 말리는 법 : 햇오이를 세로로 갈라 8개 편(片)으로 만든 다음 속을 파낸다. 뜨거운 돌 위에 소금을 뿌리고 오이를 여기에 넣어 6~7일 동안 볕에 쪼였다가 마르면 자기그릇에 거두어 넣는다.

사용할 때 소금과 모래를 씻어내고, 편(片)으로 썰어 술에 담가 먹으면 연하고 맛있다.《화한삼재도회》

乾瓜方

乾越瓜法 : 用新瓜縱剖八片, 劈去瓤. 糝鹽于暑熱石上, 曬乾六七日, 候乾收入磁器. 用時, 洗去鹹沙, 切片酒浸食, 脆美.《和漢三才圖會》

제 1장 건채(乾菜, 채소 말리기)

재료

햇 오이 130g짜리 8개,
소금 60g, 술 350g

만들기

1 햇 오이를 세로로 갈라 8개의 편으로 만든 다
음 속을 파낸다.

2 뜨거운 돌 위에 소금을 뿌리고 오이를 여기에
넣어 6~7일 동안 볕에 쪼인다.

3 마르면 자기 그릇에 거두어둔다.

햇 오이가 연할 때 따면 수분이 많고 씨도 적어 달고 맛이 있다. 물이 많은 속을 파내고 소금을 뿌려 뜨거운 돌 위에서 절여가면서 말리면 햇 오이가 익듯이 마른다. 수분이 많은 오이나 참외. 수박 종류는 소금과 볕에 폭건(暴乾)을 하지 않으면 자칫하면 곰팡이가 피어 부패하기 쉽다. 장마철에는 말리지 않는 것이 좋다. 소금에 절이면서 수분이 빠지고 햇볕에 다시 한번 말린 햇 오이는 보관해 두었다가 술에 담그면 연하면서도 꼬들꼬들한 신선한 절임이 된다. 술지게미에 절인 것과 마찬가지로 술에 담그고 돌로 눌러 놓으면 더욱 잘 절여진다. 소금간이 이미 배 있어 술 속에 들어있는 향기가 효소의 작용을 해 더욱 풍미가 생긴다. 취향에 따라 설탕을 좀 더 넣거나 절였던 오이의 물기를 충분히 빼주면 꼬독하고 아삭한 식감을 얻을 수 있다. 꼭 짜서 양념해서 무쳐 먹으면 여름철 별미 반찬으로 그만이다. 술이나 술지게미는 음식의 풍미를 높여주고 천연 보존제 역할을 하는 팔방미인 조미료다.

Tip
사용할 때 소금과 보래를 씻어내고
편으로 썰어 술에 담가 먹으면 연하고 맛있다.

제1장 건채(乾菜, 채소 말리기)

호로가건방

葫蘆·茄乾方

호로(葫蘆)와 가지 말리기(호로가건방)

가지는 편(片)으로 썰고, 호리병박[葫蘆匏子]은 가락으로 썬 뒤 볕에 말리고 거두어들인다. 건채(乾菜) 만드는 법을 따른다.《농상의식촬요(農桑衣食撮要)》

박고지[瓠蓄] 만드는 법 : 토용(土用) 기간에 박을 따서 편을 가로로 썬 다음 껍질을 벗기고 속을 파낸다. 이어서 흰 살을 얇게 깎아서 1~2장(丈) 길이로 이은 뒤, 종이같이 꼬고 시렁에 걸어 볕에 말린다. 만일 비를 맞아 색이 변하면 좋지 않다. 유희(劉熙)의《석명(釋名)》에 "박껍질로 포를 만들고 저장했다가[蓄積] 겨울의 쓰임에 대비한다."라 했으므로 '호축(瓠蓄)'이라 이름지은 것이 이것이다. 【호박도 이 방법을 따라 만들 수 있는데, 다만 맛이 상당히 떨어진다】《화한삼재도회》

싱거운 가지 말리는 방법 : 큰 가지를 깨끗이 씻어 솥 안에 넣고 삶는다. 물을 묻히지 말고 가른 다음 돌로 눌러서 말린다. 날이 갤 때마다 먼저 와기를 볕에 달군 다음, 와기 위에 가지를 펼쳐 말린다. 1~2월까지 저장했다가 양념과 고루 섞어 먹으면 그 맛이 햇가지의 맛과 같다.《중궤록》

가지 말리는 법 : 큰 가지는 3조각[片], 작은 가지는 2조각으로 잘라 강물에 1시간 담갔다가 건져서 솥 안에 넣는다. 여기에 소금을 뿌린 뒤 물을 넣고 1번 삶는다. 다시 꺼내어 저녁까지 볕에 말렸다가 그대로 처음 끓였던 물에 넣고 다시 1번 삶아서 솥 안에 둔다. 다음날 아침에 다시 1번 삶고, 다시 저녁까지 볕에 말린 다음 전과 같이 다시 삶는데, 끓는 물이 다 없어질 때까지 삶는다. 이를 볕에 바싹 말리고 단지 안에 넣어 거둔다.

작은 오이는 속과 즙을 제거하고 얇은 모시[夏布]로 닦아 위의 방법대로 한 뒤 오이채를 썬다. 거친 껍질을 깎아내는 방법 또한 위의 방법대로 한다. 《군방보》

葫蘆、茄乾方

茄削片, 葫蘆匏子削條, 曬乾收, 依做乾菜法. 《農桑撮要》

瓠蓄法 : 土用中取瓠, 橫切片, 去皮及瓤, 用白肉薄剝, 連一二丈, 如紙紉掛架, 曬乾. 如逢雨變色, 不佳. 劉熙《釋名》云"皮瓠以爲脯, 蓄積以待冬月時用之", 故名"瓠蓄"是.

【南瓜亦可倣此法造, 但味頗遜之】《和漢三才圖會》

淡茄乾方 : 用大茄洗淨, 鍋內煮過. 不要見水, 劈開用石

壓乾. 趁日色晴, 先把瓦曬熱, 攤茄子於瓦上, 以乾爲度. 藏至正二月內, 和物均食, 其味如新茄之味. 《中饋錄》

乾茄法 : 茄大切三片, 小二片, 用河水浸半時, 撈入鍋內, 加鹽用水煮一滾, 取出曬至晚, 仍入原湯, 再煮一滾, 留鍋內. 明早復煮一滾, 再曬至晚, 如前再煮, 以湯盡爲度, 曬至極乾, 入罈內收.

稍瓜去瓤汁, 夏布拭過, 照上法做絲瓜, 刮去粗皮, 亦照上法. 《群芳譜》

① 박과 가지 말리기

재료
가지 4개(491g), 호리병박 2개(572g)

만들기

1 가지는 편으로 썬다.
2 호리병박은 꼭지를 자르고 껍질을 벗겨 속을 긁어내고 가락으로 썬 뒤 볕에 말리고 거두어들인다.

Tip

박은 어리고 연한 것을 고른다.

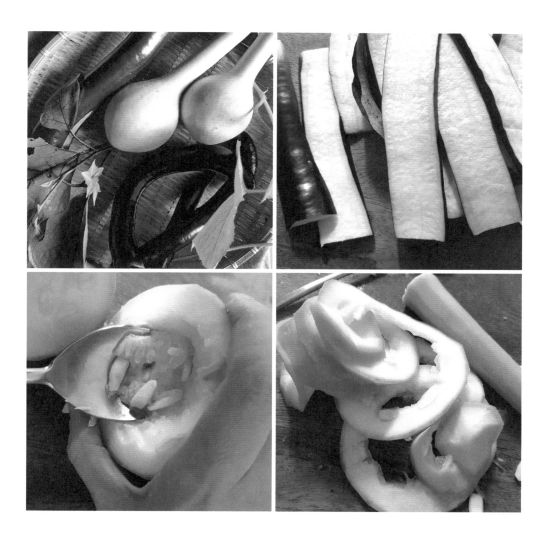

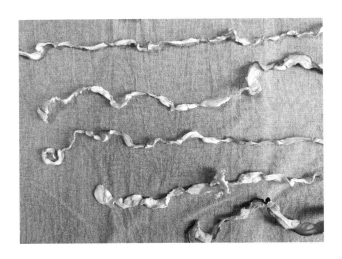

조선 시대에는 여러 가지 빛깔의 가지가 있었던 모양이다. 자줏빛 가지, 흰 가지, 푸른 가지, 누런 가지, 연붉은빛의 가지가 있는데 가지의 성질에 따라 산 가지가 있고 물 가지가 있다. 산 가지는 국을 끓이거나 데치거나 절이거나 구워서 먹을 수 있지만 생으로는 먹을 수 없고, 물 가지는 굴젓에 섞으면 생으로 먹어도 아주 맛이 좋다고 했다. 이옥(李鈺)은 서리가 내리면 가지 백여 개를 거두어 절여도 먹고 데쳐도 먹었는데, 나머지는 술을 깨는 용도로 쓰기도 하고 이웃집에 나눠주기도 했는데 부족하지 않다고 했다.

서리를 맞은 가지는 크기는 작지만 보랏빛이 진하고 깊으며, 수분이 적어 단맛이 강하다. 연하면서도 단단해 깊은 단맛이 올라온다. 고기 못지않은 식감을 자랑한다. 서리 맞은 가지가 술을 깨는 용도로 쓰인다니, 가지 해장국을 끓이지 않았을까 상상해 보았다.

호리병박은 모양이 제각각인데, 대가 길게 쭉 빠지거나 잘록하게 허리가 들어가는 등 재미있는 모양이 많다. 가까이에서 보면 거친 솜털이 보송보송 나 있다. 만져봐서 손톱이 들어갈 정도로 덜 여문 것이 과육도 달고 씨도 달고 맛이 있다. 박 얼굴에 모르고 생채기를 냈는데 그대로 끝까지 흉이 남아 있어 바가지를 만들 때 미안했던 기억이 있다. 박 얼굴이나 사람 얼굴이나 생채기는 조심해야 한다. 길게 둥글게 돌려 깎기로 해서 매달아서 볕에서 말린다. 호리병박의 대도 편으로 잘라서 나중에 누름적이나 산적 등을 할 때 꿰서 쓴다. 잘리거나 짧은 것은 채반에 널어 말려 박오라기를 만든다.

재료

박 1개(562g), 호박 1개(391g)

만들기

1 입추가 지나면 어린 박을 따서 편을 가로로 썬다.

2 껍질을 벗기고 속을 파낸다.

3 이어서 흰 살을 얇게 깎아서 1~2장(丈) 길이로 이은 뒤 종이 같이 꼬고 시렁에 걸어 볕에 말린다. 만일 비를 맞아 색이 변하면 좋지 않다.

Tip

한 장은 약 3m에 해당한다.
바람이 잘 통하는 곳에 널어 습기를 완전하게 말린다.

6~7월이 되면 박꽃이 뽀얗게 피어난다. 하얀 꽃잎이 겹쳐 있는 게 다소곳하면서 청초하다. 소박하면서도 깨끗한 아름다움이 눈길을 사로잡는다. 창백한 달빛 아래 은은하게 피어 있는 박꽃과 둥근 박은 한국적인 정서를 대표한다. 박고지와 호박고지는 겨울철을 대비해 만들어 두면 박 국이나 나물 등을 간편하게 만들어 먹을 수 있다. 애호박 고지는 볶음을, 늙은 호박고지는 쇠머리 찰떡을 만들 때 사용한다. 박고지는 길게 줄처럼 말려두었다가 졸여서 김밥 속으로 넣거나 고기와 함께 볶아 먹어도 쫄깃한 게 식감이 좋다. 박고지에는 철분, 아연, 망간 같은 대사와 면역력 향상, 빈혈을 예방하는 미네랄이 들어있다.

예전에는 박으로 음식을 즐겨 해 먹었다. 박오가리 나물, 박김치, 박나물 등 고조리서에 여러 조리법이 소개되어 있는데, 《조선무쌍신식요리제법》을 저술한 이용기는 박나물 맛이 별로 좋을 게 없다고 한다. 확실히 말린 박오가리로 만든 나물이나 볶음이 식감도 좋고 맛도 더 좋다.

③ 싱거운 가지 말리는 방법(淡茄乾方)

재료

큰 가지 471g, 양념

만들기

1 큰 가지를 깨끗이 씻어 솥 안에 넣고 삶는다.
2 건져서 물을 묻히지 말고 길이로 3-4등
   분으로 자른 다음 돌로 눌러서 말린다.
3 날이 갤 때마다 먼저 와기(瓦器)를 볕에
   달군 다음 와기 위에 가지를 펼쳐 말린다.
4 1~2월까지 저장했다가 원하는 양념과 고
   루 섞어 먹으면 햇가지의 맛과 같다.

가지는 가장 허물없는 반찬거리면서 큰 매력
을 가지고 있다. 가지 자체는 별 맛이 없지만,
무엇이든 잘 흡수하는 성질이 있어 물, 기름과
같이 조리하면 부드럽고 고소한 맛을 낸다. 가
지를 삶아서 연하게 만든 다음, 돌로 눌러 수
분을 빼주면 마치 고기포처럼 변한다. 둥근 가
지가 납작납작한 포로 변해서 제멋대로 말려
볼품없는 가지말랭이보다 훨씬 보기가 좋다.

Tip
가지를 편으로 썬 다음에 나무판 사이에 놓고
무거운 돌로 눌러 모양을 펴고 수분이 빠지도록
한다.

④ 가지 말리는 법(乾茄法)

재료

큰 가지 3조각,
작은 가지 2조각,
(모두 560g)

소금 13g, 작은 오이

만들기

1 큰 가지는 3조각, 작은 가지는 2조각으
로 잘라 물에 1시간 담갔다가 건져서
솥 안에 넣는다.

2 여기에 소금을 뿌린 뒤 물을 넣고 한 번
삶는다.

3 다시 꺼내어 저녁까지 볕에 말렸다가 그
대로 처음 끓였던 물에 넣고 다시 한번
삶아서 솥 안에 둔다.

4 다음 날 아침에 다시 한번 삶고 다시 저
녁까지 볕에 말린 다음 전과 같이 다시
삶는데 끓는 물이 다 없어질 때까지 삶
는다. 이를 볕에 바싹 말리고 단지 안에
넣어 거둔다.

5 작은 오이는 속과 즙을 제거하고 얇은
모시로 닦아 위의 방법대로 한 뒤 오이
채를 썬다. 거친 껍질을 깎아내는 방법
또한 위의 방법대로 한다.

Tip

무른 가지는 너무 오래 삶지 않도록
주의한다.

가지를 미리 물을 먹인 다음 솥 안에 넣으니 조직이 퉁퉁해진 것 같다. 소금을 뿌려, 삶고 말리고 삶고 담가두는 과정을 반복한다. 무엇이 남을까 싶지만 고기처럼 씹는 맛이 생기지 않을까 기대가 된다. 계약 장아찌*도 11월 내내 오는 추위를 맞으며 섬유질만 남도록 삭힌다는 생각이 난다. 극한의 담금질을 견디고 난 가지는 새로운 식감을 가지게 될 것이다.

가지만큼 응용하기 좋은 식재도 드물다. 김치를 담그면 빼독빼독한 게 조직이 단단해져 씹는 맛이 생기고 밥에 찌면 연하고 보드라워 여름철 밥반찬으로 자주 상에 올랐다.

* 삭힌 생강줄기를 곱게 찧어 맑은 물이 나올 때까지 헹궈 물기를 뺀 다음 주먹 크기로 뭉쳐 그늘에 말린 뒤 고추장에 숙성시킨 장아찌.
 —《전통향토음식용어사전》참조—

제 1 장 건채(乾菜, 채소 말리기)

섬유질이 많은 토란 줄기 볶음

건우백방
乾芋白方

우백(芋白) 말리기(건우백방)

서리가 내린 뒤, 알토란[芋子]의 윗부분에 있는 우백을 쪼개어 장수(漿水)에 담근 다음 데치고 볕에 말린다. 겨울에 볶아 먹으면 맛이 부들이나 죽순보다 낫다.《무본신서(務本新書)》

토란대와 잎도 엮어서 걸어두고 바람에 말리면 겨울의 쓰임에 대비할 수 있다.《옹치잡지》

乾芋白方

霜後, 芋子上芋白擘下, 以液漿水, 煠過曬乾. 冬月炒食, 味勝蒲、筍.《務本新書》

莖葉亦可編掛風乾, 以備冬月之用.《饔饎雜志》

제1장 건채(乾菜, 채소 말리기)

재료

우백 재료
장수(차조 100g, 물 1.5~2L),
참기름 6g, 조선간장 7g

잎줄기 재료
토란잎과 줄기 데친 것 150g,
참기름 6g, 조선간장 6g

만들기

1 서리가 내린 뒤 알토란의 윗부분에 있는 우백을
    쪼개어 장수에 담근다.
2 데치고 볕에 말린다.
3 겨울에 꺼내 불린 다음 다시 삶아 간장으로 간
    하고 기름에 볶아 먹는다.
4 토란대와 잎도 말렸다가 삶아 간장으로 간하고
    기름에 볶아 먹을 수 있다.

Tip
굵은 토란 줄기는 반 갈라서 말린다.

토란대는 부들이나 파초처럼 스펀지 같은 조직이 있고 토련(土蓮)이라는 이름처럼 방수가 되는 커다란 잎을 가지고 있다. 예전에는 우산이나 양산이 흔치 않았다. 아이들이 놀다가 갑자기 만난 빗줄기를 피하고 따가운 햇빛을 가릴 양으로, 삿갓처럼 토란잎을 머리에 썼다.

영양이 좋은 곳에서는 토란잎이 빽빽하게 우거진다. 다른 풀들과 경쟁하면서 자라면 성장 속도가 느리지만 대신 연하다. 토란도 생강처럼 모체에서 뻗은 뿌리 수염과 순같이 생긴 곳에서 새로운 토란이 자란다. 엄마 토란은 까맣고 쭈글쭈글해져서 나이 든 할머니의 빈 젖 같다. 새로운 아가 토란들은 뽀얗고 살도 토실토실하다. 토란도 생강만큼 모성애가 느껴진다.

토란 뿌리 근처의 우백은 뽀얗고 굵으며 살집이 있어 씹는 맛이 있다. 장수에 담갔다가 데치면 장수에 있는 전분 성분 덕분에 옥살산칼슘이라는 독성물질의 아린 맛도 빠지고 또 부드러워진다. 쫀득한 식감도 느껴지고 고기처럼 감칠맛도 돈다. 말렸다가 양념을 넣고 볶아 먹으면 나물거리가 없을 때 좋은 반찬거리가 된다. 잎줄기도 말렸다가 불려서 볶아 먹을 수 있다. 토란도 잎부터 뿌리, 줄기까지 버리는 것이 없었다. 잎줄기가 크고 억센 것들은 말려두었다가 육개장, 해장국 등에 넣고, 연한 것들은 나물로 볶아 먹는다.

질긴 토란 줄기는 겉껍질을 벗겨서 사용한다. 토란 줄기에는 엽산, 아연은 물론 칼슘, 특히 칼륨이 풍부하게 들어있어 혈관을 튼튼하게 해 주고 임산부에게도 권할 만한 식품이다.

송이 향을 오래도록 즐기는 법

건송이방

乾松茸方

송이 말리기(건송이방)

햇송이의 기둥을 제거한 다음 송이의 갓 부분을 2~3일 동안 볕에 쬐어 말린 뒤에 그늘에서 말리고 거둔다. 이듬해 봄이나 여름이 되어도 상하지 않고, 삶으면 매우 향기롭다. 기둥은 딱딱해서 먹을 수 없다. 《화한삼재도회》

또 다른 방법 : 갓을 펴지 않은 햇 송이의 갓이 될 부분과 아래쪽 손잡이 부분을 잘라서 2단으로 분리한다. 물 10승, 소금 3승을 8승이 될 때까지 달였다가 식히고 안정되게 해서 이를 송이에 붓고, 판자를 덮어 돌로 눌러둔다. 이때 다만 갓이 상하지 않게 해야 한다. 물이 빠지면 볕에 말려 저장해둔다. 사용할 때는 하룻밤을 물에 담가서 소금기가 깨끗이 가시게 한다. 《화한삼재도회》

乾松茸方

新松茸去莖, 用傘二三日曝乾後, 陰乾取收之. 至翌春夏, 亦不敗, 煮之甚香. 莖則硬, 不堪食. 《和漢三才圖會》

又法 : 新松茸未張傘者傘與柄, 切作兩段. 水一斗、鹽三升, 煎至八升, 冷定漬之, 覆板壓石. 但要令傘不損, 曬乾收貯. 用時, 一日夜漬水, 令鹽味淨盡. 同上

①

재료

햇 송이 228g

만들기

1　햇 송이의 기둥을 제거한다.

2　송이의 갓 부분을 2~3일 동안 볕에 쬐어
　　말린 뒤에 그늘에서 말리고 거둔다.

Tip

송이에 묻은 흙과 모래, 이물질을 잘 제거한다.
이듬해 봄이나 여름이 되어도 상하지 않고 삶으면 매우
향기롭다. 기둥은 딱딱해서 먹을 수 없다.

송이는 9월 말에 나기 시작해 10월 초중
순에 절정을 이루다가 점점 자취를 감춘
다. 갓이 핀 등외품 송이의 갓 부분을 따
서 말려두면 두고두고 먹을 수 있다. 송
이는 자르거나 찢으면 특유의 향이 터져
올라온다. 말려서 먹는 데는 다소 흠집
이 있는 것도 괜찮으니, 손질해서 말렸다
가 송이밥이나 죽, 차로 마시면 충분히
향을 즐길 수 있다. 기둥도 버리지 말고
된장국이나 찌개, 차를 끓일 때 함께 넣
어 먹는다.

②

재료

갓이 피지 않은 햇 송이 200g,
물 1650g , 소금 495g

Tip

사용할 때는 하룻밤을 물에 담가서
소금기가 깨끗이 가시게 한다.

만들기

1 갓이 피지 않은 햇 송이의 갓이 될 부분과 아래
쪽 손잡이 부분을 세로로 갈라 이등분한다.

2 물과 소금을 타서 분량의 8할이 될 때까지 달였
다가 식히고 안정되게 해서 이를 송이에 붓는다.

3 판자를 덮어 돌로 눌러둔다. 이때 다만 갓이 상
하지 않게 한다.

4 물이 빠지면 볕에 말려 저장해둔다.

제1장 건채(乾菜, 채소 말리기)

송이버섯은 향이 매우 뛰어나고 식감이 좋아 미식가들은 가을이 되기를 기다린다. 워낙 고가여서 추석에 송이버섯 선물을 받는 사람들은 흐뭇하여 어깨에 힘이 들어간다. 식욕이 떨어진 환자들에게 송이버섯을 넣고 죽을 끓여 주면 소화가 잘되고 기운을 보해준다. 송이버섯은 무 싱건지를 담글 때 어린 오이, 부드러운 가지, 생강, 파 밑동, 녹각채, 천초, 고추와 함께 넣어 맛과 향이 우러나도록 했다.

송이를 그냥 말리거나 염장을 했다가 말리면 오랫동안 보관할 수 있고, 소금기를 빼고 볶아 먹거나 물김치에 넣기도 한다. 목에 가래가 끓거나 기침이 나는 사람이 먹으면 증상을 완화해주는 효과가 있다. 고기와도 궁합이 좋아서 소고기와 번갈아 산적을 꿰면 최고의 술안주가 된다.

제1장 건채(乾菜, 채소 말리기)

채소를 다루는 다양한 방법

채소 저장법

채소를 저장할 때 세척했을 경우에는 물기를 충분히 빼고 채소 자체에서 나오는 수분을 흡수하도록 키친타월 같은 흡습지로 싼 후에 통에 넣는다. 비닐백에 넣는 경우 구멍을 뚫어 주어 습기가 빠져나가도록 한다. 수분량이 적은 채소는 도리어 흡습지에 물을 뿌려 윗표면은 덮어주고, 아래쪽은 마른 흡습지를 넣어준다. 양배추나 브로콜리의 장다리는 밑동 쪽의 단단한 부위는 버리지 말고 알뜰하게 조리해서 먹는다. 자른 후에 끓는 소금물에 데쳐서 꼭 짜서 볶아먹거나 국에 넣고 끓여 먹거나 생선이나 육류요리에 곁들이로 이용한다. 물기를 짠 후에 두부의 물기를 짜서 같이 합해 양념한 후 무쳐 먹어도 맛있다. 양배추는 세척할 때 한 잎씩 떼어서 씻어주고 브로콜리에도 작은 벌레가 있을 수 있으므로 작은 송이로 나눈 후 베이킹소다나 식초를 푼 물에 담갔다가 흐르는 물에 헹궈서 쓴다.

채소 데치는 법

시금치나 쑥갓, 아욱 같이 잎을 먹는 청채류는 물에 헹궈 10분 정도 담가 놓는다. 물이 끓으면 뚜껑을 연 채로 단단한 줄거리나 밑동부터 길이로 물에 넣는다. 데쳐지면 재빠르게 찬물에 여러 번 헹궈 물기를 뺀다.

당근은 데칠 때 반드시 소금을 넣는다. 당근 특유의 풋내도 줄여주고 조리시간을 단축해 주며 부드러워져 조리하기에도 편리해진다. 무엇보다 소금으로 인해 당근의 달큰한 맛이 생긴다.

산마나 감자, 고구마, 토란 등은 껍질이 있는 채로 삶은 후 껍질을 벗겨 사용한다. 삶기 전에 껍질을 벗기면 손이 가려울 수도 있고 맛도 떨어진다.

무는 쌀뜨물에 삶으면 매운맛과 쓴맛이 줄고 빨리 연해진다. 우엉을 쌀뜨물에 삶으면 빛도 검어지지 않고 연해진다. 연근은 껍질을 벗겨 쌀뜨물에 삶으면 뽀얗고 연하게 삶아진다.

채소류 조리법

섬유질이 많은 우엉이나 죽순 등은 가로 방향으로 자르면, 섬유질이 짧아져 연해지기 때문에 쉬이 익고 소화도 잘된다.

채소를 볶을 때는 재료에 물을 주어 적셔두고 달궈진 팬에 채소를 넣고 기름을 두른 후 소금을 뿌리면 재료 자체의 수분으로 인해 기름이 고르게 퍼져 기름을 많이 쓰지 않아도 된다.

소금은 색을 선명하게 살려주고 재료가 가진 단맛이 잘 올라오게 돕는다.

마른 채소류 불리는 법

마른 표고 : 미지근한 물에 설탕을 한 수저 넣고 잘 저어준 후, 물에 씻은 마른 표고를 넣고 담가 둔다. 지나치게 불리면 맛있는 성분이 물에 다 우러나와 버섯 맛이 떨어진다. 불린 버섯은 맹물에 다시 씻지 않는다.

마른 미역 : 마른 미역에 끓는 물을 끼얹어 3~4분 동안 두었다가 건져 다시 한 번 물을 끼얹으면 색이 선명하면서도 연하게 불려진다. 너무 오래 담그면 미역이 불어서 맛이 없어진다.

마른 다시마 : 다시마도 물에 30분 정도 담갔다가 꺼내서 물에 헹궈 쓴다. 너무 오래 담그면 맛이 빠져서 싱거워진다. 조림용 생 다시마는 식초 물에 담갔다가 쓴다.

자잡채
(煮煠菜, 삶거나 데친 채소)

02

총론

總論

    자잡채(煮煤菜) 편에서는 채취한 채소들을 삶거나 데쳐서 나쁜 맛을 빼고 부드럽게 한 후 국을 끓이거나 나물을 무치는 법을 소개하고 있다. 재료에 따라서는 식재의 특성에 맞는 전처리법도 설명하였다. 생채소를 먹는 것보다 국이나 나물처럼 익힌 채소를 먹는 것이 막힌 것을 소통시키고 혈액을 돌게 한다고 보았던 듯하다. 익히되 채소의 본성과 가치, 향기를 잘 살려 음식을 하면 채소 자체만으로도 비할 데 없이 가치 있는 음식이 된다. 다양한 양념류를 넣어 향기롭게 만드는 법도 참고해 볼 만하다. 식초와 간장은 나물 음식의 맛을 살려주는 데 즐겨 쓰였다. 겨울에는 콩과 말린 나물이 가장 중요한 영양원이 되었다.

자(煮)는 채소를 삶아서 국을 만드는 것이고, 잡(煤)은 채소를 데쳐서 나물을 만드는 것이다. '흐물흐물하게 삶고 익도록 데쳐[爛煮熟煤, 난자숙잡] 막힌 것을 소통시키고 혈액을 돌게 한다[疏壅導血, 소옹도혈]', 이것이 채소를 요리하는 여덟자 비결이다. 맛이 진한 생선으로 채소 본연의 맛을 빼앗지 말고, 누린내 나는 고기로 채소의 본성을 어지럽히지 말라. 만약 그렇지 않으면 쇄삭(灑削)처럼 값어치 없거나 위포(胃脯)처럼 잘 팔리기만 하는 음식일 따름이다. 그런 음식만 있다면 소식(蘇軾)이 말한 '맛은 땅의 정수를 머금고, 향기는 서리와 이슬 가득하네.'라고 읊은 음식은 어디에서 볼 수 있겠는가? 《옹치잡지》

煮者, 煮之爲羹也 ; 煤者, 煤之爲茹也. "爛煮熟煤, 疏壅導血", 此製蔬八字訣也. 勿以濃鮮奪其味, 勿以臊腥亂其性. 苟非然者, 卽灑削·胃脯之餐耳. 坡老所謂 "味含土膏, 氣飽霜露"者, 于何處見焉? 《饔饎雜志》

삼취갱방

三脆羹方

삼취갱(三脆羹, 3가지 부드러운 재료 넣은 국) 끓이기(삼취갱방)

어린 죽순과 작은 표고버섯[蕈], 구기자나물을 기름에 볶아 국을 끓이는데, 후추를 더하면 더욱 좋다. 조밀부(趙密夫)가 이 국을 매우 좋아했다. 또한 삼취갱의 재료를 고명으로 얹은 떡국을 끓여 부모님을 봉양했는데, 이를 '삼취면(三脆麵)'이라 이름했다. 버섯[蕈. 닭]은 또한 '고(菰)'라고도 한다. 《산가청공》

三脆羹方

嫩筍、小蕈、枸杞菜, 油炒作羹, 加胡椒尤佳. 趙密夫酷嗜此, 或作湯餅以奉親, 名"三脆麵". 蕈亦名"菰". 《山家淸供》

낭창낭창 휘어지는 어린 대는 연하기 그
지없다. 곧고 딱딱하여 쪼개질지언정 휘
지 않는 대나무가 어린 죽순일 때는 부
드럽게 휘어진다. 어린 죽순은 바람만
쐬어도 단단해지고 금속제 칼이 닿아도
딱딱해지며 물이 닿아도 성질이 변한
다. 진공 상태에 있다가 공기와 접촉한
고기처럼, 죽순은 공기에 노출되면 쉽
게 변성되는 까다로운 식재다.

작은 표고는 갓이 두껍지 않고 살도 연
하다. 쫄깃함은 덜해도 도리어 연한 맛
이 일품이다. "일능이 이송이 삼표고"라
는 말이 있을 정도로 표고는 버섯 중에
서 맛과 향, 식감이 빼어나 사랑받아 왔
다. 말린 표고에는 베타글루칸(β-glucan)
이라는 식이섬유가 들어있어 면역력을

올려주고, 칼슘의 흡수를 도와주는 비
타민 D도 풍부하다.

구기자 싹과 나물은 연하면서 약채(藥
菜)로 분류될 정도로 약성이 뛰어나다.
구기자는 불로장생의 약재로 불리는
데 각종 무기질과 비타민은 물론 항산
화물질인 SOD(슈퍼옥사이드 디스무타아제,
superoxide dismutase)도 풍부해 자양 강
장, 노화 예방에 효과적이다. 구기자 싹
은 데쳐서 물기를 짜고 무치거나 볶아
야 특유의 맛을 줄일 수 있다. 떡국의
고명으로 올려도 세 가지 서로 다른 맛
이 조화와 대비를 이루면서 건강한 입
맛과 활기를 찾아준다. 봄의 특별한 국
을 찾는다면 삼취갱이 제격이다.

삼취갱 재료

어린 죽순 100g,
작은 표고버섯 88g, 구기자나물 10g,
참기름 7g, 후추 0.5g, 소금 5g,
표고 불린 물 750g

삼취갱 만들기

1 어린 죽순. 작은 표고버섯. 구기자나물은 미리 손질해 물기를 짠다.
2 기름에 볶은 후 표고 불린 물을 붓고 국을 끓인다.
3 소금으로 간하고 후추를 뿌린다.

삼취면 재료

떡국 200g, 어린 죽순 30g,
작은 표고버섯 30g, 구기자나물 5g,
참기름 3g, 후추, 소금 조금씩,
표고 불린 물 적당량

삼취면 만들기

1 국물이 끓을 때 씻어 헹군 떡을 넣고 퍼지지 않게 끓인다.
2 위에 후추를 뿌리고 죽순을 담고 구기자나물을 고명으로 보기 좋게 올린다.

Tip

어린 죽순은 죽순의 머리 쪽을 쓰고
4cm 정도 먹기 좋은 크기로 자른다.

제2장 자잡채(煮煠菜, 삶거나 데친 채소)

죽순을 연하게 삶는 여러 가지 방법

자순방

煮筍方

죽순 삶기(자순방)

죽순을 채취할 때는 죽순이 바람을 쐬어서는 안 되고, 또 이것에 물을 묻혀서도 안 된다. 죽순은 껍질째 끓는 물에 데쳐서 오랫동안 삶아야 한다【죽순을 삶을 때 실제로 24시간이면 이미 익는데, 행여 맹물에 닿으면 24시간을 다시 삶는다】.《순보》

죽순은 생으로 먹으면 안 되니, 생으로 먹으면 반드시 사람을 상하게 하기 때문이다. 쓴 죽순[苦筍]은 가장 오래 삶아야 한다. 단 죽순[甘筍]은 삶아낸 뒤에 껍질을 벗긴다. 죽순 삶은 즙을 맑게 하여 국이나 나물을 만들면 맛이 온전해지고 맛도 더해진다.《순보》

채취한 지 1일 된 죽순을 '언(蔫)'이라 하고, 2일 된 죽순을 '어(菸)'라 한다. 바람을 쐬면 죽순뿌리에 바람이 닿아 단단해지고, 물에 넣으면 죽순살에 스며들어 딱딱해진다. 껍질을 벗기고 삶으면 본연의 맛을 잃고, 생으로 칼날을 대면 부드러움을 잃는다.《순보》

갓 딴 죽순 삶는 법 : 죽순을 끓는 물로 삶으면 잘 익으면서 부드러운 맛이 더욱 빼어난다. 만약 죽순이 시들었을 경우에는 박하잎을 조금 넣고 함께 삶으면 죽순이 싱싱해진다. 고기와 함께 삶으면 박하를 쓰지 않아도 그 죽순이 또한 신선하다.《구선신은서》

맛이 아린 죽순[籔筍]은 박하에 소금을 조금 넣고 함께 삶으면 맛이 순해진다.
다른 방법 : 잿물에 삶으면 맛이 순해진다.《구선신은서》

제2장 자잡채(煮煠菜, 삶거나 데친 채소)

煮筍方

採筍，勿令見風，又不宜見水．含殼沸湯瀹之，煮宜久【煮筍，實可一周時已熟，或見生水，還重煮一周時】．《筍譜》

筍不可生，生必損人．苦筍最宜久．甘筍出湯後去殼．澄煮筍汁爲羹茹，味全加美．同上

採筍一日曰"蔫"，二日曰"菸"．見風則觸本堅，入水則浸肉硬，脫殼煮則失味，生著刃則失柔．同上

煮新筍法：以沸湯煮則熟，而脆味尤美．若蔫者，少入薄荷，同煎則不蔫．與肉同煮，不用薄荷，其筍亦鮮．《臞仙神隱書》

籣筍，以薄荷入鹽少許，同煮則解．一法：以灰汁煮則解．同上

예민한 식재인 죽순을 삶는 여러 가지 방법들이 나온다. 쌀을 넣고 삶거나 쌀뜨물에 삶는 것도 좋은 방법이다. 여기에 나와 있는 방법들을 직접 해 보고 비교해 보았다. 각각 40분 정도 삶은 후 살펴보니, 박하잎을 넣고 삶으면 신선하고 맑은 느낌이 난다. 죽순에 다소 떫은맛이 남아 있었다. 박하에 소금을 더해서 삶으면 더 신선하고, 간이 배서 그런지 고소한 맛이 돌고 떫은맛도 덜했다. 고기를 넣고 삶은 죽순은 달고 떫은맛이 전혀 없고 가장 맛이 있었다. 잿물에 삶으면 껍질이 어두운 보라색으로 바뀌고 연하기는 하지만, 뒷맛에 떫은 맛이 가장 강하게 올라왔다. 잿물을 빼기 위해 담그고 다시 삶는 과정을 거쳐야 한다.

위의 방법 중에서 좋은 방법들을 모두 조합해서 죽순 국을 끓여 보았다. 토종 박하잎을 허브처럼 사용하고, 고기와 소금을 모두 이용하고, 국물은 죽순 향이 은은하게 살아있는 죽순 삶은 물을 사용했다. 박하와 소금을 넣어 삶은 물을 가라앉혀 사용했다. 담백하면서도 구수하고 맑은 국물맛이 속을 시원하게 가라앉혀준다. 대나무의 시원함이 배 속으로 들어온 느낌이다.

재료

삶은 죽순 168g, 다진 고기 83g,
박하잎 조금, 죽순 삶은 물 1L,
조선간장 10g, 소금 3g

죽는 삶는 여러 방법들

- 갓 딴 죽순을 껍질째 끓는 물에 데쳐서 만 하루를 삶는다.
- 삶은 뒤에 식으면 껍질을 벗긴다.
- 죽순이 시들었을 경우에는 박하잎을 조금 넣고 삶는다.
- 고기가 있을 경우 고기와 함께 죽순을 삶으면 죽순이 신선하다.(필요한 경우 소금, 간장으로 간을 맞춘다)
- 죽순 삶은 즙을 맑게 가라앉히고 걸러 국이나 나물을 만든다.
- 맛이 아린 죽순은 박하에 소금을 조금 넣고 함께 삶으면 맛이 순해진다.

다른 방법

- 잿물에 삶으면 맛이 순해진다.

토종 박하는 잎이 서양 박하에
비해 크고 둥글며 대줄기에 붉은
기운이 있다.

Tip

박하는 잎이 넓은
토종 박하를 쓴다.
재는 종이나 나무를 태운 것으로
미리 체에 쳐서 준비한다.

제2장 자잡채(煮煠菜, 삶거나 데친 채소)

은은하고 맑은 표고 향

자심방

煮蕈方

버섯 삶기(자심방)

신선한 표고버섯을 깨끗이 씻어 물에 넣고 삶다가 살짝 익은 뒤
라야 좋은 술과 함께 삶는다. 간혹 임장(臨漳)에서 나는 녹죽순(綠
竹筍)을 곁들여 먹으면 더욱 맛있다.《산가청공》

煮蕈方

鮮蕈淨洗, 納水煮少熟, 乃以好酒同煮. 或佐以臨漳綠竹筍尤佳.《山家淸供》

재료

표고버섯 200g,
좋은 술(대나무술) 40g,
녹죽순 137g

만들기

1 갓이 상하지 않은 신선한 표고버섯의 밑동을
   자르고 깨끗이 씻어 모양을 살려 자른다.
2 물에 넣고 살짝만 익히다가 다시 대나무술을
   더해 익힌다.
3 건져서 물기를 빼고 국이나 회로 먹는다.
4 녹죽순을 손질해두었다가 곁들여 먹는다.

Tip

표고의 기둥과 기둥 밑은 제거한다. 국으로 끓일 때는 조선간장과
소금으로 간하고 회로 먹을 때는 초장이나 초고추장을 곁들인다.

표고를 삶다가 대나무술을 넣고 삶으면 표고가 깨끗해지고 갓 부분과 기둥의 어두운 색이 밝아진다. 대나무에는 탁하고 기름진 성분을 맑게 정화해 주는 성분이 있다. 대나무를 잘라서 그릇으로 쓰면 대나무에서 나오는 향기가 배고 음식을 상하지 않게 해 주어 일거양득이다. 자계압란방(炙鷄鴨卵方)을 만들 때도 대통을 쓰면 오리알의 비린내도 없애주고 인공물이 아니기 때문에 인체에도 아무런 해가 없다.

죽순을 먹고 대를 태워서 얻은 죽력(竹瀝)은 성인병을 예방해 준다. 술을 담가 먹거나 죽력 자체를 먹으면. 속의 열을 내려 주고 마음을 가라앉혀준다. 댓잎은 동치미 위에 덮어주면 우가 스는 것을 막아주고 시원한 국물맛을 내준다. 대나무는 담장을 치거나 모자. 의류같은 생활용품부터 집 짓는 데까지 두루 쓰였다. 배롱(焙籠)이나 어리를 만들어 포나 심가루[心末], 기저귀를 말리는 데 쓰고 병아리를 키우는 데도 사용했다.

표고는 색이 검고 식감이 고기와 같으며 향이 좋아 널리 쓰였다. 말린 표고 버섯에는 비타민 D가 풍부하다. 감칠맛을 내는 육수 재료로 빠지지 않고 사용된다. 표고는 두께에 따라 얇은 '향신'과 두툼한 '동고'가 있다. 국을 끓이거나 가벼운 나물 요리에는 향신이 적당하고 조림이나 고기와 곁들여 씹는 맛을 즐길 때는 동고가 적당하다. 표고와 죽순은 데치거나 익혀서 회처럼 먹거나 국을 끓이면 청신하면서 감칠맛을 함께 느낄 수 있다.

지친 속을 보듬어 주는 어머니 같은 죽

옥삼근갱방

玉糝根羹方

옥삼근갱(玉糝根羹, 쌀가루 뿌린 무국) 끓이기(옥삼근갱방)

소식(蘇軾)이 하룻밤은 소철(蘇轍)과 술을 마셨다. 분위기가 한창 무르익자 무를 다져 흐물흐물하게 삶았는데, 다른 양념은 쓰지 않고 다만 흰쌀만 갈아서 뿌렸다. 이것을 먹고는 갑자기 젓가락을 놓고 안석을 어루만지며 "만약 천축(天竺, 인도)의 수타(酥酡, 유가공 식품)가 아니라면 속세에는 결코 이런 맛이 없을 것이다."라 했다. 《산가청공》

지난번에 여당서원(驪塘書院)에서 묵을 때, 매끼 식사를 마친 뒤에 반드시 채탕(菜湯)을 내놓았다. 채탕의 푸르고 흰 채소는 매우 좋아할 만했다. 밥을 먹고나서 제호(醍醐)나 감로(甘露)를 먹는다 해도 여기에는 쉽게 미치지 못한다. 요리사에게 물어보니, 바로 채소와 무를 가늘게 썰어 우물물로 흐물흐물해질 때까지 삶은 요리로, 애초에 다른 특별한 방법은 없다고 했다.
나중에 소식의 시를 읽어보니, 역시 순무나 무만 쓸 따름이었다. 소식의 시에 다음과 같이 읊었다.
"누가 남악(南嶽)의 노인을 아는가?
동파의 국 만든 이라네.
국 가운데 있는 무
아직 새벽이슬 맑게 머금고 있지.
귀공자에게 말하지 말라.
그가 고기 비린내 싫어한다는 것을."
지금 강서(江西) 지방에서 이 방법을 많이 쓴다. 《산가청공》

玉糝根羹方

東坡一夕與子由飲，酣甚，搥蘆菔爛煮，不用它料，只研白米爲糝。食之，忽放箸撫几，曰："若非天竺酥酡，人間決無此味。"《山家清供》

曩客驪塘書院，每食後，必出菜湯，青白極可愛，飯後得之醍醐、甘露，未易及此。詢庖者，正用菜與萊菔細切，以井水煮之爛爲度，初無它法。後讀坡詩，亦只用蔓菁、萊菔而已。詩云：
"誰知南嶽老，
解作東坡羹。
中有蘆服根，
尚含曉露清。
勿語貴公子，
從渠厭膻腥。"
今江西多此法。同上

(1)

재료

무 495g, 백미 50g, 쌀 가는 물 80g,
소금 적당량

만들기

1 불린 쌀을 갈아둔다.
2 무를 다져 흐물흐물해질 때까지 삶다가 1을
   넣고 저어가며 끓인다.

②

재료

무 200g, 순무 123g,
물 550g

만들기

1 준비한 무와 싹을 자르고 껍질을 벗긴 순무를
   곱게 채 썰어 흐물흐물해질 때까지 물을 붓고
   삶는다.
2 즙 위주로 걸러서 먹는다.

Tip

순무와 무를 함께 섞어서 끓이면 좀 더 풍미가 올라간다.
저장해서 노란 순이 올라온 무로 하면 단맛과 감칠맛이 증가한다.
죽이나 수프처럼 먹을 수도 있고 각종 육류나 생선요리에
맛 내기용 채수나 소스로 활용할 수 있다.

초겨울 서리가 내리기 전에 수확한 순무와 무는 대지의 기운을 듬뿍 받아 푸른 청이 무성하다. 청은 청대로 엮어서 햇볕과 바람, 추위에 말리고, 순무와 무는 잘라서 얼지 않도록 보관한다. 겨우내 두고 먹으면 김치는 물론 여러 가지 유용한 반찬으로 쓸 수 있다.

동삼(冬蔘)인 무는 뽀얀 빛깔이 끓이면 끓일수록 올라와 소박하지만 격조 있는 모습의 죽이 된다. '갱(羹)'이라고 했지만, 쌀을 갈아 뽀얀 색을 맞추고 점도를 조절했기 때문에 죽처럼 느껴진다. 쌀죽이 풀 같은 느낌이라면 옥삼근갱은 달면서도 부드럽다. 일체의 조미료나 감미료가 첨가되지 않아도 무가 얼마나 맛있는 식재인지 보여주는 최고의 음식이다. 단아한 모시 저고리를 입은 어머니를 닮은 옥삼근갱은 기교와 덧댐 없이도 지친 속을 어루만져준다.

무언가를 더하고 지나치게 맛있는 것만 찾는 우리의 길 잃은 입맛에 훌륭한 본보기가 된다. 더하려는 손길을 멈추고 모든 것을 덜어낸 옥삼근갱은 기억에 남을 훌륭한 맛을 가졌다. 땅의 기운이 넘치는 순간을 지나 스스로 맛이 숙성된 저장무는 이미 완전한 맛을 가지고 있다.

순무의 영양

순무는 글루코시놀레이트(glucosinolate), 트립토판(tryptophan), 리진(lysin)이 풍부하고 잎에도 비타민 C, 엽록소, 베타카로틴, 칼슘 등이 있어 항암, 항염, 항산화 효과가 뛰어난 식품이다. 특히 순무 잎에는 엽산이 풍부해 임산부가 먹으면 태아의 신경 발달을 돕는다.

〈관휴지(灌畦志)〉에도 순무에 관한 재미있는 이야기가 실려있다. "제갈량은 군대가 머무는 곳마다 병사들을 시켜 순무를 심게 하였는데, 그 까닭은 첫째는 방금 나온 싹을 뽑아서 생으로 먹을 수 있기 때문이요, 둘째는 잎이 자라서 펴지면 삶아 먹을 수 있기 때문이요, 셋째는 오래 머물고 있으면 계속하여 자라기 때문이요, 넷째는 버려두고 가도 아깝지 않기 때문이요. 다섯째는 돌아오면 쉽게 찾아 먹을 수 있기 때문이다. 여섯째는 겨울에는 뿌리를 먹을 수 있기 때문이다."

고소하고 매끄러운 아욱

압각갱방

鴨脚羹方

압각갱(鴨脚羹, 아욱국) 끓이기(압각갱방)

아욱은 해를 향하므로 성질이 따뜻하다. 국 끓이는 방법은 호채(壺菜)로 끓인 국과 같다. 《빈풍(豳風)》〈칠월(七月)〉의 삶은 채소가 바로 이것이다.

백거이(白居易)의 시에 "녹봉으로 받은 쌀은 노루 어금니같이 생긴 벼이고, 텃밭의 채소는 오리발같이 생긴[鴨脚] 아욱이다."라 한데서 이름을 붙였다. 《산가청공》

아욱을 먹을 때는 반드시 마늘을 써야 하며, 마늘이 없으면 먹어서는 안 된다. 《군방보》

鴨脚羹方

葵傾陽, 故性溫. 其法與壺菜同. 《豳風》〈七月〉所煮者是也.
白居易詩"祿米鱅牙稻, 園蔬鴨脚葵", 因名. 《山家清供》

食葵須用蒜, 無蒜勿食. 《群芳譜》

재료

아욱 178g, 마늘 20g,
생강 4g, 참기름 5g,
조선간장 7g, 물 1L, 된장 25g

만들기

1 아욱은 뿌리가 상하지 않게 잎을 잘 따서 씻어
   물기를 뺀다.

2 마늘은 찧고 생강은 채로 썬다.

3 아욱을 참기름을 치고 센 불에서 숨이 죽도록
   볶는다.

4 마늘과 생강을 넣고 함께 볶다가 간장을 치고
   된장 푼 물을 부어 끓인다.

5 아욱이 완전히 익도록 푹 끓인다.

아욱국을 끓이는 법이 구체적으로 나와 있지 않아서 다른 조리법을 참조해서 국을 끓였다.

아욱은 한자로 '규(葵)', '동규(冬葵)'라고 하는데, 잎이 넓고 매끄러워 주로 국을 끓여 먹는다. 순채의 한자명이 수규(水葵)인 것을 보면 매끄러운 성질을 따서 붙인 이름 같다. 마른 새우를 넣고 끓인 아욱 된장국은 구수하면서 아욱이 수저에 걸쳐져 목으로 훌렁훌렁 넘어가는 느낌이 비단결 같다. 칼칼하고 톡 쏘는 맛도 좋지만 부드럽게 휘감치는 맛이 아욱의 매력이다. 아욱국은 차갑게 먹을 때 아욱의 참맛을 느낄 수 있다.

과음한 날 아침, 아욱국이 쓰린 속을 잘 보듬어 준다. 일사량이 많아야 잘 자라는 아욱을 남부지방 사람들은 텃밭에 꼭 심었다. 고려시대 이규보(李奎報, 1168~1241)의 저술 《동국이상국집(東國李相國集)》에 보면 시문 〈가포육영(家圃六詠)〉에 과(瓜), 가(茄), 청(菁), 총(蔥), 규(葵), 호(瓠)의 6가지 채소를 노래하였다. 이 6가지 채소는 모두 저(菹, 김치)를 담글 수 있는데, 아욱은 기본 채소로서 지금보다 여러 가지 쓰임이 있었다는 사실을 알 수 있다.

아욱은 단백질, 지질, 칼슘과 비타민이 고루 함유되어 있어 영양가도 높다.

아욱죽은 소화도 잘되고 원기를 보양하는데 아욱은 너무 쇤 것은 뻣뻣하고 풋내가 나기 때문에 쇠기 전에 어린잎을 따서 먹는다. 크게 자란 아욱잎은 쌀뜨물에 데쳐 쌈을 싸 먹는다. 아욱국을 끓일 때 보통 된장 국물을 먼저 끓이다가 쥐어뜯은 아욱을 넣고 끓이는데, 먼저 기름에 볶다가 끓이는 방법도 아욱을 더욱 탄력 있게 한다. 지금도 전주에는 아침 식사로 아욱국을 해장국으로 파는 곳이 시장에 한두 군데 남아 있다.

Tip
아욱을 먹을 때는 반드시 마늘을 써야 하며 마늘이 없으면 먹어서는 안 된다

제2장 자잡채(煮煠菜, 삶거나 데친 채소)

맑고 청신한 미나리의 향기

벽간갱방

碧澗羹方

벽간갱(碧澗羹, 미나리국) 끓이기(벽간갱방)

근(芹)은 미나리[楚葵]이다. 2가지 종류가 있는데, 적근(荻芹)은 뿌리를 취하고, 적근(赤芹)은 잎과 줄기를 취하며 모두 먹을 수 있다. 2~3월에 꽃망울이 돋을 때 따서 끓는 물에 넣었다가 꺼낸다. 식초에 겨자를 갈아 넣은 다음 소금과 회향을 넣고 미나리를 담가 두면 김치를 만들 수 있다. 데치고서 국을 끓이면 맑고 향기로운 냄새로 인해 마치 푸른 계곡[碧澗]에 있는 듯하다. 그래서 두보(杜甫)의 시에 '향기로운 미나리로 푸른 계곡의 국[碧澗羹] 끓였네.'라는 구절이 있는 것이다. 《산가청공》

碧澗羹方

芹, 楚葵也. 有二種, 荻芹取根, 赤芹取葉與莖, 俱可食. 二三月作英時采之, 入湯取出, 以苦酒研芥子, 入鹽與茴香漬之, 可作菹. 惟瀹而羹之, 旣淸而馨, 猶碧澗然, 故杜甫有"香芹碧澗羹"之句. 《山家淸供》

제2장 자잡채(煮煠菜, 삶거나 데친 채소)

재료

흰 미나리 200g,
붉은 미나리 200g,
식초 14g, 겨자 7g,
소금 2g, 회향 0.5g

미나리 국-미나리 100g,
물 1L, 조선간장 8g, 소금 2g,
생강 5g, 흰살생선 360g

만들기

1 2~3월경 꽃망울이 돋을 때 미나리를 따서 끓는
 물에 데쳐 꺼내 찬물에 헹궈 물기를 짠다.

2 식초에 겨자를 갈아 넣은 다음 소금과 회향을
 넣고 미나리 김치를 담근다.

3 먹을 때는 보기 좋게 감아서 상에 낸다.

미나리국 만들기

1 미나리를 데쳐서 찬물에 헹궈 물기를 짜고 먹기
 좋게 자른다.

2 끓는 물에 조선간장을 넣고 손질한 생선 토막
 과 생강을 넣는다.

3 끓으면 미나리를 넣고 잠깐 끓이다가 소금으로
 간을 맞춘다.

미나리는 물에서 잘 자라기 때문에 우물 근처 미나리꽝에서 자생하기도 하고, 일부러 물을 흐르게 해서 재배한다. 미나리는 우리나라를 비롯해 만주, 인도, 동남아시아 등지에서 볼 수 있다. 미나리는 수질이 깨끗해야 잘 자란다. 미나리의 종류로는 돌미나리, 밭미나리, 논미나리가 있다. 돌미나리는 자연산을 채취한 것이고, 밭미나리는 돌미나리를 밭에서 재배한 것으로 성분은 돌미나리와 유사하나 잎과 잎자루가 갈색이고 줄기 안쪽이 차 있는 것이 특징이다. 논미나리는 논에서 재배한 것으로 줄기가 길며 줄기 안쪽이 비어 있고 조직이 유연하고 잎이 크고 둥글며 잎과 잎자루의 색이 선명한 녹색이다. 미나리는 철, 구리, 아연의 함량이 높아 빈혈에 좋고 병에 대한 저항력을 높여 준다. 비타민 중에서도 비타민 A, B1, B2, C 등이 함유되어 있으며 미나리의 향기 성분은 이소람네틴(isorhamnetin), 페르시카린(persicarin), 알파피넨(α-pinene), 미르센(myrcene)으로 혈압을 내리는 효과가 있다.

미나리의 맑은 향은 사람의 마음을 정화해준다. 미나리는 향과 아삭한 식감을 살려주는 요리법이 잘 어울린다. 미나리 김치는 겨자와 회향이 들어가서 입안이 개운하면서 시원하다. 미나리국은 미나리를 데쳤다가 국을 끓이는데 기왕이면 도미나 광어, 우럭 같은 흰살생선과 함께 끓이면 국물이 더 시원하고 단맛이 살아난다. 간은 소금으로 하고 국간장은 조금만 넣어 투명함을 살린다.

대가 흰 미나리는 따뜻한 지방에서 자라 대가 부드러우면서도 감기는 맛이 있고, 붉은 대를 가진 미나리는 강하고 쓴맛이 살짝 돌면서 조금 질기다.

Tip
미나리로 국을 끓일 때는 대를 잘라 넣는다.
미나리는 끓는 물에 넣었다가 빼는 정도로
잠깐만 데친다.

제2장 자잡채(煮煠菜, 삶거나 데친 채소)

부드럽고 쫄깃하며 고소한 냉이 맛

자제방
煮薺方

냉이 삶기(자제방)

냉이 1~2승 정도를 깨끗이 씻고 가린 다음 일은 쌀 0.3승과 함께 찬물 3승에 넣는다. 생강은 껍질을 벗기지 말고 손가락 2개 두께의 크기로 두드려서 솥 안에 같이 넣는다. 생유(生油. 깨를 볶지 않고 짠 기름) 1현각(蜆殼. 조개껍질)을 넣되, 국의 표면에만 붓고 냉이에는 닿지 않게 하는데, 닿으면 생기름의 증기 때문에 먹을 수가 없다. 소금이나 식초를 넣어서는 안 된다. 만약 이 맛을 알게 된다면 뭍과 바다의 모든 진미를 모두 하찮게 여길 수 있을 것이다. 국을 적당한 물건으로 덮으면 잘 익으며, 국이 매우 흐물흐물해야 좋다. 소식(蘇軾)《척독(尺牘)》

煮薺方

取薺一二升許, 淨擇, 入淘了米三合, 冷水三升. 生薑不去皮, 搥兩指大, 同入釜中. 澆生油一蜆殼, 當於羹面上, 不得觸, 觸則生油氣不可食. 不得入鹽、醋. 若知此味, 則陸海八珍, 皆可鄙厭也. 羹以物覆則易熟, 而羹極爛乃佳也. 東坡《尺牘》

볕이 잘 드는 노지에 냉이들이 자라고 있다. 너무 억세지 않은 냉이를 골라 캐서 된장을 풀고 냉잇국을 끓여 먹거나 냉이나물을 무쳐 먹는 게 일반적인 냉이 먹는 법이다.

"만약 이 맛을 알게 된다면 물과 바다의 모든 진미를 모두 하찮게 여길 수 있을 것이다."라는 원문의 기록이 연구를 하는 내내 나를 설레게 했다. 봄이 되면 냉이 향이 겨우내 잠들어 있던 나른한 몸의 미각세포를 깨워준다. 몸에 필요한 비타민을 취해 춘곤증을 몰아내는데, 냉이는 들이나 야산에서 쉽게 캘 수 있어 오래전부터 우리 민족의 사랑을 받아왔다.

냉이를 삶을 때 쌀과 생유를 넣는 것은 냉이의 질감을 살려주기 위함이다. 마늘 대신 생강을 두툼하게 부수어 넣으면 전체적으로 깔끔하게 맛을 정리해 준다.

쌀을 빻아 넣으면 쌀 즙이 잘 우러나고, 쌀 알갱이가 냉이 사이에 박혀 먹음직스럽다. 어느 정도 익었을 때 조심스럽게 생유를 붓고 푹 무르도록 끓이면 탄력이 생긴 냉이가 탱탱해진다.

충분히 끓인 후에 간을 하지 않고 먹어보면 냉이가 쫄깃쫄깃하면서 씹는 맛이 고기 같고 뒷맛이 고소하다. 냉이가 쌀 즙의 전분과 생유로 코팅이 되면서 낭창낭창해졌기 때문이다. 이 상태로 냉이의 맛 자체를 즐겨도 좋고, 건지를 된장국에 넣어도 특별한 부드러움을 맛볼 수 있다.

이 방법을 쓰면 땅 내음을 가득 품고 있는 냉이의 뿌리까지 연하게 익힐 수 있어 좋다. 냉이는 단백질 함량이 높고 칼슘, 철분, 비타민 A, B1, B2, C가 들어있는 알칼리성 식품이라 몸에 좋을 뿐만 아니라, 냉이 특유의 향은 마음뿐 아니라 배 속까지 편안하게 해 준다.

재료

냉이 다듬은 것 170g,
씻은 쌀 58g, 생강 16g,
생유(깨를 볶지 않고 짠 기름) 10g

만들기

1 냉이 밑동의 흙을 잘 긁어 깨끗하게 다듬어 씻
어 적당한 크기로 자른다.

2 쌀을 씻어 30분 불린 후 입자가 보이도록 빻아
준비하고 찬물에 냉이와 함께 넣는다.

3 생강은 껍질째 편으로 썬 후 두드려서 끓는 국
에 넣는다.

4 냉이에 닿지 않게 조심하면서 국의 표면에 생
기름을 살짝 부어준다.

5 냉이가 나른해질 때까지 끓인다.

Tip

소금이나 식초를 넣어서는 안 된다.
국 냄비의 뚜껑은 잘 덮어 건더기가
흐물흐물해져야 좋다.
불린 쌀을 빻아서 넣으면 더욱 부드럽다.

갓 뿌리를 먹는 법

자개방

煮芥方

갓 삶기(자개방)

갓 뿌리를 푹 삶아서 단지나 항아리 안에 넣고 닫는데, 윗부분에 편으로 썬 무를 덮었다가 1~2일 안에 먹으면 매우 맛있다. 겨울 채소가 봄을 나면서 길게 자란 심을 막 끓어오르는 물에 살짝 익히면 채소 중에서 제일이다. 《군방보》

煮芥方

芥根煮熟, 閉之罈罐中, 上蓋以蘿蔔片, 一二日內食之甚美. 冬荽經春長心, 嫩湯微熟, 菜中佳品. 《群芳譜》

작년에 갓을 심었던 자리에서 겨울을 난 갓이 다시 올라온다. 거름 하려고 퇴비를 잔뜩 쌓아 올려둔 밭 구석쟁이는 볕도 좋고 양분도 많아선지 안 보는 틈에 껑충 자랐다. 거름이 부족했던 곳은 갓이 키가 작고 먹기에 좋을 만큼 자랐다. 아예 양분도 부족하고 물기도 없는 곳에서는 아직 걸음마도 못 뗀 아기처럼 작기만 하다.

일부러 의도해서 심은 것도 아닌데 산길에도 갓이 홀로 자라 꽃을 피우고 있다. 먹으려고 재배한 갓이 아니어서 그런지 옹기종기 모여 핀 모습이 마치 산야초처럼 보인다. 갓은 한 계절만 있는 게 아니라 거의 일 년 내내 우리 곁에 있다. 야생으로 주차장 건물 아래 비좁은 땅에도 한두 그루 눈에 띈다.

갓은 잔뿌리가 많지는 않아 의외로 쉽게 뽑힌다. 위에 올라온 꽃 순과 줄기는 연해서 똑 꺾어서 삶아 데쳐 나물로 무쳐 먹으면 입맛을 돋운다. 김치를 담글 때 넣어도 된다. 갓 뿌리는 푹 삶아서 항아리에 담고 무를 얇게 편으로 썰어 우거지처럼 덮어둔다. 위에 넓적한 돌로 눌러주면 더욱 좋다. 작은 뿌리는 그래도 연해서 먹으면 뿌리의 즙이 입안에 들어온다. 조금 더 쇤 것은 뿌리가 억센데 씹으면 섬유질은 남고 즙을 빼먹을 수 있다. 아주 억센 것은 딱딱해서 연한 뿌리를 골라서 사용한다.

상추 뿌리, 갓 뿌리, 배추 뿌리 모두 구황식물로 사용했을 것이다. 심지어 생강의 강수(薑鬚)도 버리지 않고 장아찌로 담가 먹었다. 연한 잎이 우선이지만 밑으로 갈수록 먹으려면 힘이 들어도 뿌리가 가진 약성을 취할 수는 있다.

풀뿌리로 연명했다는 말이 있다. 초근목피(草根木皮)는 모두 거친 음식들이다. 풀뿌리조차도 함부로 버리지 않고 먹었던 조상들의 절박함과 지혜로움이 느껴진다.

먹을 것이 널려 있는 지금은 풀뿌리를 무슨 맛으로 먹나 싶겠지만 기근이 들면 풀뿌리라도 먹으면서 목숨을 연명해야 했다.

겨울을 난 산갓과 갓은 톡쏘는 맛이 있어 별미김치로 제격이다.

갓 뿌리는 식이섬유가 풍부하며 소화를 돕고 체내 독소를 배출하는 데 도움을 준다.

재료

갓 뿌리 적당량. 물 적당량.
편으로 썬 무 5장.
갓 순 적당량

만들기

1 연한 갓 뿌리를 잘라서 잔뿌리 근처 흙을 깨끗
   하게 솔로 씻어 준비한다.
2 물에 넣고 무르도록 푹 삶는다.
3 익으면 꺼내서 찬물에 헹궈 물기를 뺀다.
4 저장할 단지에 차곡차곡 넣고 갓 순이 있으면
   함께 넣는다.
5 무를 편으로 썰어 항아리 위를 빈틈없이 덮어
   준다.
6 뚜껑을 덮어 따뜻한 곳에 두었다가 1~2일 지나
   서 먹는다.

Tip

1~2일 안에 먹으면 매우 맛있다.
겨울 채소가 봄을 나면서 길게 자란 심을 막 끓어오르는
물에 살짝 익히면 채소 중에서 제일이다.

제2장 자잡채(煮煠菜, 삶거나 데친 채소)

설하갱방

雪霞羹方

설하갱(雪霞羹, 목부용꽃국) 끓이기(설하갱방)

목부용꽃을 따서 심과 꽃받침을 제거하고 끓는 물에 데쳐서 두부와 같이 삶는다. 목부용의 붉은 기운과 두부의 흰 기운이 뒤섞이면 '눈이 그친 뒤의 노을[雪霽之霞]'처럼 황홀하다고 하여 '설하갱(雪霞羹)'이라 이름한다. 후추와 원추리를 더해도 좋다. 《산가청공》

소식(蘇軾)의 두부 만드는 법 : 두부를 파와 기름에 볶는다. 술로 작은 비자나무 열매 10~20개를 갈아서 볶은 두부에 넣은 뒤, 간장양념도 섞어서 함께 끓인다.

또 다른 방법 : 술로만 끓여도 모두 도움이 된다. 《산가청공》

雪霞羹方

采芙蓉花去心、蔕, 湯瀹之, 同豆腐煮. 紅白交錯, 恍如雪霽之霞, 名"雪霞羹". 加胡椒、萱亦可. 《山家清供》

東坡製豆腐法 : 豆腐葱、油炒, 用酒研小榧子一二十枚, 和醬料同煮.

又方 : 純以酒煮, 俱有益. 同上

제2장 자잡채(煮煠菜, 삶거나 데친 채소)

① 설하갱 끓이기

재료

목부용꽃 200g, 두부 500g,
후추 1g, 원추리 20g

만들기

1 목부용꽃을 따서 심과 꽃받침을 제거
   하고 끓는 물에 데친다. 두부는 4×1×1
   크기로 잘라 준 비한다.

2 꽃을 데친 물에 두부를 넣고 삶다가 데
   친 꽃을 넣고 국을 끓인다.

3 후추와 원추리를 더해도 좋다.

Tip

원추리도 가운데 꽃술을 제거한다.

비 온 뒤 먼 산을 내다보면 손에 잡힐 듯 초목이 다가와 있다. 공기가 깨끗해 노을도 마음껏 하늘을 물들인다. 눈이 그친 하늘도 깨끗한 대기 덕에 저녁노을이 휘황하다. 한여름에 피는 목부용을 우린 색과 눈 그친 겨울 노을은 시간을 건너 같은 빛을 품고 있다. 두부의 순백색은 목부용의 노을빛으로 어린다. "목부용의 붉은 기운과 두부의 흰 기운이 뒤섞이면 눈이 그친 뒤의 노을처럼 황홀하다 하여 설하갱(雪霞羹)이라 이름한다."라는 말 그대로다.

도행병(桃杏餅)이 여름 과일인 복숭아와 살구의 빛, 달시큼한 향과 맛을 들인 겨울 별식이라면 설하갱은 여름의 목부용 빛을 빌려 두부에 눈 그친 뒤 겨울 노을빛을 그린 풍경화 같은 음식이다. 맛은 그다음이다. 여기에 기름기는 어울리지 않는다. 그저 깔끔하고 시원한 후추와 원추리를 더할 뿐이다.

부용화는 무궁화와 많이 닮았는데 목부용이라는 이름처럼 반 관목성 초본식물이다. 꽃이 크고 화려하며 섬세해서 다른 꽃들을 압도한다. 꽃빛은 흰색, 분홍, 선명한 붉은빛이 있는데 흰색도 가운데는 홍자색 심이 숨겨져 있다. 마치 도도하고 서늘한 미인을 보는 것 같다.

약하게 차갑고 매끄러우며 쫄깃하고 서걱거리는 식감이 일품이다. 매한 맛이 나면서 조금 쓴 듯 단맛이 돈다. 화상을 입었을 때 환부에 붙이면 화기를 빼준다. 지혈, 해열, 해독 작용을 한다고 알려져 있다.

노을빛을 내고 싶어 붉은 부용, 붉은 심이 숨겨진 흰 부용, 원추리를 섞어 색을 내보았다. 두부에 밴 봉숭아 같은 풀 향과 부용과 원추리의 차가운 느낌이 서늘하다. 눈으로 보고 촉감으로 먹으며 이름으로 음미하는 고운 음식이다.

제2장 자잡채(煮煠菜, 삶거나 데친 채소)

연화관

부용관

연꽃 봉오리 모양으로 오려 만든 불교와 연관성이 깊은 종교단체에서 쓰이던 모자
꽃을 모티브로 한 화관을 머리에 써서 의식의 의미를 잘 살렸다. 부용관의 꽃은 모란을 닮았다.
조선 시대 공연 때 무동들이 쓰던 관으로 재질은 종이고 사면 대칭에 모란문, 봉화문으로 장식했다.
위에는 백(白), 황(黃)의 학을 그린 정사각형의 판이 있다. 4개의 끈을 달아 머리에 멜 수 있게
만들었다 〈연화관과 부용관〉, 온양민속박물관, 조선 시대의 관모 중에서

목부용이 봉오리째 진 모습마저 아름답다. 꽃잎은 잠자리 날개처럼 투명하고 섬세하다. 윤진 꽃잎의 맥은 우아함을 더한다. 꽃봉오리를 뒤집으면 고운 명주 치맛자락 같다. 꽃잎이 겹쳐지는 정도는 조금씩 다르다. 흔히 연꽃을 부용이라고 부르니 이 둘을 구분하기 위해 연꽃은 수부용(水芙蓉), 부용은 목부용(木芙蓉), 지부용(地芙蓉)으로 구분한다. 술에 취해 뺨이 발그레하게 물든 것처럼 번지는 빛 때문에 취부용(醉芙蓉)이라는 재미있는 이름도 가지고 있다. 차로 마실 경우 혈액순환을 좋게 해 준다. 부용화의 한 품종이 히비스커스 차로 나와 있다.

부용화

무궁화

제2장 자잡채(煮煠菜, 삶거나 데친 채소)

② 소식의 두부 만드는 법

재료

두부 340g, 파 20g, 기름 12g, 술 17g,
작은 비자나무 열매 10개, 조선간장 15g, 물 250g

만들기

1 두부를 4cm×4cm×1cm 크기로 잘라
  물기를 빼고 파기름에 지진다.
2 술로 작은 비자나무열매 10~20개를 갈
  아서 넣는다.
3 물을 넣고 끓이면서 간장으로 간을 맞
  춘다.

Tip

비자는 미리 껍질을 벗겨 준비한다. 술이나 물을
조금 넣고 끓여도 된다. 기름은 유채씨유와
참기름, 들기름 등을 섞어 쓰면 더욱 고소하다.

파기름을 내서 두부를 먼저 노릇하게 지지고
비자나무 열매를 갈아서 술과 함께 뿌렸다.
간장 간을 해서 물이나 술을 넣고 끓이면 부
드러운 두부 부침 국이 된다. 비자나무 열매
는 구충 작용을 한다. 껍질을 벗기기가 힘들
지만, 아몬드처럼 은은하게 고소한 맛을 가
지고 있다.

술에 두부를 넣고 끓이면 두부의 뽀얀 빛깔
이 살아난다. 술은 미백 기능이 있어 두부가
분칠한 고운 얼굴처럼 변한다. 찹쌀과 수수
누룩을 활용해 담근 술을 걸러 두었다가 쓴
다. 청정한 두부의 맑은 기운이 더 살아난다.
단맛과 쌉싸름하면서 술 향기가 밴 고소한
뒷맛이 입안에 돈다.

노을빛 붉은 두부, 간장 빛 노르스름한 두부,
술을 품은 뽀얀 두부 3색 모두 빛깔이 곱다.

③ 소식의 두부 만드는 또 다른 법

재료

두부 150g, 술 500g

만들기

1 두부를 물기를 뺀 후 3×4×1cm로 썰어
   둔다.
2 술을 끓이다가 두부를 넣고 끓인다.

Tip

간을 하고 싶으면 소금으로 간을 한다.

제2장 자잡채(煮煠菜, 삶거나 데친 채소)

쫄깃하면서 약한 매운맛의 매력

자소채방

煮巢菜方

소채(巢菜) 삶기(자소채방)

소식의 '옛사람의 풍모가 있는 소곡(巢谷)의 채소'라는 시가 있는데, 이 채소는 곧 누에콩의 잎이다. 촉(蜀) 지방 사람들은 그것을 '소채(巢菜)'라고 한다. 어린잎이 여릴 때 잎을 따서 나물을 만들 수 있다. 소채를 잘 가리고 깨끗이 씻어 참기름으로 푹 볶은 뒤라야 소금과 간장을 넣고 삶는다. 봄이 다 지나 어린잎이 쇠면 잎을 먹을 수 없다. 소식이 읊은 "소금 간한 메주에 술을 좀 타고, 오렌지 껍질채·생강채·파채를 고명으로 얹네."라고 한 것은 바로 이 요리법이다.《산가청공》

煮巢菜方

東坡有'巢故人元修菜'詩, 卽蠶豆也. 蜀人謂之"巢菜", 苗葉嫩時, 可采以爲茹. 擇洗, 用眞麻油熟炒, 乃下鹽醬煮之. 春盡苗葉老, 則不可食. 坡所謂"點酒下鹽豉, 縷橙芼薑蔥"者, 正庖法也.《山家淸供》

봄에 누에콩이 많이 열리도록 순 집기를 해 줄 때 따는 순은 나물을 해 먹으면 좋다. 줄기는 네모나며 속이 비어서 씹으면 연하면서도 사각거리는 식감이 느껴진다. 누에콩은 봄에 연자줏빛에 검은색 점이 박힌 나비 모양의 예쁜 꽃이 핀다. 봉오리는 길고 통통해서 꽃까지 익혀 먹으면 거부감 없이 먹을 수 있다. 중국 촉(蜀) 지방 사람들은 소채(巢菜)라고 부른다고 한다. 잎이랑 꽃이 부드럽게 옹송그리고 있어 새 둥지 같다. 누에콩은 연두색을 띠고 납작하면서 눈 부분이 살짝 눌려 있는데, 모양이 누에의 머리같기도 사람의 신장같기도 하다. 서양에서는 삶아서 샐러드나 수프, 스튜에 넣어 먹는다. 완두콩만큼이나 음식을 먹음직스럽고 사랑스럽게 만들어준다.

누에콩의 잎은 구기자 순하고 비슷한데 연하면서도 쌉쌀하고 달다. 줄기와 어린잎, 꽃봉오리를 함께 센 불에서 볶아 숨을 죽인 후 취향대로 먹으면 된다. 대가 비어 있어서 스낵처럼 씹는 맛이 있으면서도 조직에 탄력이 느껴져 자꾸만 먹게 된다.

장의 일종인 낱알 메주로 만든 시(豉)는 콩알이 살아 있는데, 함두시(含豆豉)를 쓰면 짭짤한 맛이 누에콩잎의 맛을 잘 살려준다. 오렌지껍질채, 생강, 파를 넣고 고명으로 올리면 푸른 콩잎 위에 주황, 노랑, 희고 푸른 색이 화사하게 잘 어울린다.

참기름에 볶아 소금과 간장을 넣으면 담백한 맛이 깨끗하여 일품이고, 염시(鹽豉)에 술을 타고 간한 뒤 오렌지껍질채와 생강채, 파채를 올린 것은 짜고 감칠맛이 나며 향이 어우러져 절묘한 조화를 이룬다. 누에콩은 곡물이지만 완두콩처럼 채소같이 이용할 수 있다. 에너지 대사에 중요한 비타민 B1이 풍부하고, 특히 단백질과 식이섬유를 비롯해 각종 비타민과 무기질이 고르게 들어있어 영양학적으로도 매우 우수하다.

Tip

두 번째 방법도 참기름을 조금 치고 센 불에서 볶아 숨을 죽인 후에 염시(鹽豉)와 술로 간을 한다. 오렌지껍질채가 없으면 감귤껍질채로 한다. 물을 조금 부어 주어 자작하게 익힌다.

소식의 방법

재료

① 누에콩잎 220g,
　참기름 11g, 소금 4g, 조선간장 8g, 물 300g

② 누에콩잎 230g,
　소금으로 간한 시(豉) 32g,
　술 6g, 물 200g,
　오렌지껍질채 3g,
　생강채 5g, 파채 15g

만들기

1　누에콩잎에 물을 붓고 숨이 죽도록 볶은 후 술 탄 시(메주, 된장)로 간한다.

2　오렌지껍질채, 생강채, 파채를 고명으로 얹는다.

달고 시원하며 맑은 하늘의 국

자국묘방
煮菊苗方

국화싹 삶기(자국묘방)

국화에는 2가지가 있는데, 줄기가 붉고 향기가 좋으며 맛이 단 국화라야 그 잎으로 국을 끓일 수 있다. 줄기가 푸르고 큰 국화는 국을 끓일 수 없다. 봄에 어린잎을 따서 씻고 데친 다음 기름으로 약간 볶아서 익으면 생강과 소금을 넣고 국을 끓인다. 마음을 맑게 하고 눈을 밝게 해준다. 여기에 구기자를 더하면 더욱 빼어날 것이다. 《산가청공》

여린 잎을 끓는 물에 데친 다음 녹두가루를 입혀서 살짝 지진 뒤, 다른 채소와 함께 식초 섞은 간장을 끼얹어 먹으면 맑은 향기가 입을 상쾌하게 한다. 《옹치잡지》

이슬 맺힌 감국꽃을 취해 녹두가루를 입히고 끓는 물에 데친다. 석이·잣을 찧어 여기에 고루 섞은 뒤, 식초 섞은 간장과 함께 상에 올린다.

煮菊苗方

菊有二種, 莖紫氣香而味甘, 其葉乃可羹, 莖靑而大者非也. 春采苗葉洗焯,
用油略炒熟, 下薑鹽作羹. 可淸心明目. 加枸杞, 尤妙矣. 《山家淸供》
嫩葉沸湯焯過, 拖綠豆粉微煎, 伴他菜沃醬醋食之, 淸香爽口. 《饔饌雜志》
甘菊花帶露滴取, 拖綠豆粉沸湯焯過, 擣石耳·海松子仁拌均, 用醋醬供之.

시와 글씨, 그림에 모두 뛰어나 삼절(三絶)로 불리던 강희안(姜希顔, 1417~1464)은 날마다 글을 읽고 꽃을 키우는 일을 좋아하여 《양화소록(養花小錄)》을 편찬하였다. 늦게까지 꽃이 피어 은자(隱者)의 꽃이라 하는 국화를 사랑한 강희안은 20여 종의 국화의 품종을 그의 저술에 상세히 기록하였다. 하달홍(河達弘)은 《월촌집(月村集)》 권6 〈국화를 사랑하는 이야기(愛菊說)〉에 유독 국화를 사랑하는 이유를 적었는데 고개가 절로 끄덕여진다.

봄에는 그 싹을 채소로 먹고 가을에는 그 꽃을 약으로 사용한다. 이슬을 모아 주사(朱砂)를 갈고 향을 받아 술을 담가 마신다. 그러니 한 가지 품종으로 네 가지를 겸하여 버릴 것이 없는 것이 바로 국화가 아니겠는가?

식재로서도 실용적인 국화의 덕을 칭송한 것이다.
조선 중기 문인 이안눌(李安訥, 1571~1637)의 시에서는 식용이 가능한 국화에 대해 다음과 같이 칭송했다.

붉은 줄기 노란 꽃은 세상에 드물어
달고 쓴 맛 누가 능히 시비를 가리랴?
자네 집에 진품이 있다고 들었으니
한 떨기 늦가을 향을 나누어주지 않겠나!

대가 붉은 감국의 어린잎을 가지에서 따 데치고 기름에 볶으면 부드러워진다. 줄기가 푸르고 큰 국화는 잎도 억세고 쓴맛이 강해 국을 끓일 수 없다. 생강을 넣어 깔끔한 맛을 내고 소금으로 비췻빛을 살리고 구기자를 넣어 끓이면 고상한 단맛이 올라온다. 구기자는 진시황제가 찾던 불로장생의 약재로 항산화 성분이 풍부해서 피부 건강, 눈 건강은 물론 면역력을 증강시키고 스테미너를 증진시킨다. 푸른 옥빛 물결에 춤추는 감국잎과 빨간 구기자의 조화는 눈의 피로를 줄여주고 소금으로 간을 맞춘 국물은 가슴의 답답함까지 내려 준다. 익은 감국잎은 달고 부드러워 거부감이 전혀 들지 않고 도리어 그 매력에 푹 빠지게 된다.

재료

줄기가 붉은 국화의 어린잎 40g,
기름 5g, 생강 10g, 소금 5g,
구기자 5g, 물 850g

만들기

1 줄기가 붉고 향기가 좋으며 맛이 단 국화의 어
   린잎을 봄에 딴다.

2 깨끗이 씻어 데친 다음 기름으로 살살 볶아서
   생강과 소금을 넣고 국을 끓인다.

3 여기에 구기자를 더한다.

Tip

줄기가 푸르고 큰 국화는 국을 끓일 수가 없다. 이 국은 마음을
맑게 하고 눈을 밝게 해 준다.

제2장 자잡채(煮雜菜, 삶거나 데친 채소)

재료

국화의 여린 잎 40g, 녹두가루 23g, 기름 적당량,
다른 채소 조금, 식초 4g, 조선간장 8g

만들기

1 여린 잎을 끓는 물에 처지지 않게 잠깐 데친다.

2 건져 물기를 빼 녹두 전분을 고루 묻힌다.

3 다른 채소와 함께 초장을 끼얹어 먹는다.

Tip

감국잎의 모양을 살려서 기름을 넉넉하게 해서
지지면 모양이 매우 예쁘다.

삶은 감국잎을 바르게 펴서 녹두가루를 골고루 뿌린 뒤, 기름을 넉넉하게 두르고 지지면 부각처럼 튀김옷이 부풀어 오른다. 녹두 전분은 매우 섬세하고 촉촉한 느낌이 있어 굳이 번거롭게 튀김옷을 만들어 입히지 않아도 충분히 훌륭한 튀김옷 역할을 한다. 녹두 전분이 익으면 맑고 뽀얀 빛이 돌면서 일부는 투명해지기 때문에, 감국잎의 아름다운 비췻빛을 잘 살려준다. 작고 섬세한 어린아이 손가락 같은 감국잎의 모양을 살리는 데는 녹두 전분 옷이 제격이다. 달고 바삭하며 고소해서 튀김에 자꾸 손이 간다. 무더기로 버무려 기름을 넉넉하게 해서 튀기면 멋진 모양의 감국잎 튀김이 된다. 식초 간장에 찍어 먹으면 잘 어울린다. 《산림경제(山林經濟)》에 "감국은 정월에 뿌리를 캐고 3월에 잎을 따며 5월에 줄기를 따고 9월에 꽃을 따는데 모두 응달에 말린다."라고 했다. 다른 채소 중에서 비슷한 느낌의 어린 쑥갓과 함께 초장에 버무려 먹어도 잘 어울린다. 국화잎을 따서 말리고 꽃도 따서 말린 후 베갯속에 넣고 자면 머리가 맑아지고 두통을 없애준다. 선비들이 국화를 사랑한 이유 중 하나다. 야생 국화에는 감국 외에도 산국, 구절초, 갯국화, 울릉국화, 쑥갓 등이 있다.

제2장 자잡채(煮煠菜, 삶거나 데친 채소)

③ 재료

이슬 맺힌 감국꽃 24g, 녹두 가루 20g,
석이 6g, 잣 7g, 식초 4g, 간장 8g

만들기

1 이슬 맺힌 감국꽃을 취해 녹두 가루를 입히
　고 끓는 물에 데친다.

2 석이, 잣을 찧어 여기에 고루 섞은 뒤 식초
　섞은 간장과 함께 상에 올린다.

장미가 강렬하고 오만해 보인다면 국화는 강렬하지도 사람을 현혹시키지도 않아 선비들의 사랑을 한 몸에 받았다. 국화의 고결하고 품위 있는 모습과 시련이 닥쳐도 굴하지 않는 당당한 모습을 오상고절(傲霜孤節)이라고 하여 군자의 모습으로 여겼다.

감국꽃은 나물처럼 무쳐 먹었다. 꽃봉오리에 녹두 전분을 묻히고 데쳐서 건진 후, 열기를 빼기 위해 찬물에 담갔다가 물기를 없애고 무친다. 석이버섯과 잣이 들어가서 머리를 맑게 해주면서도 두뇌 세포를 건강하게 해 준다. 평소에 스트레스가 심하거나 만성두통, 눈이 피로한 사람은 감국꽃 나물을 권하고 싶다. 쓴맛이 조금 있지만 도리어 개운하면서 쌉쌀한 맛이 오래가지 않는다.

먹고 남은 감국꽃 무침은 밥을 할 때 한쪽에 얹으면 쓴맛은 다 빠지고 밥에 노랑물이 들어 마음에 안정과 의욕을 되찾아 준다. 감국꽃 물로 밥을 했기 때문에 쌀알이 구수하면서도 쌀알의 생생함이 살아난다.

가을의 황금 들판과 노란 감국꽃, 붉은 물이 든 지평선은 부유함을 상징했다.

가을빛 속에 영근 모든 것들이 속으로 단맛을 뜸들이고 있다.

원추리꽃뿐만 아니라 감국으로도 황화채(黃花菜)를 만들어 먹었다는 기록이 《오주연문장전산고(五洲衍文長箋散稿)》〈산주자미변증설(山廚滋味辨證說)〉에 소개되어 있다. 꽃받침과 꽃술을 제거하고 씻은 후, 송엽주(松葉酒)를 이슬이 묻은 듯 살짝 적시고, 녹두 가루를 꽃 위에 뿌리는 광경이 너무도 시적이다. 국화와 송엽주, 녹두 가루, 식초 모두 깨끗하기만 하다. 녹두 가루를 묻히고 데쳐 건질 때 덩이가 되지 않도록 하라고 하거나, 꽃잎을 하나하나 찬물에 담갔다가 건져야 한다며 주의도 잊지 않는다. 무수히 많은 감국 꽃잎의 씹히는 맛과 향은 비할 바가 없다.

작고 앙증맞은 감국과 홑꽃잎은 술, 차, 떡, 나물, 튀김 등 어느 음식을 만들어도 잘 어울린다. 한 송이 한 송이 정성껏 따서 손질하고 그늘에서 말려두었다가 다른 계절의 쓰임에 대비한다. 보르네올(borneol) 같은 감국의 휘발성 정유성분과 각종 비타민 덕분에 머리와 눈이 맑아지고 기분이 상쾌해진다.

Tip
석이는 미리 손질해 데쳐 다진다.
감국꽃을 데칠 때는 빛을 잃지 않도록
저온에서 데친다.

제2장 자잡채(煮煠菜, 삶거나 데친 채소)

맑고 청신한 맛의 차 국

삼화채방
三和菜方

삼화채(三和菜, 3가지 채소국) 끓이기(삼화채방)

담박한 식초 1/3, 술 1/3, 물 1/3에 소금과 감초를 섞어서 간이
맞도록 끓인다. 여기에 채소싹채와 귤껍질채 각각 조금을 넣고 백
지(白芷) 작은 편 1~2개를 채소 위에 뿌린다. 다시 끓이되 뚜껑을
열지 말고, 다 익으면 먹는다.《중궤록》

三和菜方

淡醋一分、酒一分、水一分, 鹽、甘草調和, 其味得所, 煎滾, 下菜苗絲、
橘皮絲各少許, 白芷一二小片糝菜上, 重湯頓, 勿令開, 至熟食之.《中
饋錄》

재료

담박한 식초 200g, 술 200g,
물 200g, 소금 3g, 감초 3g,
곰보배추 싹 30g, 귤껍질 채 2g,
백지 편 1~2개(2g)

만들기

1 담박한 식초 1/3, 술 1/3, 물 1/3에 소금
  과 감초를 섞어서 간이 맞도록 끓인다.

2 여기에 채소 싹 채와 귤껍질 채 각각 조금
  을 넣고 백지 작은 편 1~2개를 채소 위에
  뿌린다.

3 다시 끓이되 뚜껑을 열지 말고 다 익으면
  먹는다.

Tip

곰보배추는 가운데 어린싹 채
만을 취해서 국을 끓인다. 식초는
직접 담근 과일식초나 곡물식초를
쓰면 끓인 다음에 가벼운
감칠맛이 느껴진다.

삼화채(三和菜)의 '삼화(三和)'가 무엇일까 생각해 보았다. 식초, 술, 물이 중요한 역할을 한다. 물을 넣어 술을 담그고, 술이 식초가 된다. 술과 식초는 음식 재료를 전처리할 때 요긴하게 쓰인다. 고기를 삶을 때도 술과 식초를 넣고 데치면 누린내가 없어진다. 고깃국을 끓일 때 다시 식초와 술을 넣으면 신맛이나 알코올이 없어지면서 맛을 깔끔하게 해 주고 음식에 감칠맛을 더한다. 살균 작용까지 하기 때문에 육류와 생선요리에 꼭 필요한 조미료다. 나물을 무칠 때도 조금씩 넣으면 뒷맛에 깔끔하지만 여운이 남는다. 예전에는 식초를 다양한 재료로 만들어 초 두루미에 담아 두고 썼다. 초가 잘 만들어지도록 부뚜막에서 발효시켰다. 초 맛이 좋으면 음식에 깊은 감칠맛이 난다. 예전에는 집마다 음식 맛이 다르고 기분 좋은 훗맛이 남았다. 지금은 자연 발효 초보다는 공업용 초의 표준화된 맛이 식초 맛의 전부로 여겨진다. 물엿을 잔뜩 뒤집어쓰고 있는 밑반찬류가 맛깔스러워 보인다고 할 만큼, 한식의 변형은 심각하다.

세 가지의 조화를 음식 이름으로 정할 만큼 삼화채는 경종을 울려주는 음식이다. 국의 본질인 좋은 물, 술, 초에 대해 생각해 보고 감초, 백지, 귤껍질처럼 향도 좋고 피를 맑게 해 몸의 염증을 줄여주는 조미료와 향신료도 조화롭다는 생각이 든다. 특히 백지는 예민한 피부를 가진 사람에게 좋아 기미, 주근깨는 물론 두드러기나 가려움증을 가라앉혀준다.

곰보배추는 배추라는 이름이 붙었지만, 꿀풀과의 식물로 잎이 우글우글해서 이런 이름이 붙었다. 산기슭이나 밭에서 자라는 풀로 '베암차즈기'라는 이름처럼 특유의 향과 맵싸한 맛을 가지고 있다. 말리거나 덖으면 먹기에 불편함이 없다. 봄이면 눈 속에서도 죽지 않고 살아 있어 '설견초'라고도 불린다. 꿀풀과 식물답게 강인한 생명력을 가지고 있다. 곰보배추에는 폴리페놀 화합물이 들어 있어 활성산소를 제거하고 면역력을 강화해 준다. 특히 기관지염이나 비염 같은 호흡기 질환을 완화한다. 베타시토스테롤(β-sitosterol) 성분 역시 염증을 줄여주고 위산을 중화시키기 때문에 소화장애를 개선한다.

삼화채를 곰보배추 싹 채로 끓여 먹으면 쫄깃하면서 맛이 청신해서 마치 맑은 차를 마시는 것 같다. 귤 향도 상큼하고 강하지는 않지만 감초와 백지 맛이 느껴진다. 피로를 풀어주고 몸과 마음을 맑게 해 준다. 탁한 국물, 매운 국물만 탐하던 우리에게 필요한 국이다.

제2장 자잡채(煮煠菜, 삶거나 데친 채소)

쫀득쫀득, 파 향 가득한 가지 맛

자가방

煮茄方

가지 삶기(자가방)

박쥐가지[蝙蝠茄] 만드는 법 : 여린 가지를 4쪽으로 갈라서 끓는 물에 삶다가 살짝 익으면 좋은 간장을 위에 바른다. 가지에 짠맛이 조금 배면 꺼내서 산초가루와 참기름을 더 바르고 대그릇에 넣어 향이 나도록 찐다. 이때 대그릇 안에 두꺼운 밀가루 반죽으로 만든 오목한 받침대를 깔고 그 안에 참기름을 담아둔다. 《군방보》

가지 졸이는 법 : 씨가 아직 생기지 않은 가지 【씨가 생기면 좋지 않다】를 대나무칼이나 뼈칼로 4쪽으로 가른다 【쇠칼을 쓰면 가지 표면이 검게 변한다】. 이를 끓는 물에 데쳐 비린내를 제거한다. 가늘게 썬 총백을 기름에 볶아 향기롭게 한다. 간장과 가늘게 썬 총백과 가지를 함께 넣고 졸여 익으면 산초와 생강 가루를 넣는다. 《식경(食經)》

煮茄方

蝙蝠茄法 : 嫩茄切四瓣, 滾湯煮將熟, 撈好醬上, 俟稍鹹取出, 加椒末、麻油, 入籠蒸香, 籠內托以厚麵餅盛油. 《群芳譜》

焦茄子法 : 用子未成者 【子成則不好也】, 以竹刀、骨刀四破之 【用鐵刀則渝黑也】, 湯煤去腥氣. 細切蔥白, 熬油香. 醬淸、擘蔥白與茄子, 共下焦令熟, 下椒薑末. 《食經》

① 박쥐가지[蝙蝠茄] 만드는 법

재료

여린 가지 2개, 끓는 물, 조선간장 20g,
산초가루 1g, 참기름 8g,
밀가루 반죽(밀가루 186g,
물 112g, 소금 2g, 참기름 30g)

만들기

1 여린 가지를 4쪽으로 갈라서 끓는 물에 삶다가
   살짝 익으면 좋은 간장을 위에 바른다.

2 가지에 짠맛이 조금 배면 꺼내서 산초가루와
   참기름을 더 바르고 대그릇에 넣어 향이 나도
   록 찐다.

3 이때 대그릇 안에 두꺼운 밀가루 반죽으로 만
   든 오목한 받침대를 깔고 그 안에 참기름을 담
   아둔다.

가지는 6월부터 10월까지 밥상을 채워
주는 고마운 존재다. 씨가 생기면 찌거
나 할 때 속이 갈라져 나와 지저분해지
기 쉽다. 어린 가지를 조리하면 깔끔하
고 쫄깃한 가지 맛을 즐길 수 있다. 가
지 조직은 스펀지처럼 생겨 어떤 양념이
든지 다 빨아들인다. 가지만큼 조리법
에 따라 맛이나 질감을 내기 좋은 식재
도 없다.

가지를 먼저 삶고 간장으로 간을 들인
다. 참기름과 산초가루로 향과 부족한
지방 성분을 보충해 준다. 배롱 안에서
찌면서 참기름 향과 수증기가 깊이 들
어가도록 한다. 수분을 주면서도 증기
에 말리는 효과가 나. 가지는 쫀득쫀득
하면서 연하고 부드럽다. 길이를 살려

가르면 마치 새로운 면을 먹는 것 같다.
대나무 바구니는 여러모로 쓸모가 많아
식재를 말리거나 훈증을 할 때 사용했
다. 가지의 질감을 제대로 내려면 반드
시 대나무 바구니를 써야 한다. 금속은
물기를 흡수하지 못해 고슬고슬한 상태
를 만들지 못한다. 대나무는 여분의 수
분은 흡수하고, 열기와 수분이 통과하
면서 향도 함께 통과시켜 주는 복합적
인 기능을 해 준다.

Tip
밀가루 반죽은 구멍이 나지 않게 모양을 고르게
두께를 일정하게 만든다.

제2장 자잡채(煮煠菜, 삶거나 데친 채소)

② 가지 졸이는 법

재료

씨가 아직 생기지 않은 가지 2개,
채 썬 총백 25g, 참기름 6g, 산초 1g,
생강가루 1g, 조선간장 20g

만들기

1 씨가 아직 생기지 않은 가지를 대나무칼이나
   뼈칼로 4쪽으로 가른다. (쇠칼을 쓰면 가지 표면이
   검게 변한다.)
2 이를 끓는 물에 데쳐 비린내를 제거한다.
3 가늘게 썬 총백을 기름에 볶아 향기롭게 한다.
4 간장과 가늘게 썬 총백과 가지를 함께 넣고 졸
   여 익으면 산초와 생강 가루를 넣는다.

Tip

파는 수염뿌리까지 사용한다.
뼈칼 대신 세라믹칼을 써도 좋다.

가지에 향을 입히는 또 다른 방법이 있다. 파를 기름에 볶아 파기름을 낸다. 기름을 넉넉하게 두르면 좋겠지만 취향에 따라 양은 조절하는 것이 좋다. 다시 간장과 파뿌리 쪽을 가늘게 썰어 넣고 푹 무르도록 익히다가, 산초와 생강가루로 깔끔하게 마무리했다. 쫀득한 맛은 떨어지지만 부드럽고 정갈한 맛이 난다. 가지는 속까지 제대로 간이 배면서도 조직이 무너지지 않아야 폭신한

맛을 제대로 맛볼 수 있다. 뭉개지지 않게 불 조절을 잘하면서, 약불에서 끈끈하게 익혀주는 것이 좋다. 보라색을 잘 살리면 빛깔도 곱고 짭조름하면서 부드러워 밥반찬으로 그만이다. 칼륨이 풍부해 혈압을 낮춰주고, 안토시아닌 성분이 풍부해 항산화 효과를 가진 가지는 칼로리가 낮은 대신, 기름의 양을 잘 조절하면 섬유질도 많아 다이어트에도 도움이 된다.

무와 호박의 중간 맛, 달고, 감칠맛 나는
깔끔한 동아 쇠고기 쌀새우젓국

동과갱방

冬瓜羹方

동과갱(冬瓜羹, 동아국) 끓이기(동과갱방)

동아의 거친 껍질과 속을 제거하고 밤 크기로 썬다. 여기
에 고기【하얀 기름이 붙은 소고기를 삶는 것이 좋다】와
찬물을 넣고 쌀새우젓[白蝦醢汁]을 섞어 간이 맞춰지면 달
여서 국을 만든다. 《증보산림경제》

冬瓜羹方

去粗皮及瓤, 切如栗子大, 入肉料【牛肉帶白脂煮佳】、冷水, 調白
蝦醢汁, 鹹淡得所, 煮爲羹. 《增補山林經濟》

재료

동아 1132g(손질하면 700g), 기름 붙은 소고기 160g,
쌀새우젓(세하) 40g, 물 1.6L

만들기

1 동아의 거친 껍질과 속을 제거하고 밤 크기로 썬다.

2 여기에 하얀 기름이 붙은 소고기와 찬물을 넣고
   끓이다가 썰어 놓은 동아를 넣는다.

3 쌀새우젓을 섞어 간을 맞추고 동아가 익어서 반투
   명해지면 불을 끈다.

Tip

동아는 썰어서 모서리를 날리면 끓였을 때 모양이 밤처럼 예쁘다.
중간에 뜨는 거품과 기름기는 제거해야 국물이 깨끗하다.

동아는 대나무처럼 성장 속도가 매우 빠르다. 작은 크기로 달려있을 때는 성장이 더딘 듯하다가 어른 한 뼘 정도가 되면 쑥쑥 자라기 시작한다. 저 무거운 게 어떻게 달려 있나 싶을 정도다. 박보다 훨씬 센 가시가 숭숭 달려 맨손으로 잡으면 아플 정도다. 고슴도치처럼 가시털을 달고 매달려 있는 게 위풍당당하다. 10월 말경이 되면 하얀 분이 나온다.

동아 잎이 싱싱하고 첫물일 때 어린 동아를 따서 국을 끓여 보았다. 1~2kg 사이 동아는 다루기도 편하고 양도 적당해서 더 커지기 전에 서둘러 국을 끓이기 위해 땄다. 역시 껍질도 여리고 그냥 살을 먹어봐도 달고 시원하다.

기름기가 있는 소고기 치마양지를 넣고 끓이다가 동아를 넣고 쌀새우젓으로 간을 맞춘다. 기름기가 있는 소고기는 국물맛을 고소하게 해 주고 재료를 연하게 해 준다.

쌀새우는 세하라고도 하는데, 이른 봄에 잠깐 잡히는 데다 양도 많지 않아 나올 때 사서 젓갈을 담가 두어야 한다. 크기가 제일 작아 새우젓을 담그면 걸리는 데 없이 부드럽고 감칠맛이 뛰어나다. 호박 찌개나 국을 끓일 때 넣는 귀한 새우젓이다.

쇠고기뭇국도 시원해서 사랑을 받지만 못지않게 동아 쇠고기 쌀새우젓국도 맛이 시원하고 동아 먹는 맛이 각별하다. 호박과 무의 중간 맛이 난다. 달고 시원하며 속이 편안하다. 동아는 대부분이 수분으로 칼로리가 낮고 이뇨 작용을 활발하게 하여 부종을 빼준다. 비타민 C와 비타민 B군, 무기질도 들어 있다. 동아는 조선 시대에는 음식에 두루 쓰였는데 이제는 거의 찾는 사람이 없어 안타깝다.

토란을 삶아 먹는 법

자우방

煮芋方

토란 삶기(자우방)

토란을 생강과 함께 삶은 뒤, 물을 갈아서 다시 삶아야 먹을 수 있다. 《일화본초(日華本草)》

토란을 생선과 섞어서 삶아 먹으면 기운을 잘 내려주고, 속을 편하게 하며, 허한 기운을 보(補)해준다. 《일화본초》

토란을 삶을 때 잿물에 삶으면 익어도 생기가 돈다. 《물류상감지(物類相感志)》

토란을 삶을 때 소금을 조금 뿌려주면 삶을 때 들러붙지 않는다. 《군방보》

우해(芋荄. 토란의 곁뿌리)는 매우 무성해서 반드시 껍질을 떼어내고 데친 다음 이를 볕에 말린 뒤에 삶아 먹어야 맛이 매우 달고 좋다. 【안 우해는 토란 옆면에 햇뿌리가 돋아난 것이다. 삶을 때는 반드시 솥을 덮고 열지 말아야 하는데, 그렇지 않으면 혀가 아려서 먹을 수가 없다】 《군방보》

토란은 껍질을 벗기고 달구어진 쟁개비(냄비의 일종)에 넣는다. 기름을 조금 넣고 잠시 볶은 다음 간장물을 넣고 삶으면 쉽게 문드러진다. 여기에 닭고기를 섞어 고깃국을 끓인다. 싹이 난 어린 줄기를 고기와 같이 국을 끓이면 맛이 뛰어나다. 어린잎은 간장물에 데쳐서 찌면 밥을 싸서 먹을 수 있다. 《증보산림경제》

煮芋方

芋以薑同煮過, 換水再煮, 方可食.《日華本草》

和魚煮食, 甚下氣, 調中補虛. 同上

煮芋, 以灰煮之則蘇.《物類相感志》

煮芋, 微糝以鹽, 則煮不糢糊.《群芳譜》

芋荄繁, 宜剝取焯, 曬乾煮食, 味極甘美.
【案 芋荄卽芋魁傍新芽萌出者, 煮時須蓋鐺勿開見, 不然則味薟不可食也】
同上

芋去皮投熱銚, 少下油炒少時, 下醬水煮之易爛, 和鷄肉作臛. 住芽生嫩
莖, 同肉料煮爲羹則味美. 嫩葉醬水煠烝, 可裹飯而茹.《增補山林經濟》

①

재료
토란 458g, 생강 20g,
물 적당량

만들기
1 토란을 생강과 함께 삶은 뒤, 물을 갈아서 다시 삶아야 먹을 수
   있다.

②

재료

토란 400g, 대구 1.5kg,
청·홍고추 1개씩,
조선간장 20g, 소금 적당량,
산초나 후추·생강 적당량,
물 적당량

만들기

1 토란은 껍질을 벗겨 소금을 넣고 삶는다.

2 건져서 찬물에 헹궈 물기를 뺀다.

3 대구는 토막을 내서 씻어 물기 없게 채반에 널어둔다.

4 장물에 대구와 토란을 넣고 끓이다가 생강, 후추, 청·홍고추를 넣고 소금으로 간을 맞춘다.

Tip

토란을 삶을 때 소금을 조금 뿌리주면 삶을 때 들러붙지 않는다.
토란을 생선과 섞어서 삶아 먹으면 기운을 잘 내려 주고 속을
편하게 하며 허한 기운을 보해준다. 토란을 삶을 때 잿물에
삶으면 익어도 생기가 돈다.

도심의 콧등만 한 땅 혹은 화분에 심어진 토란을 보면 심은 사람의 안목이 느껴진다. 토란을 먹을 요량으로 심었지만, 잎이 당당하고 커서 마치 관엽식물을 문 앞에 심어놓은 것 같다. 토란도 먹고 허전한 대문 앞도 채워준다.

계절마다 꼭 먹어야 하는 식재가 있는데, 추석에는 토란과 양하를 먹어야 한다. 토란은 묵은 색 껍질을 벗기면 새색시 이마 같은 뽀얀 살이 탐스럽게 나타난다. 토란은 미리 삶아서 전처리해야 한다. 미끄러운 점액질은 갈락탄(galactan)이라는 당질인데, 맨손으로 만지면 가려움증을 일으킨다. 점액질을 제거하려면 소금을 넣고 끓인 물에 데치면 점액질이 줄어들고 독성도 빠진다. 또는 데칠 때 생강을 넣어 데쳐도 비슷한 효과를 낸다.

이렇게 데친 토란을 넣고 다시 생강을 넣은 후, 흰살생선인 대구와 함께 맑은 탕을 끓인다. 국물맛도 깔끔하지만 부드러운 토란 맛과 대구의 맑고 깊은 맛이 잘 어울린다. 탕을 먹는 본래 목적인 속을 편안하게 해주면서, 막힌 것을 내려 주고 변비도 예방한다. 토란은 대부분이 녹말이지만, 저항성 녹말이기 때문에 혈당수치를 급격하게 올리지 않는다. 포만감을 주면서도 염증성 장 질환을 예방한다.

흰살생선과 뽀얀 토란의 조화는 흰 저고리를 입고 무명 앞치마를 두른 어머니처럼 모든 것을 부드럽게 감싸준다. 토란은 알칼리성 식품으로 작은 토란은 볕에 말려 항아리에 넣어두었다가 겨울이 되면 볏짚을 덮고 숙성시키면 색이 밤과 같아서 '토율아(土栗雅)'라고 한다고 해 〈정조지〉 권3 과정지류(菓飣之類) 편에는 토란을 군밤처럼 화로에 구워 상에 올리는 법도 나와 있다.

토율아(土栗雅),
밤 맛 나는 토란곁뿌리 조림

우해 조림(참고 요리)

재료

토란곁뿌리 200g, 진간장 14g, 조선간장 9g, 청주 14g,
참기름 12g, 생강 16g, 꿀 37g, 맛술 14g, 물 308g

만들기

1 우해는 껍질을 벗기고 물에 담갔다가 소금물에
  데친다. 볕에 말린 다음 삶는다.
2 다시 건진 우해에 분량의 물을 붓고 삶다가 조
  림장을 넣고 윤기 나게 조린다.

토란은 껍질을 잘 벗겨 데쳐야 아린 맛이 나지 않
는다. 우해는 토란의 곁뿌리로. 토란의 알뿌리에서
작은 뿌리들이 계속 달려있어 모두 먹을 수 있지
만 아린 맛이 강해 전처리를 잘 하지 않으면 목구
멍이 부을 수 있다. 데치고 말리고 삶고 다시 조리
는 과정에서 아린 맛이 제거되고. 토란은 달고 쫀
득한 꿀밤 맛이 나는 조림이 된다.

Tip

조림액을 끼얹어가며 조린다.
생강을 많이 넣어 조리면 더욱 깔끔한
맛이 난다.

③

재료

토란 껍질 벗긴 것 600g, 기름 10g,
조선간장 30g, 물 1.6L, 닭고기 210g,
싹이 난 어린줄기 174g, 어린잎 80g

어린잎 데치는 재료
데치는 물 1.6L, 조선간장 20g

만들기

1 토란은 껍질을 벗기고 달구어진 냄비에
  넣는다.

2 기름을 조금 넣고 잠시 볶은 다음 간장
  물을 넣고 삶으면 쉽게 문드러진다.

3 여기에 닭고기를 섞어 고깃국을 끓인다.

4 싹이 난 어린줄기를 고기와 같이 국을
  끓이면 맛이 뛰어나다.

5 어린잎은 간장 물에 데쳐서 찌면 밥을
  싸서 먹을 수 있다.

토란은 심으면 싹이 올라오기까지 시간이 오래 걸린다. 몇 달을 땅속에서 지내는 통에, 잊힐 무렵에야 올라온다. 영양이 좋은 토양에서는 금세 자라 밑에 그늘이 들어 풀들이 자랄 여지가 없을 정도지만, 영양이 부족한 곳에서는 마디게 자란다. 어리고 여린 잎은 데쳐서 쌈도 싸 먹을 수 있고, 어린줄기는 데쳐서 국에 넣어 건더기로 끓여 먹을 수 있다. 먹을 것이 풍족하지 못했던 시대에는 토란의 잎줄기까지도 허투루 버리지 않았다.

토란잎은 토란처럼 미끈거리고 연해서 장물에 데쳐 독을 다스리고, 밥을 뜸 들일 때 같이 찌면 밥을 싸 먹기 적당하다. 토란 줄기도 아린 맛을 빼기 위해 데쳐서 손질한 후, 잘라 넣고 국을 끓인다. 토란에 닭고기를 넣고 장으로 간을 맞추면 순하면서 토란의 매끄럽고 보드라운 맛을 느낄 수 있다. 어린잎과 대는 연해서 오래 데치거나 삶지 않아도 된다.

여름철의 보양국으로도 어울리는데 원전(原典)에는 없지만, 추가로 후추, 생강을 넣고 응용해서 고춧가루를 넣고 끓이면 얼큰한 육개장이 된다. 토란은 너무 오래 삶으면 뭉그러질 수 있다. 어느 정도 익었을 때 빼놓았다 다시 넣으면 지저분해지지 않는다.

토란은 말 그대로 뽀얗고 둥그스름한 게
흙이 만들어낸 계란 같다.

자저엽방

煮藷葉方

고구마잎 삶기(자저엽방)

고구마잎은 성질이 평하고 맛이 싱겁다. 국 끓이는 방법은 명아주잎국이나 콩잎국과 같다. 남쪽 지방 사람들은 고구마잎으로 임산부를 몸조리시킨다. 만약 볕에 말려 국을 끓이면 맛이 산에서 나는 미역[山藿]과 같다. 김씨(金氏)《감저보(甘藷譜)》

고구마잎을 푹 쪄서 밥을 싸 먹으면 향기와 맛이 곰취에 대적할 만하다.《종저보(種藷譜)》

煮藷葉方

甘藷葉性平味淡. 作羹, 與藜、藿同. 南人以救療產婦. 若乾曝作羹, 味與山藿同. 金氏《甘藷譜》

甘藷葉烝熟, 裹飯而茹, 香美可敵熊蔬.《種藷譜》

남부지방에서는 황토 언덕이나 집 주변 큰 터에 고구마를 즐겨 심는다.
무엇하나 버릴 것 없는 고구마는 잎을 쪄서 고구마밥을 싸 먹으면 연하면서 매끄러워 얼마든지 밥이 넘어간다. 순하고 해로움이 없어 여름철에 쌈도 싸 먹고 국도 끓여 먹고 소박하지만
고기 밥상이 부럽지 않은 고구마 밥상을 차려 볼 만하다. 볕에 말려 국을 끓이면 맛이 산에서 나는 미역과 같다.
참기름이 어우러지도록 충분히 볶아서 끓여야 국물이 뽀얗게 우러난다.

고구마 이삭줍기

고구마는 서유구 선생이 전라도 관찰사 시절 《종저보(種藷譜)》라는 책을 쓰고 보급에 힘썼던 구황작물이다. 사람을 따라다닌다는 고구마는 추위에 약해 얼면 못쓰게 돼, 겨울에는 사람이 기거하는 안방 한구석에 보관했다. 북부 지방에는 감자가 맞고 남부 지방에서는 고구마가 기후에 맞았다.

고구마는 물 빠짐이 좋은 황토 구릉에서 잘 자라는데, 은근히 재배하기가 까다롭다고 한다.

남쪽 지방에서는 고구마잎으로 임산부들을 몸조리시켰다고 하는데 국을 끓여 보니 매끄럽고 순해서 미역하고 비슷한 식감이 난다. 미역 중에서도 산모용으로 끓이면 줄거리가 오독오독하면서 차진 국물이 뽀얀 미역국과 흡사하다. 보통 고구마만 캐고 잎은 대부분 버리는데 먹을 게 흔해지면서 더는 먹지 않게 됐다. 전북 지역에서는 그나마 여름이면 평상에 할머니들이 삼삼오오 모여 고구마 줄기를 벗기는 것을 볼 수 있다. 가지와 섞어 고구마 줄기 김치를 담그거나 고구마순 볶음을 해 먹는다.

아욱 역시 이뇨 작용에 효과가 있고 모유 분비를 촉진하는 효과도 있어 산모들이 산후에 몸조리를 겸해 먹었다. 미역, 고구마잎, 아욱 모두 매끄러운 성질을 가지고 있어 몸 안에 있는 독소들을 빨리 몸 밖으로 배출해준다. 민들레도 산모의 젖이 잘 돌게 하는 데 효과가 있어 젖이 잘 나오지 않는 산모들이 즐겨 먹었다.

제 2 장 자잡채(煮煠菜, 삶거나 데친 채소)

재료

말린 고구마잎 125g,
참기름 8g, 조선간장 20g,
소금 2g, 물 1.5L

만들기

1 고구마잎은 줄기의 껍질을 벗기고 씻어서 그늘
   에서 말린다.
2 적당히 마른 고구마잎을 참기름에 볶다가 물을
   반 컵 정도 붓고 익히다가 간장을 넣고 남은 물
   을 부은 후 푹 끓인다.
3 고구마잎 줄기가 노곤노곤해지면 소금으로 간
   을 맞춘다.

Tip

고구마잎은 성질이 평(平)하고 맛이 싱겁다.
국 끓이는 방법은 명아주잎국이나 콩잎국과 같다.

제2장 자잡채(煮煠菜, 삶거나 데친 채소)

쌈의 문화

할머니의 장 속에는 반듯하게 귀가 잡혀 있는 보자기가 차곡차곡 들어 있었다. 그 안에는 사계절의 의복들이 한 올 흐트러짐 없이 개어져 반듯하게 자리 잡고 있다. 어머니들은 보자기 하나로 모든 문제를 해결했다. 머리에 쓰면 흩어진 머리칼을 잡아주고 허리에 두르면 행주치마가 되고 음식거리를 덮는 덮개가 되기도 한다. 밥상보는 물론 책보, 여행용 가방도 되는데 등에 걸거나 허리에 매고 엇갈려 멜 수도 있다. 선물용 포장이나 문서 보관함도 된다. 안경, 수저 등 모든 개인용품은 모두 헝겊으로 만든 집에 싸거나 넣어서 보관했다. 보자기는 융통성이 있으며 기동성이 있고 신체에 밀착된다. 여기서 정이 생기고 인간미가 싹튼다. "옛날 옛날에"로 시작되는 할머니의 이야기보따리를 들으며 아이들은 자라고 물에 빠진 놈 구해줬더니 보따리 내놓으라고 한다는 말씀을 통해 인간의 도리를 배운다.

보따리를 싸라는 것은 집에서 나가라는 의미로 집단에서 배제되는 것을 말한다. 괴나리봇짐을 싸면 나들이나 먼 길을 떠날 수 있었다. 소중한 물건이나 선물을 꾸러미에 쌌다.

보따리는 보자기로 싼 물건 보퉁이를 말한다. 보따리 속에는 소중한 어린 시절도 들어 있고 애착이 가는 물건도 들어 있다. 보자기는 가변적이다. 물건을 담는 게 아니라 싸면서 모양과 크기가 정해진다.

정월 대보름에 복쌈을 싸 먹었는데 배춧잎, 김, 취나물, 아주까리 잎, 묵은지잎 등은 물론 바닷가에서는 다시마나 물미역을 썼다. 손으로 잘라 만든 앙증맞은 김 쌈은 할머니의 손주 사랑을 보

여준다. 작은 만두를 여러 개 넣어 큰 보자기 피로 싼 보만두나 야무진 석류만두도 모두 보자기와 꼭 닮았다. 잎의 방부성을 이용한 연잎밥이나 망개떡도 재미있다.

보자기의 편리성을 잘 아는 지라 소중한 밥을 쌀 만한 넓적한 잎이 있으면 밥과 장을 얹어 쌈을 싸 먹었다. 일단 쌈을 싸면 입안으로 순식간에 홀딱 들어갈 수 있다. 성질 급한 사람에게도 제격이다. 쌈을 싸서 먹는 모습이 보기 흥했던지 이덕무 같은 점잖은 선비는 《사소절(士小節)》에서 쌈을 먹는 예절을 언급하고 있다. 너무 크게 싸서 먹는 모습이 거슬렸던 모양이다. 과거에 싼다는 의미는 감싸안고 보듬는 공동체적인 의미구를 내포했다.

제2장 자잡채(煮煠菜, 삶거나 데친 채소)

잎보다 귀히 여긴 줄기의 아삭함

와순채방

萵筍菜方

와순채(萵筍菜, 상추꽃대나물) 만들기(와순채방)

상추는 4월에 꽃대가 3~4척 정도 자랐을 때, 꽃대의 껍질을 벗기고 날로 먹으면 맛이 맑고 부드럽다. 술지게미에 절여 먹어도 좋다. 강동 지방 사람들은 상추 꽃대를 소금에 절여 볕에 말렸다가 견실하게 눌러서 방물(方物)로 쓰는데, 이것을 '와순(萵筍)'이라 한다.《군방보》

상추는 껍질과 잎을 떼고 0.1척 길이로 썰어 끓는 물에 데친다. 여기에 생강·소금·숙유(熟油, 깨를 볶아 짠 기름)·식초를 섞어 담그면 상당히 달고 부드럽다.《산가청공》

여린 상추 꽃대를 물에 푹 삶아 익힌 다음 껍질을 벗기고 0.1척 정도 길이로 썬다. 달군 솥에 기름간장을 부어 상추 꽃대를 데쳤다가, 석이·마고(蘑菰, 표고버섯의 일종)·표고·잣을 찧고 고루 섞어 다시 볶아준다.《증보산림경제》

萵筍菜方

萵苣四月抽薹高三四尺, 剝皮生食, 味淸脆, 糟食亦佳. 江東人鹽曬壓實, 以備方物, 謂之"萵筍".《群芳譜》

萵苣去皮葉, 寸切, 瀹以沸湯, 擣薑、鹽、熟油、醋拌漬之, 頗甘脆.《山家淸供》

嫩薹水煮熟, 去皮, 切一寸許, 熱釜下油醬燥熟, 擣石耳、蘑菰、香蕈、海松子仁拌均, 更炒.《增補山林經濟》

① 재료

상추 꽃대 500g,
술지게미 1kg, 소금 40g

만들기

1 상추는 4월에 꽃대가 1m 정도 자랐을 때 꽃대의 껍질을 벗겨 먹기 좋게 잘라 생으로 먹는다.

2 또는 술지게미에 절인다.

3 상추 꽃대를 소금에 절여 볕에 말렸다가 견실하게 누른다.

경험이 없는 사람은 상추잎이 벌어지면 연한 속잎만 쏙 잘라 먹고, 아는 사람은 겉잎을 빙 둘러 따서 먹어, 위로 올려 상추 나무를 만든다. 적당하게 자란 잎을 먹고 어린잎이 자랄 시간을 주는 방법이다.

상추는 잎이 건실해지고 꽃대가 올라오면 꽃이 피기 전에 잘라야 연하면서 달고 맛이 있다. 꽃이 피면 대는 너무 질겨지고 쓴맛이 강해진다. 부지런히 상추잎을 뜯어먹다가 상추잎이 자라는 속도를 따라가지 못해 잎을 데쳐 나물을 무쳐 먹거나 상추 김치를 담가 먹기도 한다.

그러고도 며칠 못 본 사이에 상추 대가 올라오면 추대(抽薹)한 상추는 줄기를 잘라서 상추고둥회를 먹거나, 고둥으로 김치를 담가 먹는다. 상추는 특히 남부지방 사람들에게 친숙한데, 조선 상추라고 불리는 연하고 잎가장자리가 단순하면서 고소한 맛이 나는 상추를 선호한다. 상추를 친근하게 여겨 매일 상에 올렸다.

천금채, 부루라고도 불리는 상추는 잎이 연하고 달며 아삭하고 흔하면서 누구나 좋아하는 쌈 채소다. 상추의 대는 잘 먹지 않고 두는 경우가 많지만, 대에서 나오는 젖 같은 뽀얀 즙액이 잠을 잘 오게 한다고 해서 일부러 먹기도 했다. 여름에 날이 더울수록 쓴맛이 강해지지만, 잘라서 껍질을 벗겨 회로 먹으면 아삭하고 달며, 술지게미에 절이면 생생하면서 지게미의 풍미가 입맛을 돋운다. 소금에 절여 말렸다가 누른 와순을 다시 술지게미에 절이거나 볶아 먹어

도 별미다. 술지게미에는 여러 가지 효소와 알코올 성분이 남아 있어, 음식을 상하지 않게 해 준다. 짠맛이 배고 씹는 맛까지 느껴져 아스파라거스와 비슷한 느낌을 준다. 와순은 고기와 함께 볶아 먹어도 맛있고, 가지와 함께 초절임을 담가도 된다. 상추 대에는 섬유질이 풍부하고 락투신(lactucin), 락투신산 등이 함유되어 있고, 진통과 최면 효과가 있다. 시험 보기 전에는 상추쌈을 먹지 않는 이유다. 무기질 중에는 철분이 풍부하고 여러 가지 비타민이 함유되어 있다.

Tip

꽃대의 아래쪽은 단단하고 위로 올라갈수록 연하다. 소금에 절여서 술지게미에 절이면 그대로 좋은 반찬이 되고 짜서 지게미를 제거하고 갖은양념에 무쳐 먹어도 별미 반찬이 된다.

제2장 자잡채(煮煠菜, 삶거나 데친 채소)

②

재료

상추 꽃대 500g, 생강 20g,
소금 4g, 숙유(깨를 볶아 짠 기름) 11g,
식초 12g

만들기

1 상추는 껍질과 잎을 떼고 3cm 길이로 썰어 끓
   는 물에 데친다.
2 여기에 생강, 소금, 참기름, 식초를 섞어 담그면
   상당히 달고 부드럽다.

Tip

양념을 넣는 순서는 생강, 식초, 소금, 참기름 순으로 한다.

상추 꽃대 자체는 강한 맛이 나지 않기 때문에 여릴 때는 어느 맛이든 잘 받아들인다. 억셀 것 같은 중간 부분도 껍질을 벗겨내면 상당히 아삭하고 연하다. 일일이 껍질을 벗기는 과정이 번거롭기는 해도 일단 껍질을 벗기면 정말 멋진 줄기채소로 변한다. 입맛 없을 때는 된장이나 고추장에 날로 찍어 먹으면 되고 여유가 있으면 생강, 소금, 참기름, 식초를 섞어 담가 먹으면 훌륭한 담금이 된다.

생강과 식초 덕분에 맑고 청아한 맛이 나며 맛이 과하지 않아 고기와 함께 먹어도 잘 어울린다. 먹으면 온몸이 맑아질 것 같고 해독요리로도 권할 만하다.

참기름이 들어가 달고 부드러운 맛이 일품이다. 이럴 때는 간장보다는 소금으로 간을 맞추는 것이 맑은 맛을 해치지 않는다. 군더더기는 다 들어내고 가장 기본적인 양념으로 재료의 특성을 잘 살렸다.

속세의 영리를 멀리하고자 하는 산중처사에게 어울리니 번잡한 현대인에게도 잘 맞는 음식이라고 생각한다. 더하는 음식이 아니라 덜어내는 음식이 건강을 위해서 좋다. 상추잎을 따먹고 꽃이 피기 전 꽃대를 먹는다. 그러고도 노란 상추꽃이 노르스름한 풀색 동을 달고 피거든 텃밭에 가을 준비를 해야 한다.

제2장 자잡채(煮煠菜, 삶거나 데친 채소)

③

재료

여린 상추 꽃대 500g,
기름 13g, 조선간장 14g,
석이(불린 것) 10g,
마고(표고버섯의 일종) 10g,
표고 20g, 잣 6g

만들기

1 여린 상추 꽃대를 물에 푹 삶아 익힌 다음 껍질을 벗기고 3~4cm 정도 길이로 썬다.

2 달군 솥에 기름 간장을 부어 상추 꽃대를 데치듯 익혔다가 석이, 마고, 표고, 잣을 다져서 고루 섞어 다시 볶아준다.

Tip

버섯 향이 충분히 배도록 볶아준다.

상추 꽃대의 변신은 무죄다. 분명 맞는 말이다. 이번에는 간을 맞추기 위해 간장도 쓰고 기름으로 볶고 석이, 마고, 표고와 함께 볶고 잣까지 빻아 올린다. 색스럽고 고소하면서 버섯들의 향이 입혀진 상추 꽃대는 잡채의 당면이나 떡잡채의 떡 역할을 한다. 간이 은근하게 배 노골적이지 않은 고소함과 좀 더 부드러워진 식감이 술안주에 안성맞춤이다.

오독거리든 아삭거리든, 식감과 질감은 달라져도 본질은 같다. 이토록 매력적인 식재를 우리는 어쩌다 잘 먹지 않게 됐는지 생각해 볼 일이다.

상추는 잎만 먹는 채소라는 생각을 버리고 자연스럽게 성장 속도에 맞춰 길러

연한 잎, 두꺼운 잎, 줄기를 모두 먹는다. 꽃이 피도록 두면 나비들이 찾아오는 것을 볼 수 있다.

자줏빛이 섞인 연초록 대에 나풀거리는 치마도 다 벗어던지고 잎 못지않은 쓰임을 자랑하는 꽃대 음식을 자주 상에 올리고 싶어진다. 월과채만큼이나 와순채 버섯볶음도 훌륭한 한 접시의 요리로 느껴진다. 여기에 술지게미를 얻기 위해 수수 누룩과 고두밥으로 21일 동안 숙성시킨 막걸리와 청주는 가벼우면서도 향이 빼어나 같이 먹기에 적합하다.

생으로 먹으면 생 오이를 먹는 것처럼 수분이 많아 갈증을 가시게 해 준다. 달고 연하며 섬유질이 풍부해, 누구나 베어 먹으면 변비 걱정도 덜 수 있다.

제2장 자잡채(煮煠菜, 삶거나 데친 채소)

소화를 돕는 향긋한 쑥갓의 매력

동호채방

茼蒿菜方

동호채(茼蒿菜, 쑥갓나물) 만들기(동호채방)

줄기와 잎이 붙은 채로 끓는 물에 데쳐서 간장 섞은 식초
를 끼얹어 먹는다【겨자 섞은 간장을 끼얹었으면 맛이 더욱
맵고 향기롭다. 동노(東魯, 산동)의 왕정(王禎)이 "채소 가운
데 독특한 맛이 있는 것이다."라 한 말은 참으로 그렇다】.
《증보산림경제》

茼蒿菜方
連莖葉沸湯焯過, 澆醬醋食之【澆以芥子醬, 味尤辛香. 東魯
王氏所謂"菜中之有異味者", 信矣】《增補山林經濟》

비가 온 뒤에 밭에 있는 쑥갓을 보면 향도 좋을 뿐만 아니라, 도톰한 푸른 잎이 올라오는 게 예쁘다. 본래 유럽에서는 관상용으로 심었다. 위에 올라온 대에서 노란 쑥갓꽃이 피면 국화 향이 난다.

쑥갓은 맛이 가볍고 향이 좋아 생으로 즐겨 먹는 채소다. 생선찌개의 비린내를 없애주고 가볍게 익은 쑥갓의 단맛이 식욕을 올려준다. 국화과에 속해 국화와 비슷한 향이 나서 거부감을 느끼는 사람도 있지만 상추와 함께 쌈을 싸 먹으면 거부감이 줄어든다.

데칠 때는 소금을 넣은 끓는 물에 넣자마자 꺼내, 재빨리 찬물에 헹궈야 푸른빛이 선명하게 유지된다. 쑥갓은 과한 양념을 하는 것보다는 단순한 양념을 해서 깔끔한 맛을 살리는 것이 좋다.

쑥갓에는 비타민 A, B, C와 칼슘이 풍부해 성장기 어린이들이나 병후에 변비가 생겼을 때 먹으면 도움이 된다. 쑥갓은 튀겨 먹으면 바삭하게 거부감 없이 먹을 수 있다. 노인들에게는 빈혈을 예방하고 뼈를 튼튼하게 하는 데 도움을 준다.

가볍게 버무려 겉절이로 담가 먹어도 입맛을 돋운다. 휘발성 성분과 방향성 성분이 위장을 튼튼하게 하면서 소화를 돕는다.

쑥갓은 성질이 차기 때문에 몸이 차거나 설사를 하는 사람은 먹지 않는 것이 좋다. 탕에 넣을 때는 맨 나중에 올리고 기름에 볶을 때는 센 불에서 단시간 내에 볶는다. 겨자의 매운맛이나 식초의 신맛이 쑥갓의 달고 매운맛을 잘 살려준다. 깨를 뿌리면 깔끔한 맛에 고소함이 더해져 입맛을 은근하게 돋운다.

줄기와 잎이 붙은 쑥갓 200g,
조선간장 9g, 묽은 식초 10g
(쑥갓 200g, 겨자 5g, 조선간장 10g)

만들기

1 줄기와 잎이 붙은 채로 끓는 물에 데쳐 간장 섞
   은 식초를 끼얹어 먹는다.
2 겨자 섞은 간장을 얹으면 맛이 더욱 맵고 향기
   롭다.

Tip

쑥갓에 식초를 넣으면 색이 변하기 때문에 먹기 직전에 무쳐서
빨리 먹도록 한다.

청정, 고결한 숨결을 담은 선계의 꽃나물

황화채방

黃花菜方

황화채(黃花菜, 넘나물) 만들기(황화채방)

황화채(黃花菜)【곧 훤초화(萱草花. 원추리꽃)이며, 민간에서는 '광채(廣菜)'라 한다】가 6~7월에 꽃이 한창 필 때, 꽃술을 제거하고 깨끗한 물에 약간 끓여 1번 끓어오르면 식초를 섞어 먹는다. 입안에 들어가면 선계(仙界)의 맛이 느껴진다. 부드럽고 매끄러우며 탁 트이면서 담박하여 그 맛이 송이보다 뛰어나니, 채소 중에 으뜸이다.
【案 꽃을 딸 때는 꽃받침을 제거해서는 안 된다.《본초강목(本草綱目)》에 "지금 동쪽 지방 사람들은 그 꽃받침을 딴 뒤 말려서 파는데, 이를 황화채(黃花菜)라 이름한다."라 했다】《월사집(月沙集)》

초봄에 여린 싹을 삶아서 국을 끓인다. 데쳐서 초간장을 끼얹어 먹어도 된다.《증보산림경제》

黃花菜方

黃花菜【卽萱草花, 俗名"廣菜"】六七月間花方盛, 去花鬚, 淨水微煎一沸, 和醋食之. 入口覺有仙味, 柔滑疏淡, 味勝松茸, 菜中第一也.
【案 採花, 勿去跗.《本草綱目》云: "今東人採其花跗, 乾而貨之, 名爲黃花菜."】《月沙集》

春初嫩芽可煮作羹, 亦可煠熟澆醋醬食.《增補山林經濟》

①

재료

황화채(훤초화,
원추리꽃, 광채) 150g,
식초20g

만들기

1 원추리꽃이 한창 필 때 따서 흐르는 물에 가볍
  게 씻는다.

2 꽃술을 제거한 후 끓는 물에 넣어 한 번 끓어
  오르면 식초를 섞어 먹는다.

바지랑대 끝에 고추잠자리가 살포시 내려앉듯 원추리꽃이 긴 대 끝에 피어 있다. 활짝 핀 꽃 옆에 주황색 꽃물이 비치는 봉오리, 아직은 어려서 푸른빛이 감도는 어린 꽃봉오리가 한 가족이다. 3대가 모여서 피고 지고를 반복한다.

꽃대와 꽃받침, 꽃이 매끄럽게 연결되어 있다. 꽃받침을 잡고 똑 끊으면 잘 끊어진다. 나리꽃을 닮은 원추리꽃의 수술을 제거하고, 봉오리 상태의 꽃은 모아서 수술을 제거해 그늘에서 말린다. 꽃을 데쳐서 찬물에 담가 열기를 얼른 식혀주고 물기를 거둔 후 식초를 부어 먹는다.

원추리꽃은 담백하면서도 매끄럽고 원추리 어린잎과 비슷한 오독오독한 식감이 마치 선계(仙界)의 음식 같다. 촉촉한 잎과 상큼하고 발랄한 꽃대의 느낌이 조화를 이룬다. 어지러운 세상에 맑은 옹달샘을 만난 격이다. 순채, 원추리꽃, 우무는 매끄럽고 담백하며 차가운 매력을 가진 식재들이다. 진정하고, 내리고, 자신을 돌아볼 수 있게 해주는 성찰의 음식이다. 원추리를 지니고 있으면 아들을 낳는다고 해 '의남초(宜男草)'라고도 불렸다. 원추리를 보고 있으면 망우초(忘憂草)라는 이름처럼 근심도 잊을 정도다. 처연한 듯, 고고한 듯, 톡톡 피었던 원추리 꽃망울과 함께 한여름이 지나간다.

원추리 잎이나 꽃은 콜히친(colchicine)이라는 독성이 있어 데친 다음에 찬물에 담갔다가 먹어야 하는데, 그렇지 않으면 설사, 복통, 구토를 일으킨다. 황화채는 꽃받침을 살려서 말렸다가 불린 다음, 잡채에 넣거나 고명으로 활용한다. 황화채는 원추리뿐만 아니라 노란색을 띠는 노각이나 감국으로도 만든다.

누가 심었을까
원추리꽃. 긴 목을 빼고
주인을 기다린다.

제2장 자잡채(煮煠菜, 삶거나 데친 채소)

②

재료

국-원추리 40g, 쌀뜨물 550g, 된장 10g

데침-원추리 50g, 조선간장 6g, 식초 3g

만들기

1 초봄에 어린 싹을 잘라 준비한다. 미리 소금물에
   데친 후 찬물로 헹구고 2시간 정도 우려낸다.

2 쌀뜨물에 된장을 풀고 끓이다가 물기를 짠 어린
   싹을 넣고 끓여 먹는다.

3 데쳐서 초간장을 끼얹어 먹어도 된다.

원추리의 깔끔한 맛과 생김을 살리기 위해 여러 가지 양념을 하지 않는다. 초회로 먹는 것이 가장 잘 어울린다. 된장도 짜고 진하게 풀기보다는 슴슴하게 풀어서 원추리의 맛을 살린다. 원추리는 생김도 새색시 발꿈치마냥 뽀얗다.

고소하면서 맵싸한 구기자잎과 양고기의 조화

구기채방

枸杞菜方

구기채(枸杞菜, 구기자나물) 만들기(구기채방)

구기자싹을 양고기와 섞어 국을 끓이면 사람을 이롭게 하여 풍(風)을 제거하고 눈을 밝게 한다. 《약성본초(藥性本草)》

구기자의 어린 잎과 순[苗頭]을 채취하여 끓는 물에 데치고 참기름을 섞어 먹는다. 4계절 중에 겨울에만 먹는다. 《증보도주공서》

枸杞菜方

枸杞苗和羊肉作羹, 益人除風明目. 《藥性本草》

嫩葉及苗頭採取, 湯焯以麻油拌食之. 四時惟冬食之. 《增補陶朱公書》

재료

구기자 싹 24g,
양고기 128g(뼈 포함),
국간장 7.5g, 소금 1.5g,
마늘 8g, 다진 생강 3g,
후추 조금, 물 1.25L

만들기

1 구기자 싹을 따서 물에 깨끗이 흔들어 씻는다.

2 양고기는 미리 끓는 물에 후추, 쿠민이나 생강
  등을 넣고 냄새가 날아가도록 삶는다.

3 고기를 건져 살을 썰어 국에 넣고 간을 맞춘 후
  향신채를 넣고 구기자 싹을 섞어 국을 끓인다.

양고기는 유난히 부드럽고 고소하다. 특유의 냄새만 잘 다스린다면 그 어떤 육류보다도 풍미가 빼어나다. 양고기는 단백질 함량은 높으면서 여러 가지 미네랄과 비타민, 철분, 아연 등이 풍부하여 빈혈 예방과 근육 형성에 도움을 준다. 특히 양고기의 지방에는 항염 작용을 하는 오메가 3 지방산이 들어 있어. 지나치게 먹고 있는 오메가 6 지방산과의 불균형 해소에도 도움이 된다. 청정지역에서 목초를 먹고 자란 양고기에는 오메가 3 지방산이 들어 있다. 아연은 면역력을 강화하는 데 꼭 필요하다. 면역체계가 잘 작동하고 단백질의 합성과 어린이의 성장 발육에도 아연은 꼭 필요하다.

비타민 B군도 풍부해 대사활동에 필요한 조효소(coenzyme)로 작용한다. 원활한 신진대사를 위해서라도 양고기는 먹어주면 좋다. 그러나 포화지방도 많아

적당한 간격을 두고 먹어야 한다. 좋은 것도 지나치면 도리어 해롭기 때문이다. 양고기의 누린내와 고소한 맛에 구기자 순의 맵싸하고 살짝 쓰고 깔끔한 맛이 참 잘 어울린다. 그저 부드러운 맛에 구기자 순이 맛의 포인트가 되고 허브의 역할까지 해 주니 천생연분이다. 구기자 싹은 작아서 부담 없이 넣어 먹으면 양고기의 콜레스테롤과 지방을 조절해 주니 약이 되는 셈이다. 양고기의 단점을 보완해 주는 구기자 싹, 천생연분 보리 배필이 따로 없다.

Tip
양고기 특유의 노린내가 싫으면 술과 식초를 넣고 반드시 냄비를 열고 끓인다. 거품은 수시로 걷어 낸다.

제2장 자잡채(煮煠菜, 삶거나 데친 채소)

②

재료

구기자의 어린 순 100g, 참기름 5g,
다진 생강 3g, 다진 마늘 8g,
소금 0.5g, 조선간장 7.5g, 다진 파 5g

만들기

1 구기자의 어린잎과 순을 채취하여 끓
  는 물에 데친다.
2 참기름을 섞어 양념을 넣고 나물로
  무쳐 먹는다.
3 사계절 중 겨울에만 먹는다.

Tip

구기자의 어린잎과 순은 소금을
넣고 부드러워질 때까지 삶는다.

구기자는 중국의 진시황제가 찾은 불로장생 비법의 약에 꼭 들어갈 정도로 강장, 회춘 효과가 뛰어나다고 알려져 왔다. 애타게 찾던 불로초가 바로 구기자였던 셈이다. 중국 당나라 때 시인 유우석(劉禹錫)이 〈구기정(枸杞亭)〉이라는 시에 "절의 뜰에 커다란 우물이 있었는데 그 옆에 커다란 구기자나무가 있고 그 뿌리가 우물을 지나고 있어 그 물을 마신 마을 사람들은 무병장수했다"라고 칭송했다.

〈보양지(葆養志)〉에는 구기의 줄기와 잎, 열매를 복용하면 몸이 가벼워지고 기를 북돋아 지선단(地仙丹)을 복용한 노인이 100살을 넘게 살고 걸음이 날 듯하고 백발이 도리어 검어지고 빠진 이가 새로 나며 양기가 강건했다는 이야기도 같은 맥락이다.

봄에는 구기 잎을 채취하는데 이를 '천정초(天精草)'라 하고, 여름에는 꽃을 채취하는데 이를 '장생초(長生草)'라 한다. 가을에는 열매를 채취하는데 '구기자(枸杞子)'라 하고, 겨울에는 뿌리를 채취하는데 이를 '지골피(地骨皮)'라 한다. 이 내용을 봐도 구기자는 일 년 내내 전초가 모두 매우 유익한 약재임을 알 수 있다. 구기자 열매는 맛이 강하지 않아 고추장을 만들 때 같이 넣어도 큰 거부감 없이 먹을 수 있다. 뿌리와 함께 술을 담가 먹거나 차로 마실 수도 있다.

구기자에 들어 있는 베타인(betaine) 성분은 성인병을 예방하고, 빈혈을 막아 주며, 근골(筋骨)을 강하게 해 준다. 특히 혈압조절 효과가 뛰어난 루틴(rutin)이 들어 있고 플라보노이드(flavonoid) 계열의 화합물은 항산화 작용을 해, 구기자는 젊음을 유지해 주고 되찾아 주는 신통한 열매가 맞는 듯싶다.

목숙채방

苜蓿菜方

목숙채(苜蓿菜, 거여목나물) 만들기(목숙채방)

거여목의 줄기와 잎을 끓는 물에 데친 다음 기름에 볶고 소금간
을 한다. 그런 뒤 마음대로 국을 끓이거나 나물로 무쳐 먹는데,
모두 괜찮다. 《산가청공》

싹이 나지 않은 뿌리를 취하여 끓는 물에 데치다가 7/10~8/10 정
도 익힌다. 그런 다음 꺼내서 식초 섞은 간장을 끼얹어 먹는다.
《증보산림경제》

苜蓿菜方

莖葉湯煠, 油炒鹽, 如意羹茹, 皆可.《山家淸供》

取未生芽之根, 沸湯煠, 令七八分熟, 取出澆醋醬食.《增補山林經濟》

제 2 장 자잡채(煮煠菜, 삶거나 데친 채소)

재료

거여목의 줄기와 잎 100g, 기름 5g,
소금 4g(이 중 2g은 나물용, 2g은 국용), 물 500g

만들기

1 거여목의 줄기와 잎을 끓는 물에 데친 다음
  기름에 볶고 소금으로 간한다.

2 여기에 물을 부어 국을 끓이거나 원하는 양
  념을 넣어 나물로 무쳐 먹는다.

Tip

새싹보다 자랐을 경우 줄기는 다소 질길 수 있어
뻣뻣한 것은 잘라내고 사용한다.

비가 내리려는지 거여목이 바람에 흔들린다.

이곡(李穀)의 시 〈차운답순암(次韻答順庵)〉에 있는 "창밖의 파초잎은 밤비에 푹 젖었고 소반의 거여목은 봄나물로 푸짐하네(窓外芭蕉饒夜雨, 盤中苜蓿富春蔬)"라는 시구(詩句)에서도 볼 수 있듯, 거여목은 콩과 식물로 씨만 뿌리면 바로 싹이 나. 날이 춥지 않은 5월경에 파종하면 빠르게 잘 자란다. 일 년에 3번 베어 먹을 수 있으니 메밀이나 수수처럼 구황작물로도 손색이 없었다.

집안에서도 키우면 금세 자라 새싹으로 샐러드를 해 먹을 수 있다. 식감이 좋고 연해 남녀노소 누구나 즐겨 먹고 사람에게도 영양 만점이다. 클로버를 닮은 잎과 줄기는 달고 쌉쌀하면서 고소한 맛이 있다.

재료

목숙 뿌리 50g, 식초 8g, 조선간장 8g

만들기

1 싹이 나지 않은 뿌리를 끓는 물에 데치다가
   7/10~8/10 정도 익힌다.
2 찬물에 헹궈 물기를 빼고 식초 섞은 간장을 끼
   얹어 먹는다.

Tip

목숙 뿌리를 데칠 때 뚜껑을 열어
질겨지지 않게 한다.

알팔파를 먹인 소똥은 냄새도 없을 뿐더러
화력이 세서 연료로도 그만이다.

말의 먹이로 주로 길렀던 목숙은 영양이 풍부해 말을
살찌운다. 소에게도 먹이면 일반 사료를 먹는 소보다
훨씬 건강하고 기름기는 적고 냄새가 없으며 육질이
탄력 있다. 사료 중에서 가장 이로운 사료라고 한다.

알팔파(alfalfa)는 1907년 일제가 조선의
풍토에 맞는 양종(良種)을 선택할 수 있
게 호주에서 수입해서 시험 재배했다는
기록이 있다. 그러나 생육이 양호한 품
종에는 들지 못했다.

〈관휴지(灌畦志)〉에는 "목숙(苜蓿)이라는
이름은 묵은 뿌리가 저절로 살아 소나
말을 먹여 기를 수 있고, 목속(苜粟)이라
는 이름은 알갱이로 밥을 해 먹을 수 있
다는 의미다."라고 기록하였다. 메밀과
함께 섞어서 심을 수 있고 7~8년이 지나
면 땅에 뿌리가 가득하고, 이럴 때는 나
눠 심어 주어야 한다.

뿌리가 특히 맛이 좋은데, 묵은 뿌리가
아니라서 가늘고 작지만 영락없이 인삼
을 닮았다. 인삼과 비슷한 향이 나고 달
고 연하면서 잎줄기보다 고소하다. 단백
질과 섬유질, 비타민 A, K, U 등이 풍
부하고 콜레스테롤 수치를 낮춰준다. 남
부지방에서 잘 자라며 잘 자란 목숙은
건초로 만들어 가축들의 먹이로 사용
된다. 목숙을 먹인 소의 고기는 지방이
적고 고기가 마냥 부드럽지만은 않다.

입에서 살살 녹는 고기는 소에게는 좋
지 않은 환경이다. 되새김질하는 초식
동물인 소에게는 동물성 사료가 아닌
목초를 먹이는 게 자연의 순리다. 배설
물도 냄새가 나지 않고 화력도 세다. 알
팔파는 회향, 박하, 파슬리, 시라 등과
함께 나쁜 냄새를 없애주는 상쾌한 방
향 허브로도 쓰인다.

바람이 불면 가냘프게 흔들리는 것이 아
름답다.

봄에는 시금치, 가을에는 시래기, 겨울에는 미역 맛

양제갱방
羊蹄羹方

양제갱(羊蹄羹, 소루쟁이국) 끓이기(양제갱방)

초봄에 갓 난 어린 싹을 따서 청어(靑魚)와 함께 국을 끓이면 맛이
좋다. 가을에는 늙은 잎을 취해다가 엮어서 걸어놓고 그늘에서 말
려놓는다. 이를 겨울에 끓는 물에 데친 다음 잎의 가운데줄기를
제거하고 물에 하룻밤 담갔다가 물기를 짠다. 여기에 고기를 넣고
국을 끓인다. 또 초겨울에 뿌리를 취해 땅광 속에 심어 놓는다. 1
월에 어리고 노랗게 올라온 싹을 따다가 끓는 물에 살짝 데친 다
음 물에 하룻밤 담가 신맛을 없앤다. 여기에 고기를 넣어 국을 끓
이면 더욱 좋다. 《증보산림경제》

羊蹄羹方

春初摘新生嫩芽, 同靑魚作羹, 味佳. 秋取老葉, 編掛陰乾. 冬間沸湯
焯過, 去脊莖, 水浸一日, 絞去水, 入肉料作羹. 又於冬初, 取根栽土
窖中. 正月間抽嫩黃芽, 沸湯略焯過, 浸水一日, 去酸氣, 入肉料作羹尤
佳. 《增補山林經濟》

청어를 뼈가 분리되도록 오랫동안 고아서 얻은 뽀얀 국물로 소루쟁이국을 끓인다. 청어는 기름기가 많아 비유어(肥儒漁)라고도 불렸다. 유생들을 살찌게 해주는 고기라는 뜻인데, 청어가 많이 잡힐 때는 청어값이 헐해 돈이 없는 선비도 먹고 공부할 수 있는 에너지를 얻었던 모양이다. 관목(貫目)은 청어의 눈을 꿰서 말린 것을 말하는데, 예전에는 청어로 과메기를 만들어 먹었다. 청어로 만든 국물은 비리지도 않고 영양도 많으며 보양탕으로도 그만이다. 청어알은 비웃알이라고 불리는데, 꼬독꼬독한 게 씹는 맛이 좋다. 청어에는 오메가 3 지방산이 풍부하게 들어 있어 눈의 피로와 건조를 막아주고 콜레스테롤 수치를 낮춰 혈관 건강을 지켜준다. 두뇌 건강에도 좋아 공부하는 수험생들에게 좋은 것은 예나 지금이나 마찬가지다. 이밖에도 메티오닌(methionine), 핵산(nucleic acid), 아스파라긴산(asparaginic acid), 비타민 D가 들어 있어 피로 해소, 면역력 증강에도 도움이 된다.

이밖에 소루쟁이는 북엇국을 끓일 때도 장물, 미나리, 참기름, 파와 함께 넣고 끓이면 해독에 도움을 준다.

소루쟁이는 길가에서 흔히 볼 수 있는 잡초로 요즘은 잘 먹지 않는다. 여름에는 너무 커서 거부감이 들지만, 3월에는 잎도 작고 어려 국을 끓여 먹기 딱 좋다. 마침 지나가다가 오래된 집 앞 공터 양지바른 풀숲에 소루쟁이 군락을 발견했다. 아직 작물도 다른 잡초들도 없는데, 소루쟁이가 여리고 어여쁜 모습으로 돋아나 있다. 관엽식물처럼 잎이 길쭉길쭉한 게 볼만하다. 잎이 길게 궐련처럼 말려 나오다가 펴지고 붉은빛이 도는 것부터 시금치하고 많이 닮았다. 적당하게 잎이 두껍고 연해 토장국과 잘 어울린다. 우설근(牛舌根), 양제(羊蹄)라고도 하는데 매끈하고 목 넘김이 좋다. 뿌리는 이뇨, 지혈, 변비, 종기 치료 등에 쓰인다. 기력이 없는 환자도 소루쟁이 청어 토장국 한 그릇에 기운이 절로 난다. 이제 돈을 주고 시금치나 근대, 아욱을 사 먹을 필요가 없다. 소루쟁이가 억세지기 전에 꼭 국을 끓여 먹고 봄을 나자. 편견만큼 무서운 게 없다. 잡초는 우리가 정한 것일 뿐, 소루쟁이는 밭에서 나는 미역이자 구수한 시금치와 견주어도 뒤지지 않는다. 다만 차량 통행이 잦은 길가에서 자라는 것은 피하자.

① 재료

초봄 소루쟁이 어린싹 300g,
청어 2마리 430g, 쪽파 30g,
된장 50g, 고추장 22g, 고춧가루 3g,
생강 가루 1g, 마늘 가루 2g,
조선간장 7g, 식초 10g, 물 2.5L

만들기

1 청어는 비늘을 긁고 지느러미를 자른 후 배를
   갈라 내장과 알을 빼내고 안쪽에 검은 막을 긁
   어낸다.

2 토막을 낸 후 물을 붓고 청어를 푹 익힌다.

3 뽀얀 국물이 나오면 살을 걸러내 체에 가시를
   빼고 살만 발라낸다.

4 국물에 된장, 고추장, 고춧가루를 넣고 걸러낸다.

5 여기에 간장으로 나머지 간을 맞추고 생강 가
   루와 마늘 가루를 넣는다.

6 소루쟁이는 미리 씻어서 소금물에 데쳐 여러
   번 헹궈서 물기를 짜고 3등분으로 썰어 둔다.

7 끓는 청어 즙 국물에 데친 소루쟁이를 넣고 다
   진 파를 넣고 어우러지도록 푹 끓인다.

Tip

청어의 머릿속 아가미는 떼고 머리도 넣어 국물을 우린다. 등골
쪽에 있는 검은 피는 깨끗하게 긁어내야 비린내가 안 난다. 삶을
때 식초를 넣는다. 검은 막은 맛도 쓰고 빛깔도 좋지 못하므로
깨끗하게 제거한다.

제2장 자잡채(煮煠菜, 삶거나 데친 채소)

이른 봄 양지바른 공터에 소루쟁이가 일찌감치
자리를 잡았다.

② 시래기와 황아(黃芽)로
겨울을 나는 법

가을과 겨울의
소루쟁이국

재료

가을-늙은 잎. 소루쟁이 말려서 삶고 손질한 것 70g.
쇠고기 100g. 조선간장 7g

초겨울-소루쟁이 노란 싹 50g. 소고기 80g. 조선간장 7g

만들기

1 초봄에 갓 난 어린싹을 따서 청어와 함께 국을
  끓이면 맛이 좋다.

2 가을에는 늙은 잎을 취해다가 엮어서 걸어 놓고
  그늘에 말려 놓는다.

3 이를 겨울에 끓는 물에 데친 다음. 잎의 가운데
  줄기를 제거하고 물에 하룻밤 담갔다가 물기를
  짠다. 여기에 고기를 넣고 국을 끓인다.

4 또 초겨울에 뿌리를 취해 땅광 속에 심어 놓는
  다. 1월에 어리고 노랗게 올라온 싹을 따다가
  끓는 물에 살짝 데친 다음 물에 하룻밤 담가
  신맛을 없앤다. 여기에 고기를 넣어 국을 끓이
  면 더욱 좋다.

가을이 되면 모든 게 시들기 시작한다. 소루쟁이
잎도 한철이 지나면 쇠고 벌레 먹고 시들어간다.
거두어 말려두면 시래기가 된다. 가운데 질긴 줄
기를 제거하고 잎 중심으로 삶고 담그고 맛을 우
리면 고깃국의 건지로 적당하다. 봄날의 부드러
움에 비할 바는 아니지만. 채소가 귀하던 시절에
는 꽤 쓸 만한 국거리였다. 소루쟁이는 배고픈 시
절에 서민들에게는 미역을 대신하는 국거리였다고
아흔이 넘은 할머니가 말씀해 주신다. 튼실한 뿌
리를 묻어 땅광에서 키운 싹도 국을 끓이면 다가
올 봄을 느낄 수 있었다. 흔한 소루쟁이가 밥상에
올라 부족한 국과 반찬을 무던히도 메꿔주었다.
소루쟁이 잎이 지고 나면 가을. 겨울에도 새로 또
연한 싹이 올라온다. 생명력이 강해서 잘 자란다.

제2장 자잡채(煮煠菜, 삶거나 데친 채소)

나무 꼭대기에서 얻은 산 중의 호사

목두채방
木頭菜方

목두채(木頭菜, 두릅나물) 만들기(목두채방)

목두채(木頭菜, 두릅)에는 진짜와 가짜가 있는데, 진짜【나무에 가시가 없는 두릅이 진짜이다】【목두채는《관휴지(灌畦志)》에 자세히 보인다】를 취하여 푹 삶은 다음 물에 한나절 담갔다가 물기를 짜내고 초간장이나 기름 넣은 소금에 먹는다.《증보산림경제》

木頭菜方

木頭菜有眞假, 取眞者【木無刺者爲眞】【木頭菜, 詳見《灌畦志》】, 煮熟, 浸水半日, 絞去水氣, 用醋醬或油鹽供之.《增補山林經濟》

바짝 마른 작대기 끝에 눈이 터진다. 매미가 허물을 벗듯 새순이 터져 나온다. 4월은 두릅이 제철이다. 땅을 뚫고 독활이라고도 불리는 땅두릅이 솜털 같은 가시를 달고 솟아오른다. 나무에서 나는 두릅은 부드럽고 가시도 적고 감칠맛이 있어 연한 소고기 같다. 땅두릅이나 엄나무 순은 좀 더 강해서 야생의 맛을 좋아하는 사람들은 이것을 먹어야 성이 찬다.

두릅을 적당하게 데쳐 물기를 짜고, 기름소금이나 초장에 버무리면 두릅의 다른 매력에 빠지게 된다. 초는 깔끔하면서 개운한 여운을 남기고, 기름은 유연하면서 고소한 뒷맛을 남긴다. 둘 다 강하지 않아 두릅의 향과 식감을 해치지 않는다. 산중에서 이보다 더 좋은 술안주는 없다. 두릅 자체가 단백질이 많고 영양소도 고루 들어 있는 데다, 사포닌 성분으로 쌉쌀한 맛이 더욱더 매력적이다. 고기와 함께 그대로 산적을 꿰거나 겨자장에 찍어 먹어도 좋고, 밥에 얹어 익혀 양념장과 함께 비벼 먹어도 그만이다. 장아찌, 김치, 소금에 절여 말렸다가 나물을 해 먹어도 된다.

봄에 두릅을 따서 먹는다면 봄을 제대로 즐기는 방법이 될 것이다. 4월이 지나면 잎이 자라 먹을 수 없게 된다. 찰나처럼 짧은 틈을 엿보는 재미로, 두릅은 꼭 먹어야 할 봄의 진미 중 하나다.

술판이 벌어지면 두릅 하나로 모두가 행복하다. 두릅이 입에 감기며 전하는 봄맛은 천물(天物)이 주는 귀한 선물이다.

재료

두릅 500g 중 절반은 식초 15g,
조선간장 13g,
절반은 참기름 8g, 소금 3g

만들기

1 나무에 가시가 없는 두릅을 따서 밑동의 껍질
  을 벗기고 끓는 소금물에 삶는다.
2 물에 반나절 담갔다가 물기를 짠다.
3 초간장이나 기름 넣은 소금에 버무려 먹는다.

Tip

나무 데쳐진 경우에는 물에 담그지 않고 물기를 짠다.

타래 머리 휘감기듯 부드러운 부추와 버드나무잎의 궁합

유엽구방

柳葉韭方

유엽구(柳葉韭, 버들잎부추나물) 만들기(유엽구방)

두보의 시 "밤에 비 내리니 봄 부추 자르네[剪]."에 대해서 세상 사람들이 밭에서 자르는 것으로 잘못 이해하는 경우가 많다. '전(剪, 자르다)'에 깊은 이치가 있는지를 모르기 때문이다. 대개 채소를 데칠 때는 반드시 뿌리 쪽을 가지런히 한다. 예컨대 염교를 삶을 때 "둥글면서 가지런함이 옥젓가락머리라네."라는 말의 뜻과 같다. 그러므로 왼손으로는 부추의 끝을 잡고 그 뿌리 쪽을 소금 끓인 물에 넣은 다음 그 끝을 조금 잘라서[剪] 손에 닿은 부분은 버리고 다만 그 뿌리 쪽만 데친다. 이어서 신선한 성질을 유지한 채로 찬물에 넣었다가 꺼내면 매우 부드럽다. 그러나 이때는 반드시 대나무칼로 잘라야 한다.

또 다른 방법 : 어린 버들잎을 조금 따서 같이 데치면 좋다. 그래서 '유엽구(柳葉韭)'라 한다. 《산가청공》

柳葉韭方

杜詩"夜雨剪春韭", 世多誤爲剪之於畦, 不知剪字極有理. 蓋于煠時, 必齊其本. 如烹薤"圓齊玉筯頭"之意. 乃以左手執其末, 以其本入鹽湯內, 少剪其末, 棄其觸也, 只煠其本, 帶性投冷水中出之, 甚脆. 然必以竹刀截之.

又方 : 朶嫩柳葉少許, 同煠佳, 故曰"柳葉韭". 《山家淸供》

290

제2장 자잡채(煮煠菜, 삶거나 데친 채소)

유엽구라는 이름이 무척 서정적이라는 생각이 든다. 바가지에 버드나무 잎을 훑어 띄워 주던 지혜로운 처녀의 이야기가 떠오른다. 버드나무 잎이 앳된 연두색으로 돋아날 무렵, 봄 부추도 한창이다.

쑥과 냉이는 텃밭에서 가장 먼저 봄을 알린다. 지난해 부추꽃을 그대로 둔 자리에 조용히 삐죽삐죽 올라오는 게 있다. 잡초가 아니라 가만히 보면 봄 부추다. 일찍 올라온 봄 부추는 꽃샘추위에 눈 벼락을 맞기도 하고 영하로 떨어지는 변덕을 견디면서 더디지만 천천히 잎을 살찌운다. 시련을 이겨내느라 키가 크지는 않아도 잎이 통통하고, 옆으로 넓어 단맛이 깊다.

3월 말 시장에 나가보면 많은 부추가 나와 있는데, 곧게 자란 부추들이 대부분이다. 뿌리 쪽을 봐도 흰색을 띠고 있다. 뿌리 쪽이 붉은색이 돌고 크기가 작고 제멋대로라면 도리어 겨울을 이겨낸 귀한 노지 부추다.

민간에서 부추는 "봄에 먹으면 향이 나고 여름에는 매우며 가을에는 쓰고 겨울에는 달다."라는 말이 있으니, 겨울을 난 부추는 향과 단맛을 모두 취할 수 있다.

①

재료

봄 부추 150g, 어린 버들잎 5g,
염교 34g, 소금 5g, 물 2L

부추 나물
데친 부추 123g, 염교 7g, 식초 5g,
조선간장 8g, 참기름 5g, 깨소금 2g

만들기

1 부추의 뿌리 쪽을 가지런하게 해서 데칠
　준비를 한다.
2 끓는 물에 소금을 넣고 왼손으로는 부추
　의 위를 잡고 뿌리 쪽부터 물에 넣는다.
3 손으로 잡았던 윗부분은 대나무 칼로 잘
　라 버리고 뿌리 쪽만 데친다.
4 색이 선명해지면 바로 찬물에 넣었다가 꺼
　낸다. 자를 때는 대나무칼을 이용한다.

②

만들기

＊ 어린 버들잎을 조금 따서 같이 데치면 좋다.

Tip

부추는 온실에서 재배한 것보다는
겨울을 지낸 노지 봄 부추를 써야
제맛이 난다.

제2장 자잡채(煮煠菜, 삶거나 데친 채소)

부추를 골라 뿌리 쪽만 끓는 소금물에 넣고 데치면 아주 부드러운 부추나물을 만들 수 있다. 연하고 달기가 그만이라 양념이 도리어 거추장스러울 지경이다. 길이도 짧아 굳이 손질하거나 자르지 않아도 엉키지 않는다. 부추의 머리는 두껍고 꼬리 쪽은 얇아, 일정한 두께와 식감을 얻으려면 얇은 꼬리 쪽은 잘라내도 된다. 이게 전(剪)의 의미다. 원매(袁枚, 1719~1797)의 저술 《수원식단(隨園食單)》에도 부추는 훈채(葷菜)로, 흰 부분만 취하여 마른 새우를 넣고 볶으면 맛있다고 했다.

부추는 연해서 금속제 칼로 자르기보다는 대나무칼을 쓰라고 했다. 연하거나 즙이 나오는 식재를 다룰 때는 도구의 재질에도 신경을 썼다.

부추는 장내에 있는 찌꺼기를 배출하고, 휘발성 물질과 비타민 C는 면역력을 향상시킨다. 잎줄기를 갈아 마시면 몸을 따뜻하게 해주고, 해독 작용을 하여 벌레 물린 데 부추즙을 발랐다. 버드나무잎은 살리신(salicin), 포풀린(populin) 같은 배당체 성분이 들어 있어 해열, 진통, 수렴 작용을 한다. 뜨거운 물에 녹아 나오기 때문에 잎이나 줄기 껍질, 뿌리를 진통, 이뇨, 해열제로 약용, 식용으로 사용했다. 유엽구는 버드나무잎을 같이 넣고 데치기 때문에 부추의 열성을 잘 조절해줘 먹으면 속이 편안하고 열성 체질도 먹으면 탈이 나지 않는다. 버드나무 대와 부추는 모두 유연하다. 《수원식단》에도 버들개지, 양화채(楊花菜) 음식이 나온다. 남경(南京)에서 3월에 나는 버들개지가 시금치처럼 부드럽고 이름이 매우 우아하다고 평했다.

연하고 아삭한 맛, 고상한 향기

상루여방

蔏蔞茹方

상루여(蔏蔞茹, 물쑥나물) 만들기(상루여방)

상루(蔏蔞. 물쑥)는 지대가 낮은 논에서 자라는데, 강서 지역에서는 이것으로 생선국을 끓인다. 육기(陸璣)의 《모시초목조수어충소(毛詩草木鳥獸魚蟲疏)》에는 "상루의 잎은 쑥과 같으며 흰색이다. 쪄서 나물을 만들 수 있다."라 했다. 이는 곧 《시경》〈한광(漢廣)〉 편에서 말한 '그 루(蔞. 물쑥)를 벤다.'의 '루'일 것이다.

어린줄기는 잎을 제거하고 끓는 물에 데친 다음 기름소금과 식초를 뿌려 나물을 만든다. 간혹 고기를 더하기도 한다. 향기롭고 연하여 참으로 아낄 만하다. 《산가청공》

蔏蔞茹方

蔏蔞生下田, 江西以羹魚.

陸《疏》云 : "葉似艾, 白色. 可蒸爲茹." 卽《漢廣》

言"刈其蔞"之蔞矣.

嫩莖去葉湯焯, 用油鹽、苦酒沃之爲茹. 或加以肉, 香脆良可愛.《山家淸供》

쑥은 들판, 물가, 산을 가리지 않고 우리나라 전역에서 가장 흔하게 볼 수 있는 약용식물이다. 쑥은 단군신화에 등장할 만큼 우리 민족이 오래전부터 식용해온 식물이다. 약성이 뛰어나 말렸다가 달여서 차로 마시거나, 뜸을 뜨는 데도 사용하고, 여름에는 모깃불로 쓰거나, 벽사의 의식을 치를 때도 사용했다. 방향제는 물론 입욕제같은 생활용품에까지 두루 쓰이는 만능 허브였다. '쑥대밭이 되었다.'라는 말처럼 번식력이 유난히 강하다.

쑥의 종류로는 쑥, 참쑥, 산쑥, 불쑥, 약쑥, 개똥쑥 등 종류도 많고 용도에 따라 약용, 식용, 뜸용으로 쓰인다. 참쑥은 잎 뒷면에 하얀색 털이 나 있다. 어린잎은 식용한다. 흰쑥은 땅속줄기로 옆으로 자라면서 전체적으로 흰털로 덮여 있다. 쑥에는 특히 비타민 A와 비타민 C가 많아 면역력을 향상한다. 소화액의 분비를 촉진하고 항균 작용이 있다. 쑥이 가지고 있는 독특한 향은 시네올 (cineole) 성분 때문이다. 이 성분은 식욕을 돋우는 역할을 한다. 특히 물쑥의 향은 시원하면서 향긋해 머리를 맑게 해주고 심신을 안정시켜 준다. 일반 쑥보다 좀 더 시원하면서 살짝 단 향이 가미되어 있다. 물쑥은 일반 쑥보다 연하고 부드럽고 탄력이 있어, 좀 더 맛이 특별하다. 빛깔도 연하고 여려 비췻빛이 돈다.

흰살생선인 농어는 맛이 강하지 않지만, 육질이 깨끗해 물쑥의 맑은 향과 잘 어울린다. 물쑥이 올라오는 시절에 농어와 함께 끓인 맑은 탕은 별다른 강한 양념이 들어가지 않아도 재료 본연의 맛으로도 족하다. 생선에도 급이 있다면 농어는 분명 상급에 들어가는 생선이다. 농어는 담수도 좋아해 강 하구에서도 잡히는데, 오뉴월의 농어국을 최고로 쳤다. 농어국을 끓일 때 식초를 넣으면 살을 단단하게 해주고, 참기름과 술은 비린내를 없애준다.

재료

농어 1마리 470g,
물쑥나물 100g, 조선간장 13g,
소금 1g, 식초 8g, 술 8g, 참기름 3g,
생강 편 조금, 홍고추 1개

상루(물쑥)의 어린 줄기 50g,
기름 2g, 소금 2g, 식초 5g,
소고기 20g, 깨소금 1g

만들기

1 농어는 머리와 지느러미, 비늘을 제거하고 속을 깨끗하게 긁어낸 후 4등분으로 자른다.

2 물에 간장을 넣고 끓으면 토막 낸 농어와 식초, 술, 참기름, 생강 편을 넣는다.

3 물쑥은 미리 소금물에 데친 후 찬물에 헹궈 물기를 짜고 농어가 익으면 넣고 끓인다.

4 홍고추를 어슷하게 썰어 넣고 나머지 간이 부족하면 소금으로 맞춘다.

* 농어는 반건 생선을 이용하거나 건조된 것을 찢어 넣고 끓여도 된다.

5 어린 줄기는 잎을 제거하고 끓는 물에 데친 다음 기름소금과 식초를 뿌려 나물을 만든다.

6 고기를 더하면 향기롭고 연하다.

Tip

고기는 미리 간장, 참기름, 깨소금으로 밑간을 한다.

둥근 줄기가 입안에서 터지는 재미

능과채방
菱科菜方

능과채(菱科菜, 마름나물) 만들기(능과채방)

여름과 가을에 채취하여 잎과 뿌리를 제거하고, 오직 능과의 둥근 줄기만 끓는 물에 데쳐서 참기름에 무쳐 먹는다. 술지게미에 담가 먹으면 더욱 빼어나니, 야채 중의 으뜸이다.《증보도주공서》

菱科菜方

夏秋採之, 去葉去根, 惟梗圓科湯焯, 以麻油拌食之. 糟食更妙, 野菜中第一品也.《增補陶朱公書》

재료

능과의 둥근 줄기 150g,
참기름 10g, 술지게미 814g,
소금 1g

만들기

1 여름과 가을에 전초를 구해 잎과 뿌리는 제거하
   고 둥근 줄기만 잘라 준비한다.

2 물을 끓여 둥근 줄기를 넣고 색이 변하고 익으
   면 찬물에 헹궈 물기를 뺀다.

3 소금으로 간하고 참기름을 넣어 무쳐 먹는다.

4 술지게미에 담가 두었다가 먹을 수도 있다.

Tip

데친 후에 찬물에 헹군 뒤 물기를 꼭 짠다.

비가 유난히 많이 온 날, 제방 근처까지 물이 넘실거리고 흙이 푹푹 들어가 마름을 건질 엄두가 나지 않았다. 예전에 마름만 살던 작은 방죽은 홍수를 대비해 물을 다 빼내서 마름이 모두 진흙 바닥에 깔려 있어 마름을 그냥 수초처럼 건져 올릴 수 있었다. 한 줄기만 잡아 올려도 줄기가 연결돼 죽 따라 올라온다. 진흙을 씻어 내 보니 줄기마다 일정 간격을 두고 가는 수염뿌리가 나 있다. 마름잎은 아직 여려서 잎과 뿌리줄기를 다 떼어내도 둥근 잎줄기가 연하고 낭창낭창하다. 영락없이 꼬시래기나 톳 하고도 닮았다. 다듬어서 끓는 물에 데치고 찬물에 헹궈 물기를 짜낸 후 참기름에 무치고, 분량의 반은 술지게미에 담갔다.

둥근 줄기에 참기름 향과 소금 간이 배면서 잎줄기 자체는 별맛이 없지만, 식감 때문에 괜찮은 나물 반찬이 된다. 술지게미에 담가둔 것도 지게미의 향이 배면서 시큼한 감칠맛이 돈다. 입맛을 돌게 하는 여름철 별미 반찬이다. 오래 두었다가 꺼내서 꼭 짠 다음 고춧가루, 파, 마늘, 깨소금, 참기름, 소금을 넣고 무쳐 먹을 수도 있다.

열매인 마름은 전분과 단백질이 들어있어 갈아서 죽을 끓여 먹을 수 있다. 마름은 구황식으로 줄기부터 열매까지 부족한 식량을 메꾸고 사람들의 허기를 달래줬다. 마름은 강장, 해열제로도 쓰였다.

산에는 송이, 밭에는 인삼, 물에는 순채

순여방

蓴茹方

순여(蓴茹, 순채나물) 만들기(순여방)

4월에 채취하여 끓는 물에 1번 데친 다음 흐르는 물에 헹군 뒤, 생강·식초와 함께 먹는다. 또한 고깃국을 끓여도 좋다. 《증보도주공서》

蓴茹方

四月採之, 滾水一焯, 落水漂用, 以薑、醋食之. 亦可作肉羹. 《增補陶朱公書》

순채는 수규(水葵), 부채(浮菜)라는 이름에서 알 수 있듯이, 물에서 자라는 어항마름과의 여러해살이풀이다. 주로 연못에서 자라며, 잎과 싹을 먹는데, 어린 잎은 가는 줄기와 함께 투명하고 미끄러운 점액질에 싸여 있다. 끓는 물에 데쳐 나물로 먹기 때문에 순나물이라고도 불린다. 깨끗한 물에서만 자라 군자를 닮았다고 여겼다.

순채는 성질이 차고 맛이 달기 때문에 열을 내리고, 해독 작용이 있어 부기를 내려준다. 잉어나 붕어 등과 함께 달여 먹기도 하고 나물이나 국을 끓여 먹기도 한다. 오미자 국물에 순채를 띄워 음료로 먹기도 한다. 숙취 해소에도 순채가 그만이었다. 점액질은 혈압을 내려주고 위장병이나 치질을 앓는 사람이 먹으면 좋다. 나물, 음료, 약재, 외용으로 두루 쓰였기 때문에 예전에는 집안의 연못에서 흔히 기르기도 했다. 순채는 모습이 수수하고 맛이 깔끔해 선비들이 심어 놓고 완상하는 관상용이기도 했다.

이제는 마름과 마찬가지로 오래된 연못이나 마을의 늪지에서 간혹 볼 수 있을 뿐 귀한 존재가 되었다. 주변의 습지나 연못, 늪지 등이 상수도의 보급으로 기능을 잃고 쓸모없는 땅으로 인식되어 개발과 매립으로 점차 사라지면서 순채를 비롯한 수생 식물군도 함께 사라지게 되었다. 조선 시대까지 식재로 쓰였던 부들, 마름, 가시연꽃, 순채가 식물원에 가야 볼 수 있는 존재로 바뀐 것이다.

우뭇가사리로 만든 한천과 마찬가지로 점액질 성분의 청혈 해독 기능과 독특함만으로도 식재로서 가치가 있다.

김제시 순동리(蓴洞里) 근처에는 크고 작은 방죽이 있었고 여기에서 순채가 많이 자라, 일제강점기 때에는 순채를 가공해 수출하는 공장까지 있었다고 한다. 지금은 거의 매립되고 지명에만 그 흔적이 남아 있다. 매끄럽고 차고 무미의 환상적인 풀, 순채는 일본에서는 준사이(じゅんさい)로 불리며 여전히 각광받고 있다. 모든 것이 넘치며 과잉 식욕에 고민하는 현대인에게 순채는 매우 의미 있는 식재라고 할 수 있다.

출처: 국립생태원

재료

순채 372g, 생강 10g, 순한 식초 30g,
소고기 200g

만들기

1 4월에 채취하여 끓는 물에 한 번 데친 다
 음 흐르는 물에 헹군 뒤, 생강, 식초와 함
 께 먹는다.

2 고깃국을 끓여도 좋다.

Tip

생강은 곱게 채를 치거나 갈아서
식초에 담가 미리 우려낸다.

제 2 장 자잡채(煮煠菜, 삶거나 데친 채소)

자결명방

煮決明方

결명자(決明子, 긴강남차의 종자) 삶기(자결명방)

먼저 결명자를 깨끗이 씻어 술병 안에 넣고 맑은 찻물을 병에 가
득 담는다. 이 병을 왕겨 태운 잿불에 1번 달군 다음 병을 꺼낸
다. 찻물은 갈아주고 결명자는 그대로 담가두면 또 우러나 쓰임
에 매우 알맞다. 《운림일사(雲林逸事)》

煮決明方

先淨洗, 入酒瓶內, 以淸茶水貯瓶滿. 礱糠火煨一番, 取出, 換水浸之,
切用. 《雲林逸事》

몸이 100냥이면 눈이 99냥이라는 말이 있을 정도로 눈은 중요한 기관이다. 결명자는 이름처럼 소중한 눈을 밝게 해주는 차로 수험생이 있는 집에서는 끓여두고 마시게 했다. 결명자의 달걀 모양의 잎은 어릴 때 나물로 먹을 수 있다. 노란 꽃이 피며 가늘고 긴 꼬투리 안에 단단하고 반들반들한 결명자가 들어 있다.

결명자를 깨끗하게 씻어서 병에 넣고 물을 부어 왕겨 불에 묻어두고 끈끈하게 데우면 결명자에서 어두운 붉은 자줏빛의 찻물이 우러나온다. 물을 따라 마시고 거기에 다시 물을 채우면 다시 물이 우러나온다. 나중에 싱거워질 때까지 우려먹을 수 있다.

결명자는 신체에서 눈을 주관하는 장기인 간과 신장의 기능을 좋게 해 준다. 맛이 약간 달면서도 쓰기 때문에 아이들은 먹기 싫어하기도 한다. 안트라퀴논(anthraquinone) 유도체가 있어 변비가 있거나 간에 열이 찬 사람에게도 효과가 좋다.

결명자는 눈이 피로하거나 충혈됐을 때, 과음한 다음 날에도 물처럼 마시면 빠른 해독을 돕는다. 가루를 장만해 죽을 쑤어 먹기도 한다. 결명자와 다시마, 연근을 함께 넣고 탕을 끓여 먹으면 성인병 예방에 도움을 준다.

재료

결명자 적당량

만들기

1 먼저 결명자를 깨끗이 씻어 술병 안에 넣고 맑은 찻물을 병에 가득 담는다.

2 이 병을 왕겨 태운 잿불에 한 번 달군 다음 병을 꺼낸다.

3 찻물은 갈아주고 결명자는 그대로 담가 두면 또 우러나온다.

Tip

결명자에는 의외로 잔가지 등
이물질이 있으므로 잘 골라내서 씻는다.

부드럽고 개운한 맛

자개람방

煮芥藍方

개람(芥藍, 밋갓) 삶기(자개람방)

개람의 줄기와 잎에 참기름을 넣고 삶는다. 일반적인 채소 삶는
법과 같이 해서 먹는다. 그 국물도 같이 마시면 쌓인 담을 풀어줄
수 있다. 《농정전서(農政全書)》

煮芥藍方

芥藍莖葉, 用芝麻油煮, 如常煮菜法食之, 幷飮其汁, 能散積痰.《農政
全書》

제2장 자잡채(煮煠菜, 삶거나 데친 채소)

재료

개람의 줄기와 잎 180g,
참기름 6g, 소금 4g, 조선간장 8g,
물 1.5L

만들기

1 여린 개람의 줄기와 잎을 다듬어서 깨끗하게 씻
 어 참기름을 넣고 삶는다.

2 간장과 소금으로 간을 맞춘다.

개람은 밋갓을 말하는데 갓과 밋갓, 유채는 모두 매운맛을 가지고 있다. 밋갓은 갓무의 방언으로 결국 갓 종류이다. 잎의 색이 남색이 돌아 '개람(芥藍)'이라고 불렸다. 자라면 잎은 배춧잎보다 크고 뿌리 역시 갓보다 크다. 장다리가 올라오고 담황색 꽃이 핀다. 갓은 유난히 변종이 많다. 잎을 뜯어 먹고 뿌리 일부분만 살아 있어도, 다음 해에 또 갓이 올라온다. 산비탈에도 갓을 심은 적이 없건만 거짓말처럼 갓이 올라와 꽃을 피운다. 갓의 빛깔도 토질과 영양상태에 따라 달라진다. 일조량이 적고 척박한 곳에서는 갓의 키가 크지 못하고 재빨리 꽃대를 올린다. 열악한 환경에서 살아남으려는 갓의 생존 전략이다.

갓은 매우 강력한 매운맛을 가지고 있는데, 1차 세계대전 중에 독일군이 갓에서 추출한 매운 성분을 모아 겨자가스 폭탄을 만들어 사용했을 정도다. 잎은 청갓, 적갓, 녹자색을 띤 갓 등 잎 색은 다양하다.

겨울을 나고 노지에서 큰 갓은 크기는 작아도 연하고 감칠맛이 뛰어나다. 매운맛이 싫은 사람은 한 번 데친 후에 참기름을 치고 끓여 먹으면 된다.

개람의 여린 줄기를 취해서 참기름을 치고 삶으면 부드럽기가 아욱과 같고 탄력이 있어 먹기에 거부감이 없다. 소금과 간장을 넣으면 매운맛은 많이 사라지고 청보라색의 갓 국물은 시원하면서 부드럽고 구수한 맛이 돈다. 화려한 맛은 없어도 먹으면 속을 편안하게 풀어주는 효과가 있다.

개람의 잎과 씨는 해독과 건위에 좋아 천연 소화제 역할을 하고, 무처럼 밀가루 독을 풀어준다. 갓은 단백질, 비타민 A, 나이아신(niacin), 비타민 C, 칼슘, 철이 풍부하고 포도당과 과당도 포함되어 있다.

갓과 겨자는 향신채나 신미료로 톡 쏘는 맛이 개운해서 김치, 절임을 만들거나 고기나 물고기를 먹을 때 곁들임 채소나 겨자장으로 제 역할을 했다.

아삭아삭 대파 닮은 별미 장아찌

감포여방

甘蒲茹方

감포여(甘蒲茹, 부들나물) 만들기(감포여방)

초봄에 어린잎이 나서 물 위로 나올 때, 그 중심이 땅속으로 들어간 흰 부들 뿌리가 있는 잎 중에서 크기가 숟가락 자루만 한 것을 채취한다. 이를 생으로 먹으면 달고 연하다. 감(酣)에 담가 먹는다【감(酣)은 초(酢, 식초)의 잘못인 듯하다】. 죽순을 먹는 법과 같이 해도 맛이 좋다. 이것은 《주례(周禮)》에서 말한 '포저(蒲菹, 부들김치)'이다. 또한 데쳐 먹거나 쪄서 먹을 수 있다. 《농정전서》

甘蒲茹方

春初生嫩葉, 出水時, 取其中心入地白蒻, 大如匕柄者, 生啖之, 甘脆, 以酣浸食【酣疑酢之誤】, 如食筍法亦美. 《周禮》所謂'蒲菹'也. 亦可煤食烝食. 《農政全書》

재료

숟가락 자루만 한
어린 부들잎 55g씩 4~5대,
식초 250g

만들기

1 초봄에 어린잎이 나서 물 위로 나올 때 그 중심
 이 땅속으로 들어간 흰 부들 뿌리가 있는 잎 중
 에서 크기가 숟가락 자루만 한 것을 채취한다.

2 물에 깨끗하게 씻고 뿌리 근처 흰 부분을 중심
 으로 7cm 길이로 잘라 식초에 담가둔다.

3 식초 물이 배면 잘라서 먹는다.

Tip

껍질을 적당하게 잘라 연한 부분만 취한다.
푸른 잎은 퍼석하고 섬유질이 있어 잘라낸다.
생으로 먹거나 데쳐 먹거나 쪄서 먹을 수 있다.

부들은 물가나 습지에서 자라는 다년생 여러해살이풀로 갈대만큼은 아니지만, 우리 주변에서 종종 볼 수 있다. 부들이 자라는 곳을 보면 자연습지인 경우가 많은데 지금은 아니라도 흙이 메워지기 전에 물길이 있던 경우가 많다.

부들 하면 소시지처럼 생긴 적갈색의 씨앗 통이 떠오른다. 모양이 특이해서 도시 주변에 관상용으로도 많이 심어지고 있고, 꽃꽂이 재료로도 인기가 있다. 6~7월이 되면 아주 작은 꽃이 피는데 위에는 수꽃이삭이 아래에는 암꽃이삭이 달린다. 부들의 꽃가루는 포황(蒲黄)이라고 해서 다식을 만들어 먹기도 한다. 포황 가루는 폐병을 치료하거나 기침을 멎게 하는 효능이 뛰어나, 약재로도 쓰였다. 부들은 모든 잎이 사라진 혹한의 겨울을 지날 때까지 바짝 마른 상태로 끝까지 씨앗 통을 지키고 있다가, 봄이 오면 씨앗 통이 터지면서 아주 가볍고 가는 솜털 같은 씨앗들이 퍼져나간다. 밑에서는 새로운 생명이 삐죽삐죽 올라오고, 한쪽에서는 바싹 마른 부들이 작은 부딪힘에도 반응해 씨앗을 날려 보내는 모습이 감탄스럽다.

부들의 어린싹은 가운데가 희고 통통한 것을 골라 뿌리 근처에서 꺾는다. 대는 연하고 아삭아삭하며 가운데 둥근 심은 스펀지 조직으로 되어 있어 폭신하다.

특유의 풀 향이 나고 약간 단맛이 도는데, 살짝 찌거나 데쳐도 좋다. 식초에 담가 놓으면 시면서 감칠맛이 들어 아삭거리는 절임이 된다. 부들은 성장 속도가 빨라서 4월 초중순을 놓치면 안 된다.

부들은 지혈제로 사용됐으며, 줄기는 가벼우면서 질기고 탄력이 있어 자리나 방석을 만들어 썼다. 도롱이, 짚신, 부채나 뜸 같은 생활용품과 의류, 신발을 만들어 썼다.

깔끔하고 윤기 나는 새로운 콩자반

자납두채방

煮臘豆菜方

납두채(臘豆菜, 12월의 콩과 채소) 삶기(자납두채방)

12월[臘月] 매우 추운 날에 절인 채소를 볕에 반 정도 말린 다음 작게 자른다. 대두(메주콩)를 양에 관계없이 쓰며, 흑대두(서리태)를 쓰면 더 빼어나다. 비율은 대략 콩 6/12, 채소 4/12, 흙설탕 1/12, 술 1/12로 하여 솥 안에 함께 넣는다. 여기에 채소 절였던 소금물을 넣되, 콩보다 손가락 두께의 반 정도 낮게 넣어 푹 삶는다. 이대로 2시간을 두었다가 국자로 뒤집어준 다음 다시 푹 삶는다. 이를 꺼내고 땅 위에 펼쳐서 완전히 식으면 단지에 거두어두고 먹을 수 있다. 한 해가 지나도 상하지 않으며, 또한 사람에게 매우 유익하다. 간혹 화초(花椒)와 회향을 안에 다시 더하면 더욱 좋다. 《다능집》

煮臘豆菜方

臘月極凍日, 以醃菜曬半乾切碎. 用大豆不拘多小, 黑者更妙. 大約六分豆、四分菜、一分紅糖、一分酒, 合入鍋內. 菜滷放些, 比豆低半指, 煮熟. 停一時, 用杓翻轉, 再煮透, 取出鋪地上, 冷透收罈內, 可吃. 一年不壞, 且大有益於人. 或再加入花椒、茴香在內, 尤佳. 《多能集》

간장과 당류를 넣고 졸이는 콩자반은 흔히 먹어 봤지만, 소금물에 졸인 콩자반은 어떨까? 늦가을에 수확해 저장해 두었던 무를 꺼내 소금에 절여두면 무에서 물이 나와 소금물이 생기는데, 이 물로 불린 콩을 삶으면 콩에 풍미가 돈다. 여기에 좋은 술과 흑설탕을 함께 넣어 주면 콩에 윤기가 흐르면서 쫀쫀한 느낌이 생긴다. 중간중간 저어주면 깔끔하면서 윤기 나는 콩조림이 완성된다. 당류를 많이 넣지 않았어도 흑설탕과 청주의 풍미로 군더더기 없는 맛이 완성된다. 맛이 깨끗해서 많이 먹어도 물리지 않을 맛이다.

화초와 회향을 넣으면 향이 더해지고 오래 두어도 상하지 않는다. 화초는 매운맛이 있어 콩자반의 맛을 더 깔끔하고 뚜렷하게 살려준다. 소금물이 그냥 소금물이 아니라 무를 절였던 물이라 맹물보다 훨씬 감칠맛이 있다. 무즙과 검은콩 물이 만나 윤기와 깊은 맛을 낸다. 무에는 검은콩 물이 들어 까맣지만, 혀에서는 스르르 녹고 무와 검은콩 삶은 물이 조미수 역할을 한다. 다른 음식을 할 때도 활용할 수 있다.

화초는 중국이나 일본에서 나는 운향과 식물로, 우리나라에서 나는 산초와는 약간 다르다. 우리나라 산초보다 열매가 많이 맺히고, 신맛도 훨씬 강하다. 겉껍질의 색도 붉은색이 돈다. 알갱이를 혀로 직접 씹으면 매워서 혀가 마비되는 느낌이다. 소화를 돕고 구토 설사를 멎게 하고, 피부가려움증을 진정시키며 구충 작용도 한다. 회향은 소화를 돕고, 이뇨 작용을 하며, 부패를 방지한다. 무엇보다도 화초와 회향은 향신료로 보존성을 높이는 것은 물론 음식에 독특한 풍미와 개성을 준다.

재료

저장 무절임 133g,
서리태(마른 것) 200g,
흑설탕 33g, 화초 2g,
회향 2g

만들기

1 12월 추운 날에 절인 무를 볕에 반 정도 말린 다음 작게 자른다.

2 대두는 양과 관계없이 쓰는데, 흑대두를 쓰면 더욱 좋다. 비율은 대략 콩 6/12, 채소 4/12, 흑설탕 1/12, 술 1/12로 하여 솥 안에 함께 넣는다.

3 여기에 채소 절였던 소금물을 넣는데, 콩보다 손가락 두께의 반 정도 낮게 넣어 푹 삶는다.

4 이대로 2시간을 두었다가 국자로 뒤집어준 다음 다시 푹 삶는다.

5 꺼내어 펼쳐서 완전히 식으면 단지에 거둔다.

6 화초와 회향을 안에 다시 더한다.

Tip

저장해 두어 누런 싹이 생긴 무를 꺼내
소금에 문질러 절인 무를 사용한다.
무를 절였던 물은 버리지 말고 콩을 삶을 때 사용한다.

윤기, 끈기, 진기 모두 갖춘 콩조림

자염두방

煮鹽豆方

소금 넣고 콩 삶기(자염두방)

민간에서 "콩 1승에 소금 1종지, 물은 콩에 비해 엽전 1개 두께
만큼 낮게 넣는다."라 했다. 이는 콩을 삶는 빼어난 비법이다. 짜
게 먹는 사람은 소금을 1큰종지, 싱겁게 먹는 사람은 소금을 1작
은종지 쓴다. 소금은 콩이 중간에 뜬 부분에 넣고 푹 삶다가 뒤집
어서 다시 푹 삶은 뒤, 볕에 말려 단지 안에 거둔다. 오직 12월에
콩을 삶아야 오래 저장할 수 있다. 다른 때 삶으면 삶자마자 바로
먹어야 한다. 간혹 참기름을 넣고 함께 삶는다. 《다능집》

소금 넣고 콩 볶는 법 : 앞의 '소금 넣고 콩 삶는 법'과 같다. 다만
소금을 타서 만든 소금물로 삶았다가 푹 익으면 볕에 말려 다시
부드러워지도록 볶는다【볶는 방법은 납초미(臘炒米. 12월에 볶은 쌀)
볶는 법과 같다. 《인제지》에 상세히 보인다】. 《다능집》

콩 데치는 법 : 콩을 물에 담가 불린 다음 끓는 물에 데쳐 익힌다.
여기에 간장·기름·식초·산초가루를 더하여 섞어 먹으면 가장 맛
이 빼어나다. 《다능집》

煮鹽豆方

俗云 : "一升豆兒一鍾鹽, 水比豆兒低一錢." 此煮豆妙法也. 好鹹者, 鹽
用一大鍾 ; 好淡者, 鹽用一小鍾. 鹽放于中間浮面, 煮熟翻轉再煮透, 曬乾
收罈內. 惟臘月煮豆, 可以久留, 他時隨煮卽吃, 或放香油同煮. 《多能集》

炒鹽豆法 : 如前煮法. 但以鹽和成鹽水煮, 俟煮熟, 曬乾再炒脆【炒法
與臘炒米炒法同. 詳見《仁濟志》】. 同上

焯豆法 : 豆以水浸肥, 以滾水焯熟, 加醬·油·醋·椒末, 拌食最妙. 同上

① 소금 넣고 콩 삶는 법

재료

마른 콩 200g, 소금 5g,
참기름 15g, 물 250g

콩 데치는 법

마른 콩 200g, 물 250g,
간장(집간장 15g, 진간장 15g,
참기름 16g, 식초 20g,
산초가루 1g)

만들기

1 콩을 씻어 물에 불린다.
2 불린 콩을 삶다가 소금을 넣고 뒤적이며 푹 삶는다.
3 삶은 콩은 볕에 말려 단지 안에 거둔다.

Tip

12월에 콩을 삶아야 오래 저장할 수 있다. 다른 때 삶으면
삶자마자 바로 먹어야 한다. 간혹 참기름을 넣고 함께 삶는다.

② **소금 넣고 콩 볶는 법**

앞의 '소금 넣고 콩 삶는 법'과 같다. 다
만 소금을 타서 만든 소금물로 삶았다
가 푹 익으면 볕에 말려 다시 부드러워
지도록 볶는다.

* 볶는 방법은 납초미(臘炒米, 12월에 볶은 쌀)
  볶는 법과 같다. 〈인제지(仁濟志)〉에 상세히
  보인다.

③ **콩 데치는 법**

콩을 물에 담가 불린 다음 끓는 물에 데
쳐 익힌다. 여기에 간장, 기름, 식초, 산
초가루를 더하여 섞어 먹으면 맛이 가장
좋다.

Tip

콩은 서리태와 메주콩으로 만들어 봤다.
콩은 주름이 약간 남아있는 정도로 불린다.

제2장 자잡채(煮煠菜, 삶거나 데친 채소)

콩은 소금을 넣고 삶든, 소금물을 넣고 삶든 좋은 궁합을 보여준다. 좋은 소금만 있으면 더 이상의 양념이 필요 없다. 참기름이 들어가면 윤기와 풍미를 살려준다.

콩은 우리나라에서 재배되는 매우 중요한 작물 중 하나다. 콩에는 칼슘, 인, 철분 특히 비타민 B1은 쇠고기의 10배나 들어 있어 밭에서 나는 고기라고 불린다. 불포화지방산인 레시틴은 혈관 벽을 강화하고, 노화를 방지하며, 치매를 예방한다. 콩 속에 들어 있는 사포닌(saponin)과 이소플라본(isoflavone)은 과산화지질의 형성을 막아 심장병과 난소암, 유방암 같은 여성 암과 갱년기 여성 질환을 예방한다. 콩 한 쪽만 있어도 나눠 먹어야 하는 이유가 뚜렷하다.

콩은 종류도 다양해 우리나라에서는 여러 가지 조리법으로 콩을 익혀 먹는다. 콩은 생으로 먹으면 소화가 잘되지 않아, 간이 배도록 삶아 오래 두고 먹었는데, 이 조리법이 자염두방이다.

간단하게 소금을 넣어 삶고 볕에 말렸다가 먹으면 좋은 반찬이자 간식거리가 된다. 다시 한번 볶아 먹어도 고소하면서 간이 배 있어 소화도 잘된다. 콩을 볶으면 얇은 피 사이로 수분이 빠져나가 은행처럼 '피이 피이' 소리를 내면서 콩이 톡톡 터지는데, 단내가 솔솔 올라오고, 먹어 보면 연하고 그렇게 고소할 수가 없다.

콩조림은 간장과 기름이 부드럽고 달고 고소한 맛을 살려주고, 식초와 산초가루는 콩의 비린내를 없애주고 끝맛을 깔끔하게 정리해준다.

콩은 모양이나 색깔, 무늬, 쓰임 등에 따라 그 종류가 다양한데, 봄에 할머니들이 조금씩 권하는 밥밑콩은 달고 풋풋한 맛이 감자만큼 분이 나고 맛있다. 호랑이 콩, 강낭콩, 선비잡이콩, 아주까리 콩 등이 있다. 콩은 밭이나 논 가장자리에 심어야 잘 큰다고 해서 경사지에 꼭 콩을 심었다. 콩의 품종에 관한 기록은 《금양잡록(衿陽雜錄)》(1492)에 8종을 시작으로 《행포지(杏蒲志)》(1825)에 6가지 새로운 품종이 추가되었고, 1960년에 이르러 180여 개의 품종으로 늘어났다. 요즘은 해외에서 수입되는 콩들까지 쉽게 구할 수 있어 콩의 가짓수는 계속 늘어나고 있다. 콩은 밥, 죽, 국수, 샐러드, 음료, 과자, 엿, 미숫가루, 떡, 반찬류, 장류, 가공식품 등 다양한 곳에 활용되어 갖가지 조리법으로 만들어 먹기 좋다.

깻자루에 담긴
마지막 정성
한 방울까지 짜낸다.
어때, 고숩지?
나물이 살아난다

제2장 자잡채(煮煠菜, 삶거나 데친 채소)

외증채

(煨烝菜, 굽거나 찐 채소)

03

총론
總論

　　굽거나[煨] 찌는[烝] 조리법은 별다른 도구나 양념 없이도 재료 자체의 맛을 가장 잘 살리는 조리법이다. 채소 자체의 껍질이 용기가 되어 천천히 익으면서 맛과 향이 충분히 우러나온다. 찌고 굽는 방법은 큰 힘을 들이지 않고 음식을 할 수 있다는 장점이 있다. 그러나 불 조절이 중요해서 거친 맛이 나기도 하고 부드러운 맛을 낼 수도 있다. 바람을 잘 조절해 주고 불을 잘 다뤄준다면 훌륭한 맛을 얻을 수 있다.

움파, 더덕, 도라지, 마늘종, 박, 호박, 고사리, 가지 등 불에 굽거나 찌면 자잡채와는 달리 깊은 향과 계절채소가 가진 풍미를 최대한 끌어올릴 수 있다. 굽거나 찐 채소의 매력은 현대에도 변함이 없다. 특히 찐 음식은 건강식으로도 각광받고 있다.

구운 푸성귀나 찐 채소는 산가(山家, 산에 사는 가정)의 담박한 반찬이다. 눈 깜짝할 사이에 마련하여 힘들이지 않고도 조리하여 익힐 수 있다. 명찬(明瓚)의 토란이나 여여경(呂餘慶)의 박과 같은 뒤에야 비로소 천연의 진미를 얻을 수 있는 것이다. 그러나 날것과 익은 것은 불기운의 조절에 달렸고, 부드러운 맛과 거친 맛은 손맛에 달렸으며, 풍로(風爐, 화로의 일종)와 흡발[歙鉢, 흡주(歙州) 지역에서 나는 사발의 일종]에는 스스로 빼어난 비결이 있다. 그러므로 이 또한 평범한 요리사나 민간의 음식이 따라할 수 있는 맛이 아니다. 《옹치잡지》

煨蔌、烝菜, 山家眞率之饌也. 可辦咄嗟, 無勞調飪, 若懶殘之芋、餘慶之壺, 而後始得天然之珍味. 然生熟系於火候, 酥澀視諸手法, 風爐、歙鉢自有妙訣, 亦非庸庖、俗飣之所能喩也. 《饔饎雜志》

달고 연하면서 불향이 살아 있는 죽순의 참맛

외죽순방

煨竹筍方

외죽순(煨竹筍, 죽순구이) 만들기(외죽순방)

죽순을 잿불 속에서 구운 뒤에 오미(五味, 여러 양념)를 넣으면 더욱 빼어나다. 《순보》

초여름에 죽순이 한창일 때, 바닥의 댓잎을 쓸어내고 대나무숲 가에 가서 잿불에 구워 익히면, 그 맛이 매우 신선하다. 대개 죽순은 달고 신선한 맛을 귀하게 여기니, 고기를 곁들여서는 안 된다. 《산가청공》

산속의 죽순은 진실로 채소 가운데 기이한 물건이라, 포로 만들거나 국을 끓이면 모두 본래의 맛을 잃어버리게 되니, 잿불에 구워서 껍질을 벗겨 먹어야 가장 좋다. 잿불에 구워 익혀서 먹으면 이루 말할 수 없을 정도로 맛있다. 《한정록(閑情錄)》

煨竹筍方

煻灰中煨後, 入五味尤佳. 《筍譜》

夏初竹筍盛時, 掃葉就竹邊煨熟, 其味甚鮮. 大凡筍貴甘鮮, 不當與肉爲侶. 《山家淸供》

山中竹筍, 寔蔬菜奇品, 作脯作羹, 皆失眞性, 煨剝最良. 煨熟啖之, 美不可言. 《閑情錄》

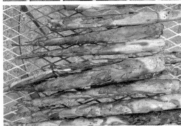

Tip
죽순을 은은한 잿불에 묻어두어 고루
익도록 유지한다.

재료

죽순 400g,

오미(여러 양념)
간장 20g, 식초 10g, 참기름 10g,
산초 1g, 다진 파 20g

만들기

1 굵은 죽순을 30~40cm 길이로 잘라 사그라드는 잿
   불 속에 넣고 굽는다.

2 얇은 부분은 탈 수 있어 석쇠 위에 올려 돌려가며 굽
   는다.

3 고르게 구어지면 탄 겉껍질과 속껍질을 벗겨내고 먹
   기 좋은 크기로 모양을 살려 자른다.

4 분량의 간장, 식초, 참기름, 산초, 다진 파를 넣고 미
   리 섞어 놓는다.

5 자른 죽순에 4의 양념을 끼얹어 먹는다.

대나무 숲속에서 딴 죽순을 바로 불을 피워 구워 먹으면 떫은맛이 감하고 단맛이 돈다. 여러 겹의 대껍질이 그릇 역할을 해주어 속이 잘 익는다. 대신 너무 센 불에서 익히는 것보다는 은은하고 두터운 잿불에서 속까지 충분히 익도록 굴려가며 고루 익힌다. 중간중간 불이 약해지면 불기운을 돋우기도 하면서 공을 들여 굽는다. 겉은 다소 타도, 수분이 많고 워낙 껍질이 여러 겹이라 속이 타지는 않는다.

불에 구운 죽순은 삶은 죽순보다 풍미가 더 빼어나다. 구운 다음에 오미를 끼얹으면 고소하고 단맛이 더 살아난다. 식초의 신맛과 산초의 개운한 맛과 향이 죽순에 생동감을 입혀준다. 참기름은 죽순을 윤택하게 해주고 고소함을 배가시켜 준다.

산속에서 별다른 조리도구 없이 구워 먹는 구이법은 간단하지만 가장 재료 본연의 맛을 끌어내는 조리법이다. 국이나 포로 만드는 법보다 훨씬 본래의 맛을 지켜준다. 여러 겹의 껍질에 싸인 옥수수나 죽순은 제철에 구이로 해서 먹는 게 최고다. 죽순을 맛볼 수 있는 시기는 짧다. 죽순이 고개를 내밀었나 싶으면 하루에 30cm씩 쑥쑥 자란다. 단단해지기 전에 산중 별미를 맛볼 수 있게 두 눈을 크게 뜨고 봐야 제철을 놓치지 않는다.

양 기름에 익힌 아삭한 궁채의 맛

와순자방

萵筍炙方

와순자(萵筍炙, 와순구이) 만들기(와순자방)

와순(萵筍, 줄기상추)은 본초서(本草書)에 "가을이 지난 뒤에는 그 맛
이 부평[苹]보다 나아서 도가(道家)에서는 하얀 포로 만들어 먹는
다."라 했다. 요즘은 큼직하게 썰어서 소금·술·향료에 잠시 담갔
다가 기름기가 많은 양의 비계로 싸서 강한 불에 푹 구운 뒤, 비
계를 제거하고 찢어서 먹는다. 《산가청공》

萵筍炙方

萵筍, 《本草》: "秋後, 其味勝苹, 道家羞爲白脯." 今作大臠, 用鹽、酒、
香料淹少頃, 取羊漫脂包裹, 猛火炙熟, 去脂擘食." 《山家淸供》

궁채라고 불리는 줄기상추는 대가 아삭 아삭해서 잎보다는 대를 중심으로 키운다. 일반 상추는 잎이 크지만, 궁채는 잎이 좁고 길게 자란다. 기후가 맞지 않으면 잎이 녹아내리기도 한다. 성장기에 비가 적당하게 내리고 볕도 잘 들어야 한다. 잎도 따서 쌈을 싸 먹거나 절여 먹어도 맛있다. 중국이나 일본에서 즐겨 먹어 야마구라게, 뚱채, 와순, 아스파라거스상추라는 여러 국적의 이름으로 불린다. 줄기상추라는 이름에 걸맞게 줄기가 가진 식감이 매우 독특하다. 줄기의 식감을 살려 먹는 콩나물이나 숙주가 야릿 야릿하다면, 와순은 굵기나 오돌오돌한 식감, 씹는 소리까지 들릴 정도로 끈기 있는 조직이 주는 느낌 때문에 흔히 먹던 식재는 아니지만 우리나라에서도 재배했다. 줄기 하나만으로도 존재감이 확실한 식재다.

유난히 칼륨 성분이 많이 들어 있어, 몸 안의 노폐물을 빼주고, 특히 산모의 젖이 잘 나오게 하며, 혈액순환에 도움을 준다. 영양학적인 이점도 이점이지만 씹어 먹는 재미에 식당에서 종종 반찬으로 나오면 호기심에 모두들 즐겨 먹는 모습을 볼 수 있다. 상추 종류는 봄에 한 번, 여름에는 처서가 지나 상추씨를 뿌려 가을에 잎을 따서 먹는다. 시기에 맞춰 잎이나 대를 잘 채취해서 먹으면 된다. 와순은 질긴 껍질은 벗겨 버리고 음식을 만든다. 구이 외에 장아찌, 들깨탕, 회, 볶음 등 다양하게 만들어 먹을 수 있다. 잔잔한 단맛이 나면서 맛이 강하지 않아 도리어 응용 범위도 넓고 질리지 않는 맛이다. 소금, 술, 향료에 절여 풍미를 향상시키고, 부족한 지방이 배도록 양비계로 감싸 구우면 와순이 가진 풀 향기까지도 품에 안은 완벽한 채소 요리가 된다.

재료

와순(줄기상추) 417g,
소금 4g, 술 28g,
향료(쿠민) 2g,
양비계 적당량

만들기

1 줄기상추를 큼직하게 잘라서 소금, 술, 향료에
  잠시 절여 놓는다.

2 기름기가 많은 양의 비계를 펼쳐 줄기상추를 감
  아 만다.

3 석쇠에 올려 센 불에서 돌려가며 푹 익도록 굽
  는다.

4 다 구어지면 비계를 제거하고 갈라서 먹는다.

Tip

줄기상추(궁채)는
겉껍질을 벗기고 질긴
부분은 잘라낸다.

제3장 외증채(煨烝菜)

가을 계곡에 퍼지는 송이향

송이자방

萵筍炙方

송이자(松茸炙, 송이구이) 만들기(송이자방)

송이를 참기름과 좋은 간장에 담갔다가 숯불에 구워 반쯤 익혀 먹는데, 채소 중에서 선품(仙品. 신선이 먹는 식품)이다. 밀이 익을 즈음에 잡목 아래에 나는 가짜 송이도 소나무 기운이 있어서 먹을 만하다. 《증보산림경제》

묘향산(妙香山)과 개골산(皆骨山)의 여러 승려들은 매년 가을 8월이 되면 각각 기름간장과 밀가루를 들고 깊은 계곡에 들어가서 송이【어린 송이버섯의 맛이 더욱 좋다】를 채취한다. 이 송이의 기둥을 세로방향에서 십자로 가른 뒤, 밀가루와 기름간장을 채워 넣고 띠풀을 얽어 묶으면 그 모양이 《예기(禮記)》〈내칙(內則)〉에서 말한 '대(敦)'·'모(牟)'와 같다. 이것을 진흙으로 싼 뒤, 섶나무를 쌓아 불살라서 푹 익었을 때 찢으면, 향기가 온 계곡에 가득하며 맛은 천하에서 으뜸이다. 《어우야담(於于野談)》

松茸炙方

松茸蘸香油、美醬, 炭火炙之, 至半熟食之, 菜中仙品. 小麥熟時, 雜木下生假松茸, 亦有松氣, 可食.《增補山林經濟》

妙香、皆骨諸山僧, 每秋八月, 各齎油醬、麫麵, 入深谷採松茸【童芝尤美】, 十字剖莖, 裝入眞麵、油醬, 編茅束之, 如《禮》所謂"敦"、"牟". 裹以塗泥, 積薪燃之, 待其爛熟擘之, 香滿一壑, 味絶天下.《於于野談》

342

소나무 근처에서 자라는 송이는 버섯 중에 으뜸이다. 송이버섯은 제철이 짧기도 하고 날씨의 영향도 많이 받는다. 무더위가 가시고 날이 서늘해지는 추석 무렵 바짝 2주 정도 나오고, 이내 나오는 양이 푹 줄어든다. 송이는 산이 깊은 양양, 봉화, 울진, 임실, 남원 지리산 일대에서 주로 나는데, 망태기를 옆에 비끄러맨 심마니가 산을 타며 채취한다. 갓이 피지 않고 달팽이나 벌레들이 파먹지 않아 흠집이 없고 대가 고우며, 통통한 일등품부터 벌레 먹고 갓이 활짝 핀 개산품까지, 1등품에서 등외품까지 몸값이 차례대로 매겨진다. 제때 팔리지 않은 송이는 냉동창고에 들어간다. 과거에는 송이버섯의 생산량도 많았다. 지금은 생산량이 들쭉날쭉하지만, 예전만 못하다고 상인들이 입을 모은다.

기름장에 재웠다가 숯불에 구워 먹는 송이의 향과 쫄깃한 맛은 새송이와는 비교가 되지 않는다. 특히 향이 거의 없는 새송이는 향기 없는 꽃처럼 매력이 반감한다. 고유의 향기에 대해 높은 가치를 인정해 주는 셈이다.

영조는 "새끼 꿩, 고추장, 생전복과 함께 입맛을 돋워주는 별미로 송이를 사랑했다."라고 했다.

(1)

재료

송이 230g . 참기름 20g . 조선간장 15g

만들기

1 송이의 밑동에 묻은 흙을 긁어 내고,
   몸통에 붙은 이물질을 제거한다.

2 갓을 털어 흙을 제거하고, 물에 재빨리
   흔들어 씻은 후 물기를 닦는다.

3 송이를 참기름과 좋은 간장에 담갔다
   가, 숯불에 구워 반쯤 익혀 먹는다.

Tip

송이를 너무 바짝 익히면
탄력이 느껴지지 않는다.

제3장 외증채(煨烝菜)

② 재료

송이 211g, 조선간장 19g,
참기름 16g, 밀가루 103g,
물 77g

만들기

1 8월 말경 어린 송이를 구해 이물질을 솔로 살살
  털어낸다.

2 송이의 기둥을 세로방향에서 십자로 가른다.

3 밀가루에 기름간장, 물을 부어 가며 곱게 갠다.

4 송이에 고루 바른 후 띠풀로 갓 밑부분을 얽어
  묶는다.

5 깨끗한 진흙을 구해 반죽해서 덩이를 펴서 납작
  하게 만든 후 엮은 송이를 싼다.

6 섶나무를 쌓아서 불을 지르고 푹 익힌다.

7 흙이 마르면 두었다가 깨서 익은 송이를 풀어
  찢어서 먹는다.

346

《어우야담(於于野談)》의 작가 유몽인(柳夢寅. 1559~1623)은 묘향산과 개골산(금강산)의 송이버섯구이를 천하 으뜸으로 꼽았다. 흙, 불, 송이가 만들어내는 가을의 성찬이다. 송이는 누구나 먹고 싶어 하는 최고의 버섯이었다. 송이를 먹는 방법에는 생식부터 적, 죽, 밥에 넣거나 볶음 등 여러 가지가 있지만, 진흙 구이를 하면 더 촉촉하면서 쫄깃한 맛을 볼 수 있다. 진흙이 갈라지도록 섶불에서 익히면, 흙은 익어 도자기처럼 구워지면서 자연히 오븐 역할을 한다. 수분이 그대로 보존되면서, 안에서 김이 나고 푹 잘 익는다. 밀가루옷이 더욱 부드럽게 송이를 만든다. 진흙 그릇을 깨는 순간

송이향이 그윽하게 산에 퍼져나간다. 쌀쌀한 가을 산에서 불을 쬐면서 송이 구이를 만들어 먹는 흥취는 비할 데가 없다.

송이를 참기름과 좋은 간장, 밀가루에 절여두면 간도 배지만 탄력이 생겨, 버섯이 부러지지 않고 다루기가 쉬워진다. 송이버섯에는 비타민 D를 비롯해 항암작용을 하는 베타글루칸 성분이 들어 있으며, 장의 연동운동을 도와주는 식이섬유가 포함되어 있다.

Tip
원전에는 없지만 호박잎으로 싸고 흙을 바르면 직접 흙이 닿지 않아 좋고 수분이 더 잘 보존된다.

제3장 외증채(煨烝菜)

달고 연한 파 즙의 향미

총자방

蔥炙方

총자(蔥炙, 파구이) 만들기(총자방)

입춘이 지난 뒤에 땅광 안에서 기른 여린 황총(黃蔥. 노랗게 새로 난 파)을 가져다가 수염뿌리를 제거하고 데친 다음 대나무꼬챙이로 꿴다. 이를 칼등으로 가볍게 찧어 평평하게 눌러준 다음 기름간장에 밀가루를 반죽하여 두껍게 바른 뒤, 숯불에 푹 굽고 좋은 술을 탄 식초를 끼얹어 담아낸다. 여름과 가을에 만든 총자는 맛이 떨어진다.《증보산림경제》

蔥炙方

立春後, 取窖中養芽嫩黃蔥, 去根鬚煠過, 竹籤貫之, 以刀背輕擣按平, 油醬溲麪麪厚塗之, 炭火炙熟, 澆好酒醋供之. 夏秋作者味遜.《增補山林經濟》

재료

여린 황총 411g, 참기름 5g, 집간장 15g,
밀가루 84g, 번가루 16g, 술 20g, 식초 5g

만들기

1 입춘이 지난 뒤에 땅광 안에서 기른 여린 황총을 가져다가, 수염뿌리를 제거하고 깨끗이 씻은 후 7cm 길이로 자른다.

2 데친 다음, 물기를 제거하고, 대나무꼬챙이로 꿴다.

3 이를 칼등으로 가볍게 찧어 평평하게 눌러준 다음, 기름간장에 밀가루를 반죽하여 두껍게 바른 뒤 숯불에 푹 굽고, 좋은 술을 탄 식초를 끼얹어 담아낸다.

여름과 가을에 만든 총자는 맛이 떨어진다.

파는 겨울에 가장 연하고 달고 속이 꽉 차 있다. 《조선요리법》에 "《관자(管子)》에 산융 지방에서 겨울파를 얻어 왔다."라는 기록이 있으니, 움파 맛은 예전부터 사랑받아 왔다는 사실을 알 수 있다. 움파를 고를 때는 억세게 일자로 죽 자란 것보다, 중키에 몸이 가늘고 여려 보이는 것이 질기지 않다. 잎끝도 손톱 끝처럼 도톰하여 살이 통통하게 찬 것이 맛있다.

파를 사서 움에 저장해 두면 새로 노란 싹이 올라온다. 파란색보다 훨씬 연하고 즙이 꽉 차 있다. 이런 황총을 잘라서 끓는 물에 데친 후 대나무 꼬챙이에 꿴다. 예전에는 큰일을 앞두고 뒤란 대숲에 가서 대나무를 잘라다가 칼로 깎아서 손수 산적꼬챙이를 만들었다.

마디가 손잡이 역할을 하고 잡기에도 편하다. 데친 다음에는 물기를 잘 빼야 싱겁지 않게 된다.

꿴 다음에는 칼등으로 자근자근 두드려 납작하게 만들어준다. 그리고 마른 가루를 고루 묻혀준다. 밀가루즙은 점도를 잘 조절해서 너무 둔하지 않게 바르고, 나머지는 흐르도록 세워 둔다.

그래야 나중에 익히고 나서 말갛게 파가 비쳐 보기에 좋다. 화로에 구우면 파의 단맛이 최대로 올라와, 그 어떤 채소보다 향이 좋고 맛도 깔끔하면서 달고 고상하다. 파구이만 있으면 술안주상이 조화롭고, 봄을 기다리는 풋풋한 마음도 느껴진다. 겨울의 진미, 움파구이는 채소가 귀한 겨울 움안에서 자란 여린 생명의 강한 단맛을 즐기기에 제격이다. 양반들의 술안주상에 단골로 오르던 총자구이는 생파의 강한 맛과는 달리 연하고 단맛이 자꾸 잊혀지지 않는 별미 중의 하나였다.

파는 인경채류로 우리나라에 언제 들어왔는지 정확히 알 수는 없지만, 고려 인종 때 《음양회담소(陰陽會談所)》에 "……내외사사(內外寺社)의 승도가 주(酒)를 팔고 총(蔥)을 팔며……"라고 해서 파를 술안주로 먹었으며, 이규보의 저술 《동국이상국집(東國李相國集)》 〈가포육영(家圃六詠)〉에는 "섬섬옥수 같은 많은 파 잎을 아이들은 잎으로 피리 소리 내는구나. 술자리에 안주로 그만이고 고깃국에 파가 들어가니 맛이 더해진다."라는 기록이 있다.

파는 고기나 생선의 냄새를 없애주기 때문에, 육식이 늘면서 더욱 즐겨 먹는 채소가 되었다. 파에는 특히 칼슘, 철분, 인이 많고 잎에는 비타민 C와 비타민 A도 많다. 파의 점액질은 셀룰로스(cellulose)와 헤미셀룰로스(hemicellulose), 프로토펙틴(protopectin), 수용성 펙틴(pectin) 등 다당류의 복합물이다. 여기에는 과당, 포도당, 서당류가 흡수되어 있어 단맛이 난다.

별다른 재료 준비 없이 파만 구워도 겨울 파는
달고 맛있다. 캠핑 요리로도 제격이다.

겨울 추위를 피해 할머니의 안방 앞
대청마루 한편을 차지한 대파

제3장 외증채(煨烝菜)

달고 연한 즙이 터지는 마늘종

산대자방

蒜薹炙方

산대자(蒜薹炙, 마늘종구이) 만들기(산대자방)

5월에 부드러운 마늘종[蒜薹, 산대]을 채취하여 끓는 물에 약간 데쳤다가 널어서 물기를 말린다. 칼로 몇 촌 정도를 썰어서 대나무꼬챙이에 꿴 다음 기름간장에 밀가루를 반죽하여 바른 뒤, 푹 구워 먹는다. 소고기를 길쭉한 가락으로 썰어서 마늘종과 번갈아 꼬챙이에 꿰면 맛이 더욱 뛰어나다【다른 방법으로는 마늘종을 데친 다음 물에 하룻밤 담가서 냄새를 제거한 뒤에 쓴다고 한다】. 목숙(苜蓿, 거여목)의 줄기와 목두채(木頭菜, 두릅나물)는 모두 이 방법을 본떠서 만들 수 있다.《증보산림경제》

蒜薹炙方

五月取軟蒜薹, 沸湯略焯, 控乾. 刀切數寸許, 竹籤穿過, 油醬溲麩麪塗之, 炙熟食之. 牛肉切作條, 相間貫串尤美【一云焯過了, 水浸一宿, 去臭後用】. 苜蓿莖, 木頭菜, 皆可倣此法造.《增補山林經濟》

재료

마늘종 278g, 참기름 4g,
조선간장 4g , 밀가루 20g, 물 40g,
소고기(설도) 120g, 목두채 90g,
번가루 30g, 식용유 적당량

재우는 양념
조선간장 3g, 참기름 3g

만들기

1 5~6월경에 부드러운 마늘종을 구해 머리는 자르고 연한 대로 준비한다.

2 끓는 물에 소금을 넣고 짧은 시간 데친 후 꺼내 찬물에 헹궈 물기를 뺀다.

3 물기가 빠진 마늘종을 7cm 길이로 자른다.

4 소고기는 기름기 없는 우둔으로 준비해 1.5×8×1.5cm로 잘라 분량의 간장과 참기름에 재워 놓는다.

5 대나무꼬챙이에 준비한 소고기와 마늘종을 번갈아 꿴 다음 마른 가루를 얇게 바른 후 털어 낸다.

6 밀가루에 기름간장, 물을 넣고 개어 바른 뒤 꼬치에 고루 바르고 불에 푹 구워 먹는다.

7 두릅도 데쳤다가 같은 방식으로 꿰어 지진다.

산대자 구이는 마늘종을 맛있게 먹는 방법 중 가장 멋진 방법이다. 위로 죽죽 자라는 재료의 성질도 살리고, 가지런하게 대 꼬치에 꿴 모습이 잘 어울린다. 마른 새우와 볶는 방법은 마늘종이 마구 섞이고, 간장 장아찌를 담그면 예쁜 색이 죽어 안타까웠다면, 이 방법은 마늘종의 장점을 잘 살린 조리법이다.

억세지 않은 마늘종을 골라 소금물에 적당하게 잘 데치면 먹을 수 있는 범위가 늘어난다. 마늘종에 들어 있는 알알리신(allicin)은 염증을 제거해 주고 살균 작용을 하기 때문에 소고기와도 잘 어울린다.

손으로 일일이 깎은 대 꼬치에 마늘종 세 개에 고기 하나 비율로 꿰면 보기가 좋다 마늘종은 익으면 연하고 안에 즙이 많아서 빼서 먹기도 수월하다. 재료를 모두 꼬치에 꿴 다음 즙을 발라 굽는다. 밀가루 즙에 이미 간이 되어 있지만, 재료에 간이 배도록 미리 기름장을 발라 둔다. 간이 배면 마른 가루를 발라 주고 털어낸 후에, 밀가루 즙을 얇게 발라 굽거나 지진다.

밀가루 즙이 두꺼우면 재료가 보이지 않고 산적이 둔해 보인다. 꼭꼭 눌러가며 지진다.

갑자기 온 손님을 위해 술안주로 봄철에 산대자와 두릅산적을 만들어 낸 다면 기억에 오래도록 남을 것이다. 산대자는 그런 음식이다.

두릅도 미리 끓는 물에 데치고, 밑동의 딱딱한 껍질은 벗기고, 물기를 제거한 후에 같은 방법으로 지진다. 볶은 참깨가루나 잣가루를 뿌리고 초장에 찍어 먹으면 된다.

Tip

밀가루 즙을 두껍게 바르지 않아야 마늘종의 푸른빛이 살아난다. 고기가 두꺼울 경우 칼등으로 두드려주고, 길이가 길면 다 꿴 다음에 잘라준다. 밀가루를 바른 뒤 가볍게 김 오른 찜통에 쪄서 하면 더 잘 익는다.

산속의 진미, 고기 맛이 부럽지 않아

삼길자방

蔘、桔炙方

삼자(蔘炙, 더덕구이)·길자(桔炙, 도라지구이) 만들기(삼길자방)

더덕과 도라지 2가지 채소는 껍질을 긁어서 벗기고 절구에 문드러지게 찧은 다음 물에 담근다. 이때 수시로 물을 갈아주어 쓴맛을 제거한다. 그런 다음 푹 쪄낸다. 간장·참기름·후추·천초·생강·파 등을 서로 섞은 다음 더덕이나 도라지에 손으로 문드러지게 주물러 묻혀서 깨끗한 그릇에 저장해두고 하룻밤 묵힌다. 이를 다시 얇게 펴서 볕에 말린다. 쓸 때는 이를 조금씩 가져다 참기름을 바르고, 살짝 구워서 먹는다.《증보산림경제》

蔘、桔炙方

沙蔘、桔梗兩菜, 刮去皮, 臼中擣爛, 浸水, 時時換水去苦味. 然後烝熟取出, 以淸醬、香油、胡椒、川椒、薑、蔥等相合, 以手揉爛, 淨器收貯經宿, 復薄布曬乾. 臨用, 取少許, 塗香油, 乍炙而食之.《增補山林經濟》

재료

더덕 300g, 도라지 270g,
간장 70g(집간장 50g),
참기름 36g, 후추 1g,
천초 0.5g, 생강 15g,
파 25g, 참기름 적당량

만들기

1 더덕과 도라지는 껍질을 긁어서 벗긴 다음 깨끗
  하게 씻는다.

2 굵기에 따라 2~3등분으로 가른다.

3 절굿공이로 자근자근 두드린 후 물을 바꿔가며
  담가 쓴맛을 뺀다.

4 김 오른 솥에 푹 쪄서 준비한다.

5 간장, 참기름, 후추, 천초, 생강, 파 등을 서로
  섞는다.

6 더덕과 도라지에 간이 배도록 손으로 주물러 가
  며 양념을 발라 하룻밤 재운다.

7 다시 꺼내 얇게 채반에 펴 놓아 볕에 말린다.

8 먹을 때는 꺼내서 참기름을 솔로 바르고 살짝
  구워서 먹는다.

Tip

물에 담글 때는 소금을 조금
넣어준다.

더덕과 도라지는 비슷한 듯하면서도 서로 다른 모습을 하고 있다. 더덕은 울퉁불퉁한 게 두꺼비같이 생겼다. 더덕이 두걱두걱 생긴 남자 같다면, 도라지는 날씬하고 매끔한 아가씨같이 생겼다.

더덕은 초롱꽃과에 속하는 여러해살이풀로, 8~9월에 자색의 종 모양의 꽃이 예쁘게 핀다. 서로 잘 어울리는 더덕과 도라지는 쓰지만 단맛이 있고, 약성이 뛰어나 오래전부터 사랑받아 온 식재다. 더덕은 사삼이라고도 불리는데, 인삼이나 산삼을 닮아 뿌리에 사포닌 성분이 들어 있다. 오래 묵은 더덕은 산삼보다 낫다는 말이 있을 정도로 더덕은 강장 식품으로 뛰어나다. 큰 더덕을 캐면 약술을 담가 놓고 아껴가며 마신다. 기침을 하거나 호흡기가 약한 사람이 마시면 좋다. 더덕의 향이 우러나 깊은 산속에 온 것 같은 착각을 불러일으킬 정도로 향미가 빼어나다. 더덕은 인삼, 현삼(玄蔘)*, 단삼(丹蔘)**, 고삼(苦蔘)***과 함께 오삼에 들어간다.

더덕은 특유의 결이 있어 방망이로 두드려 편 후, 양념해서 유장을 발라 말렸다가 구우면 최고의 술안주이자 반찬이 된다. 고기반찬이 부럽지 않다. 양념에 재운 더덕을 참기름을 발라 구우면 사각거리면서도 달고, 고기보다 속이 편안하다.

더덕북어는 북어 중에 가장 좋은 북어를 말한다. 살이 누렇게 윤기가 돌면서 더덕처럼 두툼하게 부풀어 있고 달고 은근한 고소함이 감돈다.

도라지는 백도라지를 즐겨 먹는데 잉크색 꽃 혹은 백색의 꽃이 산속에 함초롬하게 피어난다. 우리 민족은 은근하면서 고고한 자태를 가졌다고 생각하는 동식물을 귀하게 여겼는데, 도라지도 그런 식재 중 하나였다. 도라지는 기관지나 폐를 튼튼하게 해 주고 진해·거담 효과가 뛰어나 약재로도 많이 쓰였다. 도라지는 소금물에 주물러 쓴맛을 빼고, 기름에 볶아 나물을 만들거나 생채 혹은 김치를 담가 먹는다. 고기와 함께 꿰어 구워 먹으면 도라지의 쌉쌀하고 단맛이 고기 맛을 더 끌어 올려준다.

도라지구이 역시 더덕구이와 마찬가지로 달고, 더덕보다 조금 더 쫄깃한 맛이 느껴진다. 불에 참기름을 발라 은은하게 구우면, 살짝 반투명해지면서 술안주로 잘 어울린다. 도라지구이는 재어두면 보관도 잘되고 단맛이 돌아, 조금씩 기름을 발라 구워 먹으면 더덕처럼 건강에 아주 좋은 반찬이 된다. 도라지는 칼슘과 철분도 많아 여러 가지 방법으로 먹으면 건강을 유지하는 데 큰 도움이 된다.

---

* 현삼(玄蔘): (Scrophularia buergeriana MIQ) 여러해살이풀로 현삼과에 속하는 다년생 초본식물. 인후염, 피로 해소를 돕는다.

** 단삼(丹蔘): (Salvia miltiorhiza) 꿀풀과 단삼속에 속하는 약재로 심혈관계 질환 및 골다공증 등 성인병의 치료 효과가 뛰어나다.

*** 고삼(苦蔘): (Sophora flavescens AIT) 콩과에 속하는 다년생 초본식물로 도둑놈의 지팡이라고 불린다. 대한민국 원산이다. 해열, 해독, 이뇨, 구충 작용을 하고 피부질환과 소화기 질환 치료에 많이 쓰인다.

짭조름한 단맛, 그리고 호박 향

남과자방

南瓜炙方

남과자(南瓜炙, 호박구이) 만들기(남과자방)

늙고 누런 호박을 잘 저장하면 이듬해 봄 3월까지 둘 수 있다. 솔
잎에 새순이 돋아날 때, 이 호박을 손가락 1개 두께의 가락으로
썬다. 이를 솔잎 순이 난 가지로 꿴 다음 참기름과 간장을 바른
뒤, 화롯불에 푹 구우면 달고 향기로운 맛이 비할 데가 없다. 《옹
치잡지》

南瓜炙方

老黃南瓜, 善藏則可留至春三月. 松葉抽筍時, 取南瓜切作一指大條,
以松筍穿過, 蘸油香、醬淸, 爐火炙熟, 甘香勘倫. 《饔餼雜志》

재료

늙고 누런 호박 600g,
솔잎 순이 난 가지,
참기름 30g, 간장 40g

만들기

1 늦가을에 딴 늙은 호박을 꺼내 적당하게 가른다.

2 껍질을 벗기고 2cm 두께로 잘라 어린 솔잎이
붙은 가지에 꿴다.

3 참기름과 간장을 호박에 고루 발라준다.

4 화롯불에 속까지 익도록 뒤집어가며 익힌다.

노란 호박색이 주는 풍요로움은 가을, 겨울과 잘 어울린다. 시골에서는 농사지은 늙은 호박을 늦가을에서 이른 봄까지 집안 한편에 잘 두고 이런저런 음식을 해 먹는다. 보관을 잘하면 이듬해 3월까지도 가능하다. 밑이 썩거나 상처가 나지 않게 조심해야 한다. 가을에는 호박고지를 만들었다가 설설 쌀가루를 뿌려서 삶은 팥을 넣고 물호박떡을 만들어 먹거나, 바짝 말려두었던 호박고지로는 쇠머리 찰떡을 만들어 먹는다. 달면서 꼬들꼬들 씹히거나 꿀처럼 녹는 부드러운 호박고지는 자꾸 생각나게 만드는 어머니의 맛이다. 겨우내 부족하기 쉬운 비타민 A의 공급원으로 늙은 호박만 한 게 없다.

호박범벅이나 호박죽은 부드럽고 속을 편안하게 해 준다. 호박을 달여서 마시면 부기를 빼주고 소변을 잘 보게 해 준다. 호박은 조려먹거나 김치를 담가 먹어도 맛있고, 갈아서 김치를 담글 때 넣어도 개운하면서 단맛을 낸다. 호박은 썰어서 생선과 함께 지져 먹거나 전골에 넣어도 잘 어울린다. 호박식혜나 호박수정과, 호박송편, 호박약과도 먹으면 속이 편안하다. 솔잎 순이 나는 가지를 꺾어서 끝을 다듬은 후에, 잘 보관해 두었던 호박을 꿰어서 간장과 기름을 발라 화롯불에 구우면 달고 부드러운 호박 향이 올라온다. 수분이 많은 호박을 뒤집어가며 노릇노릇해질 때까지 충분히 익히면, 가장자리는 짭조름하고 가운데로 갈수록 단맛이 올라오는 향기로운 호박구이가 완성된다. 특히 기름을 발라 구워 먹는 남과자(南瓜炙)는 카로틴의 흡수가 잘되게 해 주어 호박을 효과적으로 먹는 방법이 된다.

안쪽에서 나온 호박 씨앗을 따로 구워 먹으면 까먹는 재미가 쏠쏠하다. 톡톡 익어서 튀는 호박 씨앗을 까먹으면 레시틴, 불포화지방산이 풍부해 성인병을 예방하는 데 도움을 준다. 그러는 사이 솔잎과 솔가지에서 나오는 솔향이 구운 호박에 배 산속의 운치를 느낄 수 있다.

호박은 임진왜란 이후 선조 때 우리나라에 들어왔는데, 처음에는 사찰에서 승려들이 많이 심어 먹어 승소(僧蔬)라고 불렸다고 한다. 그 이후로 널리 퍼져서 구황작물로 서민들의 주린 배를 채워주었다. 호박은 나이를 먹어서도 사람들의 속을 달래 주고, 부드러운 단맛을 가진 호박엿처럼 모두를 행복하게 해주는 미덕을 가졌다. 애호박부터 호박잎, 호박꽃, 호박오가리, 늙은 호박까지 호박은 무던하게 우리 곁을 지켜온 믿음직스러운 식재다.

Tip
호박은 껍질을 벗기고 구우면서 중간에 기름을 덧발라 준다. 속까지 익도록 은은하게 화롯불을 유지한다.

설면자 이불 덮고 겨울을 난 채소 맛

설암채방

雪盦菜方

설암채(雪盦菜, 눈 덮힌 봄채소의 구이) 만들기(설암채방)

겨울을 난 봄채소의 심(心)에 잎을 약간 남겨두고 쓴다. 그루마다 2단으로 잘라서 주발 안에 넣고, 유병(乳餠)을 두텁게 편으로 썰어 채소 위에 가득 덮는다. 화초가루를 손으로 주물러 부순 뒤, 그 위에 뿌려준다. 화초는 많을 필요가 없다. 맑은 술에 소금을 조금 넣고 채소를 넣은 주발에 가득 부은 뒤, 대그릇에 얹어 찐다. 채소가 푹 익으면 먹는다. 《운림일사》

雪盦菜方

用春菜心少留葉, 每科作二段, 入碗內, 以乳餠厚切片, 蓋滿菜上. 以花椒末於手心揉碎, 糝上, 椒不須多. 以純酒入鹽少許, 澆滿碗中, 上籠烝, 菜熟爛啖之. 《雲林逸事》

봄동을 볕에 비춰보면 추위에 강한 이유를 알 수 있다. '몸을 낮추고 겹겹이'가 답이다

'눈으로 뚜껑을 덮은 채소'라는 재미있는 이름을 가진 설암채(雪盦菜)는 겨울과 눈에 대한 선입견을 깨 준다. 눈이 내리면 모든 채소들이 밭에서 얼어 죽을 것 같지만 그렇지 않다. 봄동이나 배추는 겉잎은 얼어도 겹겹이 싸인 안쪽은 그대로 괜찮은 경우가 많다. 미처 수확하지 않은 봄동은 비교적 겨울을 잘난다. 눈이 내려 잎 위에 소복하게 쌓여도 바깥 잎만 살짝 얼 뿐 의외로 속잎은 아무렇지 않다.

추운 겨울을 이긴 채소들은 도리어 달고 맛이 있다. 봄동의 뿌리까지 캐서 갈라 보면, 뿌리에서 맵싸한 향이 생생하게 올라온다. 추운 밖에 있다가 실내에 들어오면 배춧잎이 추위 때문에 납작하게 누워 있다가 꽃봉오리처럼 일어난다. 땅속은 얼지 않고 훈훈한 데다 뿌리는 수분을 머금고 있어 뿌리까지 캐서 먹는 것이 좋다. 밖은 추운데 땅속 세상은 따뜻하고 식물 뿌리와 지렁이들이 살아 움직이기 때문에 여전히 활기가 있다. 뜻밖이다.

눈 오는 날, 눈 쌓인 대지가 포근하게 느껴진다. 눈으로 만든 설면자 이불을 덮은 봄동이 겨울과 초봄의 땅 기운을 전해준다.

유병은 일종의 치즈로 소나 산양의 젖으로 만든다. 특히 산양유로 만든 치즈는 독특한 맛이 나지만, 소화도 잘되고 채소와 함께 익혀 먹으면 쫄깃하면서 고소한 맛이 일품이다.

소금 간을 한 맑은 술과 함께 치즈를 올려 찌기 때문에, 짭짤하면서도 풍미가 있는 채소찜이 이색적이다. 촉촉하고 따뜻하며 두꺼운 주발 안에 찌면, 먹는 동안 식지 않아 끝까지 따뜻하게 먹을 수 있다. 화초가루를 뿌려 깔끔하면서도 이국적인 매운 향이 전체적인 분위기를 느끼하지 않게 정리해 준다. 채소 음식이지만, 술과 유병을 결합시키고 매운 향신료를 더해 풍미, 영양, 개성까지 모두 담아냈다. 겨울을 이겨내고 새봄을 맞은 대견한 채소를 이용한 지혜가 돋보인다.

산양유는 단백질이 풍부하며 알부민 수치가 높아 근육 성장을 돕는다. 모유와 성분이 비슷하고 유당불내증을 일으키지 않기 때문에, 우유를 소화하지 못하는 사람들도 먹을 수 있다. 봄동은 비타민 C와 칼슘이 풍부하며 익혀도 비타민의 손실이 적은 편이다. 땅에 붙어 눈을 뚜껑 삼아 추운 겨울을 나는 봄동의 겨울나기 지혜가 다시 돋보인다.

봄동은 누런 잎과 구멍 난 잎을 떼어내고 뿌리를
살려 길이로 4등분한다.

재료

겨울을 난 봄 채소(봄동) 350g,
유병(산양치즈) 226g, 화초가루 1g,
맑은술 150g, 소금 6g

만들기

1 겨울을 난 이른 봄의 봄동을 구해 뿌리를 살
   려 손질하고 씻는다.
2 포기마다 뿌리에서 갈라주고 길이로 반 잘라
   서 큰 사기주발에 넣는다.
3 치즈를 두텁게 편으로 잘라 봄동 위에 빈틈
   없이 덮는다.
4 화초가루를 적당량 손으로 잘게 으깨 뿌
   린다.
5 맑은 술에 소금을 넣고 가득 부어 준다.
6 김 오른 대그릇에 올려 채소가 푹 무르도록
   찐다.

맑은 몸과 마음을 길러주는 음식

호증방
壺烝方

호증(壺烝, 박찜) 만들기(호증방)

박 1~2개에서 껍질과 털을 제거하고 사방 0.2척 길이의 편으로 썬다. 이를 문드러지게 쪄서 먹으면 정신이 맑아지고 기운이 상쾌해진다. 《산가청공》

박은 달고 늙지 않은 것을 채취하여 껍질과 속을 제거하고 끓는물에 데쳐서 물기를 짜낸다. 길이 0.1척 정도, 너비 0.04척 정도로 썰고 여기에 기름과 소금을 섞어 먹는다. 색과 맛이 모두 매우 맑고 아취가 있다. 《증보산림경제》

壺烝方

瓠一二枚去皮毛, 截作二寸方片, 爛蒸以餐之, 神淸氣爽. 《山家淸供》

瓠取甘而未老者, 去皮瓤, 沸湯煠過, 絞去水氣. 切長一寸許、廣四分許, 和油鹽食. 色味俱極淸雅. 《增補山林經濟》

박은 모양이 여러 가지다. 둥근 박, 길고 잘록한 박, 호리병 모양으로 생긴 박 등 의외로 생김이 제각각이라 보고 있으면 웃음이 나온다. 모양에 따라 다루기가 편한 것도 있고 버거운 것도 있다. 그래도 기본적으로 달을 닮은 둥근 박이 가장 예뻐 보인다. 둥근 박은 좀 더 영글면 타서 속을 파내고 긁어내서 바가지를 만든다. 박은 가볍고 내구성이 좋아, 플라스틱 바가지가 나오기 전에는 여러 가지 용도로 친근하게 사용됐다. 박에 구멍을 뚫어서 곡식의 종자를 보관하는 뒤웅박은 생명 같은 종자를 쥐로부터 보호해 주었다. 함진아비가 실랑이를 마치고 박을 밟아 깨고 들어오는 의식을 통해 박은 잡귀를 쫓고 신랑 신부가 해로하기를 바라는 마음을 담는 도구로 사용됐다. 복을 담는 바가지라는 의미에서, 곡식을 푼 다음에는 반드시 반 이상 다시 곡식을 담아 두지, 빈 바가지를 두는 법이 없었다. 넉넉하게 바가지만큼 배불리 잘 먹고 잘살길 기원했다.

바가지 속을 박박 긁어 파내는 모습에 빗대 "바가지를 긁는다."라는 표현을 쓰는데, 더 잘살기 위해 헛되이 괴롭히는 것처럼 부정적인 의미로 쓰이는 점도 재미있다.

박 넝쿨이 기어 올라타는 모습이나 박이 넉넉하게 자리잡은 모습에서 안온함을 느낀다. 박을 편으로 썰어서 푹 찌면 투명하게 익어서 살캉하니 단맛이 느껴진다. 별다른 양념이 없어도 맑고 깨끗하며 순수한 맛에 눈뜨게 된다.

①

재료

박 1개 4kg

만들기

1 박을 따서 가른 후 속을 긁어내고 크기에
   따라 8 등분한다.
2 껍질과 털을 제거한 후 7cm 길이로 편으
   로 저며 썬다.
3 김 오른 찜통에 박을 얹어 박이 말간해질
   정도까지 찐다.
4 익으면 꺼내서 한 김 나간 후에 서늘하게
   해서 먹는다.

Tip

박은 껍질이 엉글지 않은
작은 박을 따서 쓴다.

제3장 외증채(瓜蒸菜)

②

재료

박 4.7kg(이 중 538g 이용), 기름 15g
(유채씨유에 참기름을 더함), 소금 5g

만들기

1 박은 달고 늙지 않은 것을 채취하여 껍질
   과 속을 제거하고 끓는 물에 데쳐서 물기
   를 짜낸다.

2 길이 3cm 정도, 너비 1.2cm 정도로 썰
   고 여기에 기름과 소금을 섞어 먹는다.

Tip

박을 삶을 때 덩이로 삶는다. 삶은 후에 찬물에 헹궈서
물기를 짠다. 그래야 더 쫄깃하다.

박 한 덩이를 잡으면 양이 상당히 많이 나와 풍성한 잔치를 벌이는 기분이 난다. 흥부전에 박, 박 씨, 박을 타는 장면 등이 등장한다. 흥부의 가난과 형의 악함 모두 박이라는 상징을 통해 심판을 받는다. 박을 자르면 뽀얗게 박속이 꽉 차있어, 박속 같은 잇속을 가진 미인이 떠오른다. 비췻빛 껍질에 백분을 바른 듯 둥글고 고운 얼굴, 독한 향도 없고 요염한 자태와는 거리가 먼 박의 정갈한 맛은 헛된 욕심을 경계하는 선비들이나 선인들이 좋아할 만하다.

몸과 마음을 정결하게 관리하며 수신(修身)하는 데 도움을 주는 청정한 음식이다. 조선시대에 박 음식이 사랑받은 이유다. 비록 세속에서 부딪히고 살지만, 박 음식을 먹으며 달과 별을 보며 자신

을 반성했는지도 모른다. 박씨를 굳이 뿌리지 않아도, 박씨는 일 년 후 박속을 아프게 긁은 자리에서 앙증맞은 덩굴손을 살며시 내민다.

박꽃이 피고 둥근 박이 앉아 있는 고향집은 우리 모두의 마음속 안식처로 저장돼 있다. 데쳐서 덩이로 찬물에 헹궈 물기를 짠 박은 삼겹살을 똑 닮았다. 단단하면서 아삭한 기가 살아있는 껍질, 중간의 살, 맨 위의 비계처럼 부드러운 속살에, 탄력 있게 흔들리는 투명함까지 삼겹살과 흡사하다. 소금과 기름만으로도 차분하면서 은은한 단맛이 몸속의 독을 모두 씻어내리는 기분이다. 박은 수분도 많고 섬유질도 많아, 쉽게 포만감을 주면서도 살이 찌지 않게 해 준다.

깨끗하고 고상한 배춧잎 맛

숭증방

菘烝方

숭증(菘烝, 배추찜) 만들기(숭증방)

어린 배추를 줄기와 잎이 붙은 채로 끓는 물에 데친다. 다시 생강·산초·총백·고기 등의 양념과 함께 푹 쪄서 상에 올린다. 말린 새우살을 더하면 더욱 맛이 좋다. 《증보산림경제》

菘烝方

嫩菘連莖葉, 沸湯焯過. 更同薑、椒、蔥白、肉料, 烝熟薦之. 加乾蝦肉尤美. 《增補山林經濟》

재료

어린 배추 740g, 생강 12g,
산초 1g, 총백 46g, 쇠고기 133g,
말린 새우살 10g

간장 15g, 참기름 5g, 소금 2g

만들기

1 포기가 작은 어린 배추를 밑동만 적당히 파내고 줄기와 잎이 붙어 있도록 손질한다.

2 끓는 물에 소금을 넣고 작은 배추 포기를 통째로 데친다.

3 데친 배추는 꺼내 찬물에 헹구고 물기를 짜서 포기를 엎어 놓는다.

4 고기는 가늘게 채 쳐 간장과 참기름으로 밑간한다.

5 채 친 생강, 산초가루, 다진 파를 준비한다.

6 마른 새우도 손질해서 준비한다.

7 소로 들어갈 재료를 모두 모아 물기를 짠 배춧잎을 들쳐가며 켜켜이 속을 넣는다.

8 배춧잎에 남은 간장과 소금을 타서 발라준다.

9 겉잎으로 잘 감싸 소를 넣은 면을 위로 향하게 해서 김 오른 찜통에 푹 쪄준다.

10 꺼내서 식힌 후 모양을 단단하게 잡아 보기 좋게 썰어낸다.

Tip
배추를 데칠 때 굵은소금을 넣고 데친다.
숭증을 먹을 때 초간장을 곁들이거나
끼얹어 먹으면서 깔끔하면서 간이 잘 맞는다.
먹기 전에 다시 한번 산초를 뿌려 먹는다.
새우는 미리 머리와 꼬리 껍질, 다리는
제거한다.

숭증은 어린 배추를 끓는 소금물에 데칠 때 줄기와 잎이 익는 정도에 유의해야 한다. 잎만 지나치게 삶아지면 물러져서 자칫 지저분해질 수 있다. 배추의 뽀얀 대와 노란 속, 어린 연둣빛이 조화를 이루면서 배추가 뽀얀 빛이 올라오는 깨끗한 맛을 가진 채소라는 사실을 그대로 보여준다. 어쩐지 선비를 닮은 모습에 배추의 가치를 다시 보게 된다.

배추는 강한 맛이 없지만, 비타민 C가 풍부하고 수분을 가지고 있으면서 단맛이 도는 매력적인 식재다. 배추가 질리지 않고 늘 우리 곁에 있는 이유다. 배추를 삶고 쪄서 먹는 이 방법은 시도해 볼 가치가 충분하다. 건강에도 도움을 줄 뿐만 아니라, 배추에 부족한 단백질이 포함된 고기와 마른 새우살이 들어가 감칠맛이 빼어나다. 특히 새우에는 메티오닌(methionine)과 로이신(leucine) 등 8종의 필수아미노산이 포함되어 있다. 단맛을 내주는 글

리신(glycine)이라는 아미노산과 베타인(betaine) 성분이 들어 있어, 맛은 물론 강장 효과를 낸다. 산초의 독특한 향과 생강과 파 향이 어우러져 깔끔한 맛을 더욱 살려준다. 김치에서는 느낄 수 없는 고상한 맛을 느낄 수 있다.

자극적이지 않고 맵지 않아 샐러드처럼 얼마든지 먹을 수 있다. 칼로리 염려도 없고 기름기도 빠져 담백하면서 어우러진 맛이 조화롭다. 격이 느껴지는 음식이다. 순한 맛이 강한 맛보다 한 수 위가 아닐까 생각된다. 소고기장맛이 밴 고상한 숭증은 부모님이나 손님 초대상에 예쁘게 담아 올릴 만한 음식이다. 가족들을 위해서도 자주 상에 올리기를 추천한다. 크지 않은 어린 배추로 해야 모양이 앙증맞고 줄기의 두께도 얇아 먹기에 좋다.

입맛 돌게 하는 토속적인 맛

만청증방

蔓菁烝方

만청증(蔓菁烝, 순무찜) 만들기(만청증방)

순무의 뿌리와 잎을 깨끗이 씻은 다음 기름간장을 넣고 일반적인
방법대로 찐다. 여기에 생선살을 넣으면 어울리지 않는 곳이 없
다. 말린 새우가루를 뿌리면 더욱 맛이 좋다. 이 찜을 항상 먹으
면 풍토병을 예방할 수 있다. 《증보산림경제》

蔓菁烝方

取根葉淨洗, 以油醬烝之如常法. 加魚肉, 無所不宜. 糝以乾蝦屑則尤
美. 此菜常服, 能防土疾. 《增補山林經濟》

제3장 외증채(煨烝菜)

밥이 술술 넘어가는 반찬은 따로 있다. 아무리 산해진미가 차려져도 밥을 넘겨주는 효자 반찬은 어느 정도 정해져 있다. 그중 하나가 바로 만청증(蔓菁烝)이 아닐까 싶다. 맛있는 간장과 참기름, 새우가루만 있으면 어렵지 않게 달고 감칠맛 나면서 입에 착 감기는 반찬을 만들 수 있다.

순무를 저장해 두면 맛이 깊어져 단맛이 강해진다. 오래 보관해도 쉬이 물러지거나 상하지 않는다. 무보다 조직이 단단하기 때문에 잘 뭉그러지지 않고 모양이 예쁘게 살아 있다. 고기를 넣지 않아도 흰살생선과 새우가루만으로도 담백하면서도 짭조름하게 간장이 밴 무맛과 잎줄기의 고소한 맛이 다른 반찬을 잊게 해주는 마력을 가지고 있다. 이 찜을 항상 먹으면 풍토병을 예방할 수 있다고 했는데, 어떤 지역인지 알 수는 없으나 물이 나쁘거나 해서 수인성 질환이 많거나 토양에 있는 무기질의 영향으로 지역마다 고유의 질병이 있을 수 있다. 전주 사람들이 풍토병을 예방하기 위해 콩나물을 많이 먹었듯이, 순무도 여러 가지 비타민과 미네랄을 함유하고 있기 때문에 풍토병을 예방하는 효능이 있었던 모양이다. 새우가루는 칼슘, 단백질, 무기질, 타우린(taurine) 성분이 있어 자양강장 효과는 물론 감칠맛을 내주는 천연 조미료다. 생선은 흰살생선을 넣어야 비리지 않고 순무와 잎줄기 맛이 잘 살아난다. 순무는 비타민 C가 풍부하게 들어 있고 매운맛이 강한데 알릴이소티오시아네이트(allyl-isothiocyanate)라는 성분 때문이다. 잎줄기에는 비타민 C는 물론 비타민 A, 칼슘 등이 들어 있다. 생식이나 김치를 담가 먹는데, 이렇게 찜을 해 먹으면 맵지도 않고 부드러워 소화기가 약한 사람들도 쉽게 먹을 수 있다.

재료

순무의 뿌리와 잎 736g,
기름간장
(간장 40g, 참기름 18g),
생선살 200g,
말린 새우가루 7g

만들기

1 순무의 뿌리는 깨끗이 씻어 저장하고 잎은 싱싱
   할 때 말려둔다.

2 말린 잎은 뜨거운 물에 불린 다음 헹궈서 질긴
   껍질을 벗기고 먹기 좋게 손질한다.

3 순무는 4×3×2.5cm 크기로 자른 다음 모서리
   를 깎아서 밤톨처럼 둥글린다.

4 끓는 물에 소금을 넣고 순무를 데치고, 순무잎
   도 데친다.

5 물기를 거두고 기름간장을 넣고 일반적인 방법
   대로 찐다.

6 여기에 생선살을 넣는다.

7 말린 새우가루를 뿌리면 더욱 맛이 좋다.

Tip

수분이 많지 않을 때는 물을 100g 정도 붓고 적은 수분으로
익혀줘도 된다. 밥솥에 넣고 찔 수도 있다. 순무잎을 말렸다가
쓰면 훨씬 감칠맛이 돈다.

봄 산 신선들이 먹는 맛

산행증궐방

山行烝蕨方

산행증궐(山行烝蕨, 산에 가서 만드는 고사리찜) 만들기(산행증궐방)

산에 갈 때 솥이나 쟁개비를 휴대하지 않았다면 넓고 얇은 돌 6
조각을 가져다가 땅에 수직으로 배열하여 돌상자 모양을 만든다.
그러고는 살찐 고사리를 꺾어다가 돌상자 안에 쌓아 가득 쟁여넣
는다. 따로 암꿩【암꿩이 없으면 암탉을 쓴다】은 내장과 털을 제
거하고 깨끗이 씻은 다음 고사리 안에 거꾸로 꽂고 돌로 덮어 고
정시킨다. 밖에는 황토로 두껍게 봉하여 느슨한 틈도 없도록 한
다. 그 위에 마른 섶나무를 많이 쌓고 불을 붙여 2~4시간이 지나
면 꺼낸다. 식은 뒤에 식초와 간장을 끼얹어 먹으면 맛이 매우 빼
어나다.《증보산림경제》

山行烝蕨方

山行不携鼎銚, 則取石廣而薄者六片, 就地堅排, 作石函樣. 卽折取肥
蕨, 排裝石函中令滿. 另將雌雉【無則用雌鷄】去腸毛淨洗, 倒挿於蕨
中, 以石蓋定. 外以黃泥厚封之, 令無卸隙. 多積乾柴於其上, 用火燒
之, 過一二時辰, 取出, 候冷, 澆醋醬食之, 味極佳.《增補山林經濟》

재료

살찐 고사리 1kg,
암꿩이나 암탉 1마리, 식초 10g,
간장 40g

만들기

1 넓고 얇은 돌 6조각을 가져다가 땅에 수직으로 배열하여 돌상자 모양을 만든다.

2 그러고는 살찐 고사리를 꺾어다가 돌상자 안에 쌓아 가득 쟁여 넣는다.

3 따로 암꿩이나 암탉은 내장과 털을 제거하고 깨끗이 씻은 다음 고사리 안에 거꾸로 꽂고 돌로 덮어 고정한다.

4 밖에는 황토로 두껍게 봉하여 느슨한 틈도 없도록 한다.

5 그 위에 마른 섶나무를 많이 쌓고 불을 붙여 2~4시간이 지나면 꺼낸다.

6 식은 뒤에 식초와 간장을 끼얹어 먹는다.

할머니들이 산속에 올라온 고사리를 꺾으러 봄 소풍 가듯이 산에 오른다. 살찐 고사리를 꺾어 와서 삶아서 말려두면 일 년 내내 고사리나물을 만들어 제사상에 올리고 반찬을 만들어 먹을 수 있다. 생고사리는 삶았다가 조기찌개를 끓일 때 같이 넣어 지지면 고기보다 더 연하고 맛이 있다.

산행증궐(山行烝蕨)은 봄 고사리를 꺾으러 산에 갔는데 노구솥을 가져가지 못했을 때, 돌로 찜솥을 만들어 고사리를 깔고 꿩이나 닭을 안쳐 봉하고 불을 때 익혀 먹는 방법이다. 일종의 오븐구이 내지는 돌압력솥 구이인 셈이다. 주변에 있는 넙적하고 얇은 돌을 골라 그릇 모양으로 만들고 돌뚜껑을 덮은 후 틈을 막으니, 김이 새어 나갈 틈이 없다. 주변에는 겨우내 죽은 풀들과 마른 검불들이 널려 있다. 비가 오지 않으면 가물어서 검불들이 말라 불이 잘 붙는다. 근처에 냇가가 있으면 물을 이용하기가 편하고, 혹시 불이 다른 곳으로 번지는 것을 막을 수 있다.

푹 익은 닭과 고사리는 서로를 윤택하고 맛있게 해주는 매개체 역할을 한다. 닭에서 흘러나온 육즙과 기름은 고사리를 부드럽고 윤지게 해준다. 닭은 고사리 향과 미끄러운 기운을 받아 살이 퍽퍽하지 않고 촉촉하면서도 맛이 그대로 보존되어 있다. 껍질은 쫄깃하고 살은 달기만 하다. 고사리는 성질이 차서 열을 내리는 작용이 있다. 몸이 찬 사람은 너무 많이 먹지 않도록 한다. 고사리에는 비타민 B1을 파괴하는 물질이 들어 있어, 돼지고기와 함께 조리하면 영양가를 떨어뜨린다. 고사리는 독이 있어 생으로 먹으면 안 되고 익혀서 먹어야 한다. 고사리 뿌리는 자색이고 뿌리에서 전분을 취하면 섬세해서 과자를 만드는 데 사용한다.

산행증궐은 봄날 산에서 먹을 수 있는 가장 호사스러운 별미가 아닌가 싶다. 이 고사리찜을 먹어 본다면 고사리와 닭의 어울림에 반하고 말 것이다. 고사리의 기운과 닭의 기운이 뜨겁게 만나 훈증된 맛이 기가 막힌다. 고사리를 꺾으러 간 모든 사람을 흥겹고 행복하게 해 준다.

Tip
고사리는 순이 올라와 통통하고
억세지 않은 것으로 준비한다.
돌 틈은 황토를 이겨서 모두 메꾼다.

진흙처럼 부드러운 가지의 비결

소가방

燒茄方

소가(燒茄, 가지구이) 만들기(소가방)

마른 솥 안에서 가지를 볶는다. 이때 기름 3냥마다 꼭지를 딴 가
지 10개를 넣어 뚜껑을 덮고 볶는다. 가지가 진흙처럼 부드러워지
면 여기에 소금·간장 등의 양념과 참깨·은행을 갈아 만든 반죽을
넣고 섞는다. 마늘을 넣으면 더 좋다. 《군방보》

燒茄方

燒茄乾鍋內, 每油三兩, 擺去蔕茄十箇, 盆蓋燒, 候軟如泥, 入鹽·醬
料物、麻·杏泥拌. 入蒜尤佳. 《群芳譜》

가지를 익히는 방법에는 여러 가지가 있다. 밥솥에 밥을 하면 좋은 점이 참 많다. 자연 스팀이 되고 구수하고 단내 나는 쌀 향이 가지에 푹 밴다. 밥물이 잦아들고 뜸 들이기 전에 넣어 가지를 익힌다. 밥알이 묻어 있고 촉촉해서 가지나물을 만들 때 어머니들이 즐겨 쓰던 방법이다.

소가는 가지를 기름이 스미도록 한 다음 자체 수분으로 진흙처럼 푹 무르게 뚜껑을 덮어준다.

불은 중불로 시작해서 약불로 유지한다. 가지가 진흙처럼 푹 무르면 소금과 간장으로 간을 하고 은행을 갈아 끈적하게 된 반죽과 간 참깨를 넣고 함께 익혀준다. 그러면 쫀득쫀득하게 점도가 생기면서 고소한 냄새가 올라온다. 마늘도 함께 찧어서 넣어주면 더욱 맛이 있다. 은행에서 나온 전분 성분 때문에, 간은 물론 양념이 가지에 잘 달라붙어 먹음직스럽다.

은행을 갈아 쓰는 방법은 다른 음식을 할 때도 응용해 볼 수 있다. 강한 맛이 나는 재료는 없어도 풍미 있는 가지요리가 완성됐다. 가지는 소금에 절여 김치를 담그면 뽀도독한 식감이 느껴지고, 나물은 부드럽다. 이 요리법은 감칠맛이 나면서 쫀득하고 부드럽다. 가지는 천의 얼굴을 가지고 있어, 조리법에 따라 서로 다른 매력을 뽐낸다.

가지에는 비타민 P와 비타민 A가 들어 있으며 여러 가지 무기질과 미량원소가 들어 있다. 가지는 열을 내려주고 부기를 빼주고 독을 풀어주며 혈액순환이 잘되고 모세혈관을 튼튼하게 한다. 가지는 외용약으로도 쓰이는데 짓이겨 피부궤양에 붙이기도 한다. 가지꽃은 항균 작용이 있어 상처 치료에 쓰기도 하고, 가지잎은 콜레스테롤을 낮추고 동맥경화를 예방해 준다고 한다. 가지 뿌리와 줄기는 지혈 작용을 한다. 가지 꼭지는 부스럼과 장 출혈, 피부병, 치질 치료 및 종창 치료제로 민간에서 쓰인다.

은행에는 전분이 많아 단맛도 느껴지고 특유의 풍미가 있다. 이 밖에 각종 비타민과 레시틴(lecithin), 아스파라긴산(aspartic acid), 베타카로틴(β-carotene), 아연, 엽산, 철분, 비타민C, 식이섬유 등이 다양하게 함유되어 있다. 다만 전분이 많이 함유되어 있어 칼로리가 높아 주의할 필요가 있다. 청산 배당체가 들어 있어 지나치게 많이 먹으면 안 된다. 은행은 기관지 건강을 지켜주고 혈전 형성을 막는다.

Tip

마늘을 넣으면 더 좋다. 가지는
처음에 기름이 고루 배도록 뒤적인
후 뚜껑을 닫으면 촉촉하게 된다.
중간중간 뒤적여주되 형태가 망가지지
않게 주의한다.

재료

가지 3개(329g), 기름 26g, 소금 1g,
간장 10g, 참깨 5g, 은행 45g, 마늘 22g

만들기

1 마른 솥 안에서 가지를 볶는다. 가지는 꼭지를 따고 2등분
   한 후 세로로 3 등분하고 3쪽으로 자른다.

2 이때 기름을 먼저 두르고 여기에 자른 가지를 넣어 뚜껑을
   덮고 볶는다.

3 가지가 진흙처럼 부드러워지면 여기에 소금, 간장 등의 양
   념과 참깨, 은행을 갈아 만든 반죽을 넣어 섞는다.

유전채

(油煎菜, 기름에 지진 채소)

04

총론

總論

　　지방이 부족한 채소 음식을 영양이 풍부하게 만드는 법이 바로 기름에 지지거나 볶는 방법이다. 사찰 음식이나 산채 음식이 더욱 맛있게 느껴지는 이유도 식물성기름을 잘 활용하기 때문이다. 여기에 향료들을 잘 활용하면 맛이 풍부해진다. 산초, 천초, 생강, 후추, 회향, 시라, 총백, 귤껍질채, 고추, 표고, 석이, 감초 등 맛과 색을 살린 고명과 향신료는 채소 음식에 개성을 더한다. 심신을 맑게 하는 음식으로 손색이 없다.

간장과 참기름, 들기름 등 장과 식물성 유지만 있으면 반찬을 마련해 밥을 넘길 수 있게 해 주니, 자반[佐盤]이라고 한다. 밥상 위에 올리는 반찬으로 주로 소금이나 간장에 절이거나 졸이고 기름에 튀겨 오래 두고 먹을 수 있게 만든 반찬을 말한다.

소식가(素食家, 채식가)들에게는 채소를 기름에 지지거나 볶는 방법이 따로 있으니, 향료들을 섞고 넣어 맛이 풍부하다. 이는 대개 은거한 선비의 깨끗한 음식 중에서 진귀하면서도 검소한 자리를 차지할 수 있는 음식이다. 우리나라 사람들은 이를 자반[佐盤]이라고 부른다. 자반이란 밥상 위의 밥을 돕는 것을 말한다. 《옹치잡지》

素食家有油煎、油炒之法, 香料雜施, 饒有滋味. 蓋山臞淸供中, 能居珍儉之間者也. 東人呼爲佐盤, 佐盤者, 佐助盤飡之謂也. 《饔饎雜志》

매운 천초와 찹쌀 옷의 만남

전천초방

煎川椒方

전천초(煎川椒, 천초지짐) 만들기(전천초방)

찹쌀을 빻아 가루 낸 뒤, 간장과 물에 반죽한 다음 베 보자기로
싸고 솥 안에 매달아서 찐다. 이를 꺼내어 떡판 위에 놓고 나무
떡메로 오랫동안 휘젓기도 하고 갈아주기도 하기를 반복한다. 천
초가루를 뿌려주고 오랫동안 고루 쳐준 다음 납작하게 펴서 얇은
떡을 만든다. 칼로 쌍륙(雙陸) 주사위의 크기로 잘라서 볕에 바싹
말린다【혹은 뜨거운 온돌방에 깔아서 말린다】. 쇠쟁개비 안에서
참기름으로 지져 동그랗게 부풀어 오르면 매우 연하고 맛있다. 혹
은 찹쌀반죽으로 눈을 제거한 온전한 천초 1알을 감싸서 작은 공
의 모양으로 빚은 뒤, 참기름에 지져도 된다. 《증보산림경제》

煎川椒方

糯米擣爲粉, 以淸醬溲爲劑, 裹以布袱, 懸烝於鼎內. 取出置案上, 用
木杵且攪且磨良久. 以川椒屑灑之, 打均良久, 捍開作薄餠. 刀切作雙
陸骰子大, 曬令極燥【或鋪熱堗乾】. 鐵銚內, 以麻油煎之, 團團脹起,
味極脆美. 或以糯劑包去目完川椒一粒, 捏作小毬子, 油煎亦得. 《增補
山林經濟》

재료

삭힌 찹쌀가루 200g,
집간장 7g, 물 20g, 천초가루 2g,
참기름 200g

Tip

찐 찹쌀 반죽은 꽈리가 일도록
충분히 쳐 준다. 나중에 잘
떨어지도록
절구 안쪽에 기름칠을 한다. 부풀어
오르는 것을 막기 위해 눌러 가며
튀겨준다.
삭힌 찹쌀가루를 준비해야 나중에
튀겼을 때 잘 부풀어 오른다.

만들기

1 물을 갈아가며 20일 정도 담가 두었던 찹쌀을
  깨끗하게 씻은 후 물기를 빼고 빻아 가루 낸 뒤
  간장과 물로 반죽한다.

2 베 보자기로 싸고 솥 안에 매달아서 찐다.

3 이를 꺼내어 떡판 위에 놓고 나무 떡메로 오랫동
  안 휘젓기도 하고 갈아주기도 하기를 반복한다.

4 천초가루를 뿌려주고 오랫동안 고루 쳐 준 다
  음 납작하게 펴서 얇은 떡을 만든다.

5 칼로 쌍륙 주사위의 크기로 잘라서 볕에 바짝
  말린다. (혹은 뜨거운 온돌방에 깔아서 말린다)

6 무쇠솥 안에서 참기름으로 지져 동그랗게 부풀
  어 오르게 튀긴다.

7 혹은 찹쌀 반죽으로 눈을 제거한 온전한 천초
  1알을 감싸서 작은 공의 모양으로 빚은 뒤 참기
  름에 100도에서 튀기다가 160도에서 마저 튀긴
  다. 튀긴 후에는 기름을 잘 빼준다.

전천초(煎川椒)는 향신료인 천초가 주인 공인 재미있는 반찬이다. 조선시대에는 매운맛을 내는 향신료로 고추 이전에 천초, 산초, 생강, 겨자, 후추를 주로 사용했다.

천초는 특유의 향과 매운맛이 강해 음식의 나쁜 냄새를 없애주고 입안을 얼얼하게 마비시킨다. 천초는 초피나무의 열매로 중국의 쓰촨성에서 많이 나고 산초와는 다르다. 모양이 비슷해 혼동하기도 하지만, 산초는 잎이 매끈하게 생겼고, 천초는 잎 가장자리가 뾰족하다. 이런 향신료들은 약재로도 쓰여서 진통제나 소화제로 사용되었다. 귀한 향신료의 맛과 향을 음미하면서 은근하게 매운맛을 즐겼다.

전천초를 보면 두 가지 방법을 소개하고 있는데, 두루 반죽에 넣어 빵을 만들듯이 배합하는 법과 아예 알을 싸서 소처럼 톡 씹어 먹어 매운맛을 강하게 느끼도록 만든다. 아무래도 전천초는 어린 아이들보다는 어른들의 반찬으로 적합

하다. 시간이 지나면 매운맛이 조금 줄기는 하지만 알갱이는 씹으면 제법 맵기 때문이다.

반찬이면서 동시에 과자 같기도 해서 술안주로도 적합하다. 날아갈 듯 가벼운 바삭함에 강한 천초의 조합이 입맛을 정리해 준다.

찹쌀은 위와 장을 좋게 하지만 찰떡을 만들어 굳으면 베타형 전분이 되어 소화가 잘 안된다. 그러나 삭혀서 떡같이 쳐서 알파형 전분을 만들면 소화가 잘 된다. 그런데 말려서 기름에 튀기면 공기층이 생기면서 소화가 아주 잘되는 상태가 된다. 여기에 천초까지 넣었으니 더욱 소화가 잘된다.

간을 조선간장으로 해서 은은한 감칠맛이 느껴진다. 《규합총서》 속의 임자좌반도 전천초와 비슷한데 여기에는 천초가루와 고춧가루, 후춧가루가 들어가고 볶은 깨가 들어가 붉은빛이 나면서 고소하다.

향기롭고 고소한 살구씨 조림

수행인방

酥杏仁方

수행인(酥杏仁, 행인지짐) 만들기(수행인방)

행인은 피첨, 그리고 쌍인(雙仁, 알맹이가 둘인 씨)을 제거한 다음 따뜻한 물에 여러 날 담갔다가 꺼낸다. 참기름에 색이 변할 때까지 볶은 뒤, 식혀서 먹으면 매우 연하고 맛있다. 푹 졸인 간장에 넣어 먹으면 좋은 자반이 된다.《증보산림경제》

酥杏仁方

杏仁去皮尖及雙仁, 溫水浸數日, 取出. 以香油煠爁, 色變爲度, 候冷食, 極脆美. 投煉熟淸醬食之, 爲好佐盤.《增補山林經濟》

재료

행인 150g, 참기름 8g,
졸인 간장 20g

만들기

1 행인은 피첨(皮尖), 그리고 쌍인(雙仁)을 제거한
   다음 따뜻한 물에 여러 날 담갔다가 꺼낸다.
2 참기름에 색이 변할 때까지 볶은 뒤 식혀서 먹
   는다.

Tip

푹 졸인 간장에 넣어 먹으면 좋은 자반이 된다. 살구씨를 뜨거운
물에 담가 두고 여러 번 물을 갈아준다. 충분하게 담가 두어야
아리고 독한 맛이 빠진다.

살구는 6월이 되면 고운 빛으로 가지에 주렁주렁 열린다. 살굿빛은 붉은 기운의 열정과 분홍의 설렘을 간직한 흔적의 색이다. 노골적이지 않아 더 마음에 남는다. 난하면 혹하지만 쉬이 질리고, 도도하면 정이 안 가니, 살구는 튼실하고 소탈한 아가씨의 본색이다. 나지막한 시골집에 살구나무를 심고 봄 분위기를 만끽한다. 집 문을 나서면 하얀 배꽃과 고운 빛깔의 복숭아꽃이 다투듯이 피어있다.

이에 비해 살구라는 이름은 음식과의 궁합을 보여준다. 이름처럼 행인과 개고기는 함께 먹으면 안 된다. 돼지고기와도 잘 맞지 않고, 양고기와는 잘 어울린다. 천식이나 기관지염이 있는 사람이 먹으면 기침이나 천식을 멈추게 해주고, 폐와 장을 윤택하게 하며, 변비를 해소해 준다.

행인에는 독이 있어 많이 먹으면 안 된다. 특히 어린아이는 주의해야 한다. 행인의 껍질은 뜨거운 물에 담가두고 불리면 잘 벗겨진다. 뾰족한 부분을 제거하고, 반을 갈라 참기름에 볶다가, 간장을 넣고 조리면, 연하고 고소하면서 끝맛에 살짝 독특한 쓴맛이 돈다. 밑반찬으로 만들어 두고 소량씩 먹는 반찬 용도로 만들었다. 매끄럽고 고운 피부를 만들어주는 반찬인 셈이다.

예전에는 푸른 대문
살구나무집으로 불렸을 오래된 구옥

제4장 유전채(油煎菜)

짭짤하고 고소한 마른반찬

수호도방

酥胡桃方

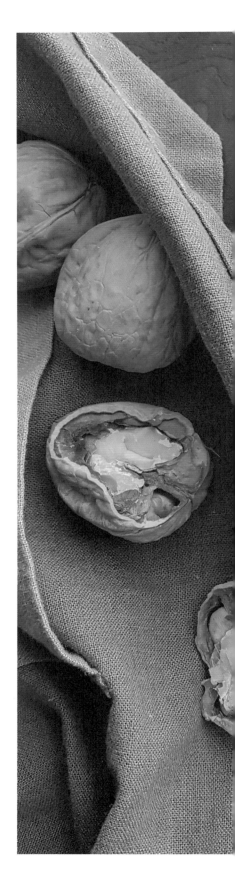

수호도(酥胡桃, 호두지짐) 만들기(수호도방)

호두를 끓는 물에 담갔다가 껍질을 벗기고 간장 안에 넣는다. 얼마 뒤에 건져내 달궈진 쟁개비에 넣고, 색이 변할 때까지 참기름에 볶는다. 식게 두었다가 저장해둔다. 《증보산림경제》

酥胡桃方

胡桃湯浸去皮, 投醬淸內. 移時撈起, 入熱銚中, 以芝麻油煠燋, 色變爲度, 放冷收貯. 《增補山林經濟》

'따르륵 따르륵' 끊임없이 이어지는 대화에 추자 돌아가는 소리가 추임새를 넣는다. 굳은살이 박인 손바닥을 꼭꼭 찔러주는 추자는 노년의 낙이 되어준다. 천안 명물 호두과자를 파는 철도원의 코맹맹이 소리와 기차의 덜컹거림은 기차 여행의 낭만이었다. 단맛만 있는 호두과자라면 무슨 매력이 있었을까 싶다.

설날이 지나 아쉬움이 느껴질 무렵 맞은 대보름날 깨 먹는 부럼은 온 방바닥을 어질러도 마냥 재미있었다. 호두는 폐를 윤택하게 해 주고 기침을 멎게 해줘, 봉수탕을 만들어 먹거나 호두술을 담가 마셨다. 옥관폐(玉灌肺)라는 폐(肺) 모양의 떡을 만들 때도 호두, 잣, 참깨 같은 견과류가 듬뿍 들어간다. 폐를 윤택하게 해 주는 재료를 모아 폐 모양으로 만들어 먹었다. 껍질 벗긴 호두와 멥쌀가루를 섞어 죽을 쑤어 먹으면 살이

찌고 건강해지며 피부에서 윤기가 난다. 호두의 다른 이름으로는 당추자, 추자, 호도, 핵도, 강도 등 다양하다. 호두가 뇌를 닮아 머리에 좋다는 말이 있다. 호두는 강장, 노화 방지 효과가 있고 소화기를 강화하고 폐를 보해주기 때문에 맞는 말이다.

호두의 지방은 리놀레산(linolenic acid)의 글리세리드(glyceride)로 동물성 지방과 달리 불포화지방산이고 필수 지방산이 풍부해 혈관 건강을 지켜준다. 호두에는 단백질과 비타민 B1이 풍부해 피부를 건강하게 해 준다. 수호도(酥胡桃)는 짭짤하게 간장에 버무린 호두를 기름에 지졌기 때문에 밑반찬이나 술안주로 적당하다. 간장이 맛있으면 호두 본연의 맛을 살려주면서, 간장의 감칠맛이 입에 착 감긴다. 어른들을 위한 성숙한 맛이 느껴지는 반찬이다.

호두는 고려 충렬왕 16년인 1290년 원나라에 갔던 영밀공(英蜜公) 유청신(柳淸臣) 선생이 왕가(王駕)를 모시고 올 때 호두나무 묘목과 열매를 가져왔다고 전해진다. 묘목을 천안 광덕사 경내에 심었다는 이야기가 있다.

전남 장흥에는 귀족 호두나무가 있는데 지압용으로 쓰이고 모양에 따라 값어치가 달라진다고 한다. 호두와 같은 속에 속하는 가래는 과육은 적고 핵과가 단단해 지압용으로 쓰였다. 귀족 호두나무는 가래나무와 과육을 먹는 식용 호두나무가 자연 교배된 종이라고 한다. 호두나무는 단단해서 궤나 앞닫이 등 가구를 만드는 데 썼다.

재료

호두 100g, 조선간장 50g,
참기름 15g

만들기

1 호두를 끓는 물에 담갔다가 껍질을 벗기고 간장
  안에 넣는다.

2 얼마 뒤에 건져내 달궈진 냄비에 넣고 색이 변
  할 때까지 참기름에 볶는다. 식게 두었다가 저
  장해 둔다.

Tip

호두의 속껍질은 이쑤시개나 산적 꼬치의 끝을 이용해 벗긴다.

몸에 약이 되는 콩조림

흑두초방
黑豆炒方

흑두초(黑豆炒, 콩자반) 만들기(흑두초방)

서리태 10승을 솥에 넣고 삶은 다음 물이 차갑게 식어 다 스며들도록 그대로 솥 안에 둔다. 다시마 1줌[把]을 몇 촌 길이로 잘라서 깨끗이 씻고, 생강채와 귤껍질채 각각 약간, 간장 1사발, 참기름 1사발, 벌꿀 1작은잔을 서리태와 함께 솥에 넣고 고루 휘저어 중간 불로 졸인다. 다시마가 푹 익고 간장과 기름이 고(膏)와 같이 끈적끈적해지면 꺼낸다. 여기에 볶은 참깨·잣가루·후춧가루를 뿌려 자기항아리에 저장해둔다. 《옹치잡지》

黑豆炒方

黑大豆一斗入鍋煮, 冷水浥盡, 仍放在鍋內. 海帶一把截作數寸長洗淨, 同薑絲·橘絲各少許, 清醬一碗, 香油一碗, 蜂蜜一小盞, 下鍋攪均, 文武火熬之. 待海帶糜爛, 醬油粘濃如膏, 取出, 糝炒芝麻, 海松子屑, 胡椒屑, 磁缸收貯. 《饔饎雜志》

재료

서리태 400g,
다시마 30*5cm 2장,
생강채 26g, 귤껍질채 8g,
간장 110g(조선간장 10g+
진간장 100g), 참기름 50g,
벌꿀 150g, 물 500g,
볶은 참깨 7g, 잣가루 10g,
후춧가루 2g

만들기

1 서리태는 깨끗이 씻어 콩껍질이 다 펴지지 않을
   정도로 불린다.

2 서리태를 솥에 넣고 삶은 다음 물이 차갑게 식
   어 다 스며들도록 그대로 솥 안에 둔다. 다시마
   를 잘라서 깨끗이 씻는다. 삶는 물은 불린 물을
   활용하면 좋다.

3 생강채와 귤껍질채 각각 약간, 간장, 참기름, 벌
   꿀을 서리태와 함께 솥에 넣고 고루 휘저어 중
   간 불로 졸인다.

4 다시마가 폭 익고 간장과 기름이 고와 같이 끈적
   끈적해지면 꺼낸다. 여기에 볶은 참깨, 잣가루,
   후춧가루를 뿌려 자기 항아리에 저장해 둔다.

Tip

다시마를 바닥에 깔아주면 콩이 냄비 바닥에 눌어붙는 것도
방지한다. 참기름이 천천히 배어들게 해야 콩이 부드럽게 된다.
중간중간 거품은 걷어내야 깔끔하다.

콩자반은 밥상에 단골로 오르는 밑반찬이었다. 콩을 싫어하는 아이들은 손도 안 대지만, 좋아하는 사람은 젓가락으로 콩을 집는 게 감질나 수저로 떠서 먹는다. 보통 물엿과 설탕을 써서 윤기가 흐르는 일반적인 콩자반을 흔히 보지만, 흑두초는 특별한 콩자반이다.

검은콩은 〈정조지〉 식감촬요(食鑑撮要) 편에 보면 조리법에 따라 성질이 여러 가지로 변한다고 쓰여 있다. 생 검은콩은 성질이 평(平)하지만, 이를 볶아 먹으면 성질이 매우 뜨거우며, 삶아 먹으면 성질이 매우 냉하며, 두시를 만들면 매우 냉하고, 장을 담그거나 콩나물로 먹으면 성질이 평하다고 했다. 팔색조 같은 검은콩을 음양의 이치를 헤아려 여러 가지 방법으로 조리해 먹으면 건강에 도움을 준다.

다시마는 기를 내려주고 좋은 채소가 없는 섬사람들이 즐겨 먹는다고 했다. 검은콩과 다시마는 서로 잘 어울려 영양학적인 면에서도 훌륭한 단백질 공급원이면서, 적당하게 먹으면 변비를 예방한다. 흑두초는 여기에 귤 향, 생강 향까지 더해 물엿만을 넣은 콩자반과 달리 고상하면서 은은한 향이 입맛을 사로잡았다. 토종 진귤피로 만든 진피는 향이 견고하다. 꿀을 당원으로 써서 자극적이지 않고 참기름과 다시마에서 나온 알긴산 때문에 부드러운 윤기와 촉촉한 맛이 돋보인다.

쇠솥에 콩을 조리하면 검은콩은 금속 이온과 만나면서 색이 선명해진다. 참기름은 기름막이 생기게 해 줘, 윤기와 색, 모양을 유지하게 도와준다. 당분은 콩을 삶은 다음에 넣어야 한다. 당분을 한꺼번에 넣으면, 물과 결합력이 강한 당분은 속으로 스며드는 것보다 먼저 콩의 중심의 물을 빨아내 버린다. 내부는 수축하고 껍질은 수축하지 않아 콩 표면에 주름이 생기게 한다.

간장과 기름이 어우러져 나온 고(膏) 같은 즙액에 마지막으로 참기름과 꿀을 넣어줘 윤기를 준다. 그릇에 담은 다음 볶은 참깨와 잣가루, 후춧가루를 뿌려 고소한 맛은 살리고 콩의 비린내는 없앤다. 검은콩, 검은 다시마, 검은 간장이 만나 든든한 밑반찬이 되었다. 검고 윤기 나며 묵직한 느낌이 밥상의 가벼움을 조절해 준다. 밥상 위에도 조화와 역할, 위치가 있다. 흑두초는 단순한 콩조림 이상의 지혜와 품격이 돋보이는 음식이다.

알알이 고소함이 터지는 들깨송송이 튀각

마방전방

麻房煎方

마방전(麻房煎, 들깨지짐) 만들기(마방전방)

후추나 들깨를 씨방[房]이 달린 채로 따서 깨끗이 씻은 다음 들기름에 지진다. 참기름으로 지져도 괜찮다. 《옹치잡지》

麻房煎方

胡椒或白蘇連房摘下, 淨洗, 用白蘇油煎之. 麻油亦可. 《饔饎雜志》

여름을 지나면서 들깨들이 훌쩍 자라, 근처에 가기만 해도 들깨 향이 난다. 들깻잎은 향신 채소로 고기나 생선 요리에 쓰이며, 들깨도 다양하게 음식에 활용된다. 특히 들깻잎은 장아찌도 담그고 김치도 담그고 멸치 넣고 조려도 먹는다. 농부 아저씨가 들깨와 콩, 참깨는 미친놈처럼 듬성듬성 심어, 어린 깻순이 올라오는 족족 잘라 나물을 만들어 먹어야, 옆으로 퍼져 도리어 깨를 더 많이 얻을 수 있다고 알려주신다.

9월 중순 무렵 씨방이 달린 들깨 송이를 따서 기름에 지지면 들깨송송이 튀각이 된다. 모양도 예쁘고 오메가3 지방산인 알파 리놀레산(α-linolenic acid)이 풍부한 들깻잎, 들깨, 들기름을 모두 먹을 수 있는 아름다운 우리 음식이다. 나는 시기가 짧아 씨방이 단단하게 여물기 전에 만들어 먹어야 한다. 9월 말에는 깻잎이나 콩잎에 단풍이 들어 수분은 적어지지만, 장아찌 담그기에는

그만이다.

입안에서 들깨 알이 생선알처럼 터지는 게 재미있어 아이들도 좋아했다고 한다. 튀각은 부각과 달리 찹쌀죽으로 쑨 옷을 입히지 않고, 재료 자체를 기름에 튀겨 뜨거울 때 설탕이나 깨를 뿌려 먹는다. 들깨 꽃송이는 부각으로 만들어 먹어도 바삭해서 맛이 좋다. 이때는 찹쌀가루죽을 쑤어 바르고 말렸다가 튀긴다. 그런데 들깨 송이나 자소엽 송이는 수분이 적어 튀각으로 만드는 게 씨방이 씹히는 맛이 더 생생하고 촉촉하다. 부각은 모두 바삭해 씨방의 특징이 덜산다.

저녁 반찬이 마땅치 않을 때, 기름에 지진 마방전은 과자 같아 아이들의 투정을 잠재웠다. 들깨 송이를 바구니 가득 꺾는 어머니의 손길이 그려진다. 작은 꽃송이와 씨방이 있을 때 시기를 놓치지 않아야 한다.

Tip

씨방이 달린 들깨는 씻어서
물기를 완전히 빼고 말린 후에 기름에
지진다. 물기가 없어야 바삭하게 된다.
튀긴 후에 설탕, 소금을 뿌려 간을
맞춰도 맛있다. 유채씨유를 섞어서
튀겨도 맛이 가볍다.

재료

들깨 꽃송이 500g,
들기름 50g 혹은 참기름(유채씨유 100g)

만들기

1 후추나 들깨를 씨방이 달린 채로 따서 깨끗이 씻은 다음
   말린다.

2 160도의 들기름에 바삭하도록 지진다. 참기름으로 지져도
   괜찮다. 밀폐해서 저장해 두고 먹는다.

415

맵싸한 뒷맛과 고소한 첫맛의 만남

송초전방

松椒煎方

송초전(松椒煎, 잣후추지짐) 만들기(송초전방)

다시마를 물에 담갔다가 얼마 뒤에 건져내서 물기를 짜낸다. 이를
찢어서 길이가 몇 촌 정도 되는 작고 좁은 가락으로 만든다. 다시
마 1가락마다 후추 1알, 잣【껍질을 벗긴다】1알을 싸서 묶은 다
음 달구어놓은 쟁개비 안에서 끓는 기름에 지진다. 《옹치잡지》

松椒煎方

海帶水浸, 移時控起, 絞去水, 扯作小狹條長可數寸許, 每一條, 包胡
椒一粒、海松子【去皮】一粒而紐結之, 熱銚內滾油煎之. 《饔饎雜志》

416

재료

다시마 40g, 후추 5g, 잣 15g,
기름 100g

만들기

1 다시마를 물에 40분 정도 담갔다가 건져서 물
  기와 점액을 닦아낸다.

2 4~5cm 폭에 길이 15cm로 다시마를 잘라서
  준비한다.

3 다시마 한 가닥마다 후추 1알, 껍질 벗긴 잣
  1알을 싸서 묶은 다음 170도 기름에 튀긴다.

4 기름을 빼고 식은 후에 밀봉해 두고 먹는다.

송초전은 잣과 후추를 다시마에 싸서 기름에 튀긴 음식이다. 잣과 후추를 넣고 매듭을 짓기 때문에 매듭자반이라고도 불린다. 다시마에 싸서 튀기면 잣의 고소한 맛이 더 강해지고, 후추는 바삭하면서 알싸하게 매운맛이 올라온다. 송초전은 반찬이라기보다는 술안주에 가깝다. 후추의 맛이 뒤에 남아 송초전의 주인공은 후추라는 생각이 든다.

알 후추는 조선시대에는 귀한 향신료였기 때문에, 그 귀함을 이렇게 해서 표현하지 않았나 싶다. 잠깐이지만 입안을 얼얼하게 마비시키는 매운맛은 입안을 정리해 주는 효과도 있다.

과거에 후추는 '검은 황금'이라고 불릴 정도로, 손에 넣기 어려운 값비싼 향신료였다. 조선에서는 후추를 모두 수입에 의존했기 때문에, 후추 가격도 비쌌지만 구하기도 쉽지 않았다. 성종은 후추를 우리나라에서 직접 재배했으면 좋겠다는 생각을 했고, 가공해서 들어오는 후추 말고 종자 후추를 구하길 원했다. 《성종실록》 13년 4월 17일 기사에 성종이 일본 사신에게 "후추씨를 구해 보내라."라고 요청한 기록이 보인다. 일본 역시 후추를 수입에 의존하고 있고, 유구국이 남만과 자바에서 들여오면 일본에서 다시 수입하고 있었다. 후추의 원산지는 인도였고 후추를 삶아 팔았다. 그러나 직접 재배하면 무역을 통한 이득을 취할 수 없었기에, 성종의 원과는 달리 쉽게 종자를 구할 수 없었다고 한다. 후추를 재배해 무역을 통해 얻은 이익으로 국가 재정을 확보하고, 후추를 약재로서 백성들의 일사병 치료제로 나눠

주기를 원했기 때문이라고 한다.

조선 후기로 가면서 후추는 널리 퍼져 대부분의 음식에 후추를 사용하게 된다. 특히 후추는 고기 음식에 들어가면 고기 맛을 더욱 살려줘, 인기 있는 향신료로 확고한 위치를 차지하게 된다.

후추는 설익어 초록색 상태일 때 따서 발효시킨 후 말려서 얻게 된다. 통후추 알을 갈아서 먹을 때의 신선함을 튀겨서 이로 깨 먹을 때도 똑같이 느낄 수 있다. 송초전(松椒煎)은 오롯이 후추 맛을 살리기 위한 장치인 셈이다. 무엇이든 소중한 것은 꼭 싸서 소중하게 만나고픈 마음을 담았다.

이국적인 향을 더해 쫄깃해진 고춧잎

남초초방

南椒炒方

남초초(南椒炒, 고춧잎볶음) 만들기(남초초방)

7월에 남초(고추)의 줄기와 잎을 취하여 깨끗이 씻고 데친 다음 건져서 물기를 짜낸다. 이를 다시 솥에 넣고 좋은 간장과 참기름에 반쯤 익도록 볶다가 참깨·표고·석이·생강채·귤껍질채·총백·회향·시라·후춧가루를 넣고 기름을 더하여 다시 푹 볶는다. 식게 두었다가 저장해둔다. 《옹치잡지》

南椒炒方

七月取南椒莖葉, 洗淨焯過, 控起, 絞去水. 復入鍋, 用美醬、香油炒半熟, 入芝麻、香蕈、石耳、薑絲、橘絲、蔥白、茴香、蒔蘿、胡椒屑, 添油更炒熟, 放冷收貯. 《饔饎雜志》

재료

고추 줄기와 잎 319g,
조선간장 20g, 참기름 18g,
참깨 3g, 불린 표고 40g,
석이 10g, 생강채 15g,
귤껍질채 5g, 총백 30g,
회향, 시라, 후춧가루 각각 0.5g씩

만들기

1 7월에 줄기와 잎이 붙은 고추 순을 따서 깨끗이 씻어 끓는 소금물에 데친다.

2 푸른빛이 돌 때 건져서 재빨리 찬물에 헹구어 물기를 짠다.

3 솥에 참기름을 두르고 데친 고춧잎에 간장을 치고 반쯤 익도록 볶는다.

4 참깨, 얇게 저며 썬 표고, 다진 석이, 생강채, 귤껍질채, 파, 회향, 시라, 후춧가루를 넣고 기름을 더 쳐가며 폭 볶는다.

5 한 김 식힌 후 두고 먹는다.

Tip

어린 고추도 함께 넣으면 더욱 맛이 있다. 어린 고추는 맵지 않고 은근히 달고 볶으면 고소한 맛이 올라온다. 대가 뻣뻣한 것은 잘라낸다.

7월에 고춧잎은 아직은 억세지 않고 어리고 연한 맛이 있다. 이제 막 하얀 고추꽃이 피고 조그마한 고추가 앙증맞게 달리기 시작한다. 어린잎과 줄기를 솎아주듯이 꺾어서 바구니에 담는다. 이때 고추도 함께 따면 나중에 데쳐서 볶을 때 양념 역할을 해주고 고추 자체도 맛이 좋다. 연하고 무른 고추는 단맛이 강하다. 데치고 볶기 때문에 매운맛은 빠진다.

남초초(南椒炒)는 《옹치잡지》에 실린 음식으로, 여름철에 흔한 고춧잎 줄기 볶음으로는 이색적이고 맛도 뛰어나다. 데쳐서 참기름과 간장을 넣고 반쯤 익게 볶다가, 나머지 향신료와 표고, 석이버섯을 함께 넣고 볶으면, 쫄깃한 버섯과 고춧잎이 어우러져 향 좋고 씹는 맛이 있는 고춧잎 볶음이 된다. 여러 가지 향

신료가 평범한 고춧잎을 특별한 음식으로 변신시켜 준다. 어떤 향신료와 고명을 쓰느냐에 따라 음식의 격이 달라진다는 것을 실감하게 된다. 시원하고 깔끔한 맛을 내주는 생강채, 귤껍질채, 회향, 시라 등이 들어가 상쾌한 향이 난다. 참깨와 참기름이 들어가 윤택하고 고소하며 단맛이 더욱 살아난다. 고급스러운 고춧잎 볶음을 넣고 밥을 비벼 먹어도 좋고 술안주로도 밥반찬으로도 제격이다. 비타민 C가 많은 고춧잎에 여러 가지 향신료를 넣은 남초초는 여름 밥상에 꼭 올려볼 만하다. 여름 더위에 지친 몸에 활력을 주고 배탈을 막아준다. 붉은 고추도 함께 넣으면 더 색스럽다.

바다 텃밭에서 올라온 먹는 보습제

해대전방
海帶煎方

해대전(海帶煎, 다시마지짐) 만들기(해대전방)

다시마를 물에 담가 하룻밤 묵힌 다음 건져낸다. 이를 칼로 몇 촌 길이로 자른 뒤 달구어진 쟁개비 안에 넣고 다시마가 누렇고 향기가 나면서 거품처럼 부풀어오를 때까지 끓는 기름에 지진다. 이를 꺼내어 볶은 참깨를 뿌리고, 식게 두었다가 먹으면 매우 연하고 맛있다. 이를 민간에서는 '탈각(奪角. 튀각)'이라 한다. 기름으로는 참기름이든 들기름이든 안 될 것이 없다. 《옹치잡지》

海帶煎方

海帶水浸一宿, 控起, 裁刀剪作數寸長, 熱銚內滾油煎之, 以黃香泡起爲度. 糝以炒芝麻, 放冷食之, 極脆美. 俗稱"奪角". 油用麻油、荏油無所不可.《饔饎雜志》

재료

다시마 45g,
기름(참기름, 들기름) 150g,
볶은 참깨 3g

만들기

1 다시마를 물에 담가 하룻밤 묵힌 다음 건져 물
　기와 점액을 닦아낸다

2 칼로 2.5cm×6cm 길이로 자른 뒤 180도로 달
　군 쇠냄비 안에서 다시마가 누렇고 향기가 나면
　서 거품처럼 부풀어오를 때까지 끓는 기름에 지
　진다.

3 꺼내서 뜨거울 때 볶은 참깨를 뿌리고 식혀서
　먹는다.

Tip

다시마 겉면에 붙어 있는 이물질을 제거하고 물에 불린다.
다시마는 물기를 제거해야 한다. 튀기는 동안 기름이 튈 수 있어
주의해야 한다.

우리나라 사람들은 유난히 해초류를 좋아하고 즐겨 먹는다. 바다 밭에서 나는 바다나물까지도 알뜰하게 채취해서 독창적인 방법으로 음식을 만들어 먹었다. 김은 물론 파래, 톳, 다시마로 여러 가지 형태의 반찬을 만든다. 특히 다시마는 달고 감칠맛이 있어 국물을 내는 재료로 적합하다. 다시마는 너무 오래 불리면 맛 성분이 다 빠져나가기 때문에, 국물을 주로 이용하려는 목적이 아니면 찬물에는 한 시간 정도 담가도 된다.

다시마를 0.5% 식초 물에 담갔다가 꺼내서, 물기를 닦고 사용해도 연해져서 좋다. 다시마는 튀겨낸 다음 뜨거울 때 깨를 뿌린다. 보통은 설탕을 조금 뿌리면 더욱 맛이 있다. 다시마는 표면에 거품이 일 때까지 충분히 튀긴다. 미역도 튀각을 만들어 먹는다. 다시마튀각은 비빔밥 위에 나물과 함께 올려 먹기도 한다. 바삭한 식감이 부드러운 나물밥에 포인트를 준다.

다시마는 알긴(align)이라는 끈끈한 점액질이 들어있는데 당질 성분이다. 단백질의 주성분은 글루탐산(glutamic acid)으로 여기서 감칠맛이 난다. 다시마 표면 위에 있는 하얀 가루는 만닛 성분이다. 다시마에는 소화가 잘되는 회분이 많이 들어있고 칼슘, 요오드 같은 무기질이 많은 알칼리성 식품이다. 끈적끈적한 투명한 점질물과 식이섬유가 많아 변비를 예방해 준다. 다시마는 두텁고 윤기가 나며 검은빛이 나는 게 좋은 다시마다. 다시마는 흑두초처럼 오랫동안 졸이는 음식에 넣어 함께 먹으면 좋다. 점액질이 있는 다시마는 물에 불린 상태에서 염분이 빠지면, 여름철 뜨거워진 피부 위에 붙여도 빠르게 피부를 진정시켜 준다. 아름다운 피부와 건강한 몸을 위해 다시마는 여러모로 유익한 식재다.

바다 향을 품은 천연 보혈제

녹각초방

鹿角炒方

녹각초(鹿角炒, 청각지짐) 만들기(녹각초방)

말린 청각(青角)【안 우리나라 민간에서는 녹각채(鹿角菜)를 청각이라고 한다】을 0.03척 길이로 썰어서 물에 담근다. 물기가 충분히 배어 부풀어오르면 꺼내어 물기를 짜내고, 달군 솥 안에 투입하여 참기름으로 볶는다. 청각에 기름이 다 스며들면 푹 졸인 간장과 참기름을 다시 떨어뜨려가며 바로바로 볶는다. 볶을 때 생강과 파, 고추를 넣어 고루 섞고, 다 익으면 후춧가루를 뿌려서 상에 올린다. 《증보산림경제》

鹿角炒方

乾青角【案 東俗呼鹿角菜爲青角】切三分長, 浸水. 候脹潤, 取起絞去水氣, 投熬釜中, 以香油炒之. 待油透入盡, 更以煉熟醬及香油, 旋滴旋炒. 炒時入薑、蔥、蠻椒拌均. 旣熟糝以胡椒屑供之. 《增補山林經濟》

생긴 모양이 사슴뿔을 닮아 녹각채라고도 불리는 청각은 평소에는 잘 안 먹다가 김장철에만 찾게 된다. 청각에는 칼슘, 요오드, 인, 철분 같은 무기질과 비타민 C가 풍부하게 들어있다. 빈혈을 예방하고 성장기 어린이들의 성장발육을 돕는다. 특히 식이섬유가 많아 변비를 예방한다. 청각은 말린 상태로 판매하기 때문에 주로 건어물상에서 구할 수 있다. 청각은 여러 번 물에 씻어 이물질과 검은 물을 잘 빼내야 청각의 색과 향이 제대로 살아난다. 끓는 물을 부어 데치면 더욱 파랗고 연해진다.

충분히 불린 청각을 볶을 때는 기름을 넉넉하게 둘러야 청각이 연하고 고소하다. 생강, 파, 고추, 후춧가루를 넣어 청각의 비린내를 없애고 감칠맛도 살린다.

기름에 볶아 부드럽고 고소한 청각나물 또한 별미다.

청각이 많이 나는 전남이나 경남에서는 데친 청각에 고추, 양파, 고춧가루, 파, 조선간장, 다진 마늘, 식초, 통깨, 소금을 넣고 무쳐 먹는다. 청각 냉국을 얼음 넣고 시원하게 만들어 먹기도 하고 삶은 청각에 고사리, 콩나물, 밀가루 묻힌 늙은 호박을 된장을 푼 멸치육수에 넣고 끓여 조갯살, 미더덕을 넣고 끓이다가 파, 마늘, 방아잎을 넣고 버무린 청각찜을 만들어 먹기도 한다. 쫄깃하고 특유의 향이 있으면서, 씹는 재미가 있어 싱싱한 청각은 고기를 먹는 것 같은 만족을 준다.

재료

말린 청각 40g,
참기름 25g, 졸인 간장 12g,
생강 4g, 파 22g,
고추 11g, 후춧가루 1g

만들기

1 말린 청각을 1cm 길이로 썰어서 물에 담근다.

2 물기가 충분히 배어 청각이 부풀어오르면 검은 물이 빠지도록 여러 번 헹궈가며 빤다.

3 맑은 물이 나올 때 물기를 짜고 달군 솥에 참기름을 치고 볶는다.

4 청각에 기름이 스미면 졸인 간장과 참기름을 다시 넣어가며 볶는다.

5 이때 생강채, 다진 파, 고추 썬 것을 넣고 고루 섞는다.

6 다 볶아지면 후춧가루를 솔솔 뿌려서 상에 올린다.

Tip

청각은 충분히 불려 통통하게 살아나야 한다.

불에 구운 황금색 죽순구이

박금방
燺金方

박금(燺金, 황금색죽순구이) 만들기(박금방)

신선하고 어린 죽순을 가져다 세료물(細料物)과 함께 밀가
루 약간을 섞은 다음 기름을 발라 불에 구우면 황금색과
같다. 달고 부드러워 아낄 만하다.

도제(道濟)의 《순소(筍疏)》에서는 "쟁반에서 기름 발라 황
금색 되도록 불에 굽고, 노구솥에서 쌀 섞어 백옥같이 삶
는다."라 했다. 《산가청공》

燺金方

筍取鮮嫩者, 以料物和薄麵, 拖油燺, 如黃金色, 甘脆可愛.
濟顛《筍疏》云 : "拖油盤內燺黃金, 和米鐺中煮白玉. " 《山
家淸供》

재료

어린 죽순 400g, 세료물(진피 2g, 사인 1g,
홍두 3g, 행인 2g, 감초 2g, 시라 0.5g, 회향 0.5g,
화초 간 것 0.5g), 밀가루 40g, 참기름 30g, 쌀 100g

만들기

1 진피, 사인, 홍두, 행인, 감초, 시라, 회향, 화초
  간 것을 준비해 모두 섞어 갈아서 준비한다.

2 신선하고 어린 죽순을 구해 쌀을 넣고 함께 삶
  는다.

3 껍질을 벗기고 세로로 반 갈라 적당한 길이로
  자른다.

4 세료물과 밀가루옷을 얇게 입히고 기름을 넉넉
  하게 발라 굽는다.

Tip

홍두는 미리 불려 삶아서 가루로 만들어 넣는다. 행인은
두드려 껍질과 씨알 한쪽 끝의 뾰족한 부분을 제거하고 갈아
쓴다. 다만 독이 있어 사용하지 않아도 된다.

박금(煿金)은 신선하고 어린 죽순에 기름을 발라가며 불에 구운 음식이다. 박금은 출전이 《산가청공》인 만큼, 산속에 있는 소박한 집에서 자연을 벗삼아 살며 내놓는 소박한 음식으로 적당하다. 신선하고 어린 죽순에 쌀을 넣고 함께 삶으면 부드럽고 연하게 삶아진다. 껍질을 벗기고 세로로 반 갈라 적당한 길이로 자르면 안에 마디마다 물이 고여 있다. 세료물과 밀가루옷을 얇게 입히고 기름을 넉넉하게 발라 구우면, 지글거리면서 황금색으로 죽순구이가 완성된다. 진피나 사인, 시라, 회향, 화초의 향이 더해져 맵고 시원하며 개운한 맛이 난다. 감초의 단맛이 크게 표가 나지 않을 정도로, 다른 향신료들의 맛이 강한 편이다. 밀가루가 서로 어우러지게 해 주고 죽순의 수분도 지켜준다. 지나치게 오래 구우면 수분이 빠져나가 질겨질 수 있으니 주의한다. 죽순은 수분이 적당하게 빠져야 씹는 맛이 생긴다.

살구씨는 미백 효과가 뛰어나다고 알려져 세안제 같은 피부 미용제로 쓰이고 기침 가래를 삭여주는 약재로도 쓰여 왔다. 그러나 설사를 일으키는 등 독성이 있다고 알려져 주의해야 한다.

홍두는 염분을 배설하게 해주는 칼륨의 함량이 높고, 노폐물의 배설을 돕는 식이섬유가 풍부하다. 사인은 맵고 따뜻한 성질 때문에 위장의 활동을 돕고 소화가 잘 되도록 돕는다. 감초, 시라, 회향, 화초 모두 소화를 돕는 작용을 하기 때문에, 전체적으로 배 속을 편안하고 따뜻하게 만들어주면서 죽순의 찬 성질을 보완해 준다.

요란하게 맛있는 음식을 멀리하고 죽순의 아린 맛과 단맛, 익은 향을 음미하면서 몸을 맑게 하는 데 적합한 음식이다. 죽순은 애써 심지 않아도 절로 얻으니 수고롭지 않다.

막힌 곳을 뚫어주는 신통한 음식

통신병방

通神餅方

통신병(通神餅, 생강지짐) 만들기(통신병방)

생강은 얇게 썰고 파는 가늘게 썬다. 생강과 파는 각각 밀가루를
조금 섞는다. 약간의 감초[國老]를 곱게 가루 낸 뒤 밀가루에 섞으면
아마 나쁘지는 않을 것이다. 기름을 약간 넣고 지져서 먹으면 추위
를 끊을 수 있다. 주희(朱熹)의 《논어집주(論語集註)》에서 "생강은 신
명을 통하게 한다[通神明]."라 했으므로 이와 같은 이름을 붙였다.
《산가청공》

通神餅方

薑薄切, 蔥細切, 各以和稀麵, 宜以少國老細末和入麵, 庶不惡. 入淺
油煠, 能已寒. 朱氏《論語註》云"薑通神明", 故名.《山家淸供》

재료

생강 114g, 파 20g,
밀가루 50g, 물 50g,
감초가루 1g, 기름 30g,
소금 1.5g

만들기

1 생강은 껍질을 벗기고 얇게 썬다. 매운 생강은
   데친다. 파는 가늘게 썬다.

2 생강과 파에 고운 감초가루 소량을 섞은 밀가
   루를 고루 바른다.

3 기름을 두르고 지져 낸다.

토종 생강은 맹렬하게 맵다. 진게론(zingherone)과 쇼가올(shogaol) 때문이다. 생강을 먹는 방법은 여러 가지가 있다. 개운한 맛을 내는 데 생강만 한 향신료가 없다. 조선시대 향신료로 마늘보다 생강이 즐겨 쓰인 데는 그만한 이유가 있다. 마늘이 은근히 감칠맛을 내준다면, 생강은 부정적인 것은 바로잡아 주고 은은한 생강 향은 남는다. 생강의 가치를 잘 알고 최대로 활용한 때가 조선시대다.

생강은 식혜 같은 음료나 강정, 엿, 약과 같은 과정류는 물론 편강, 정과를 만들거나 생강 전분을 이용해 다식을 만들기도 한다. 통신병은 생강 자체를 전처럼 지져 먹는 음식이다. 지나친 매운맛을 미리 빼서 밀가루를 무쳐 기름에 지져 먹으면, 막힌 곳을 뚫어주고 신명을 통하게 한다.

파는 매운맛이 있지만, 기름에 지지면 파 향이 식욕을 자극하면서 먹어 보면 단맛이 입안 가득 퍼진다. 생강은 《고려사》 고려 현종 9년(1018)에 왕의 하사품으로 쓰였다는 기록이 처음 보인다.

생강은 1300여 년 전에 중국에 사신으로 갔던 신만석이라는 사람이 봉성현(鳳城縣)에서 생강을 들여와 심어 재배에 성공했다고 한다. 생강은 충남 서산과 전북 봉동 지역에서 우리나라 전체 생산량의 90%가 생산되고 있다.

생강 지짐의 옷에는 밀가루와 함께 감초가루가 조금 들어간다. 감초가루가 들어가면 묘한 단맛과 함께 착 감기는 튀김의 맛을 내준다. 감초가루를 부침옷이나 튀김 만들 때 넣어주면 표는 안나지만 맛있게 해주는 마법의 가루 역할을 한다. 감초는 밑국물을 낼 때도 넣어주면 훨씬 당기는 맛을 내준다.

생강의 약리 작용으로 속을 가라앉혀 주고 비위를 다스리며 막힌 곳을 뚫어준다. 대파 역시 소화 기능을 촉진하고 몸을 따뜻하게 해 준다. 결국 파와 생강은 면역력을 올려줘 몸을 건강하게 만들어준다.

Tip

생강은 매운맛이 강해 끓는 물에 데친 다음 찬물에 담가 두었다가 쓴다. 감초는 가루를 낸 후 체에 걸러서 쓴다.

고기 맛이 나는 식물성 대체육

가전육방

假煎肉方

가전육(假煎肉, 가짜고기전) 만들기(가전육방)

박과 밀기울을 두드려 얇은 모양으로 만든 다음 각각 양념을 한
다. 밀기울은 기름으로 지지고 박은 비계로 지져 놓는다. 그러고
나서야 비로소 파를 기름에 볶은 뒤, 볶은 파에 술을 넣고 지진
박과 밀기울을 넣어 같이 푹 볶는다. 《산가청공》

假煎肉方

瓠與麩薄批, 各和以料, 煎麩以油, 煎瓠以脂, 乃熬蔥油, 入酒共炒熟.
《山家淸供》

제4장 유전채(油煎菜)

재료

박 876g, 밀기울 100g,
물 100g, 기름 15g,
파 볶음용 10g,
반죽용 기름 2g,
비계기름 20g, 소금 5g,
조선간장 10g, 파 30g,
술 36g

만들기

1 박은 껍질을 벗기고 눈썹 모양으로 자른 후 소금
  과 간장으로 간을 한다.

2 밀기울은 물을 넣고 충분히 치대며 반죽한다.

3 반죽한 밀기울 덩이를 얇은 모양으로 만든 다음
  소금과 간장으로 간을 한다.

4 밀기울은 기름으로 지지고 박은 비계로 지진다.

5 파를 기름에 볶아 파기름을 낸 뒤 술을 넣고 여
  기에 지진 박과 밀기울을 넣어 같이 어우러지게
  충분히 볶는다.

Tip

밀기울 반죽에 기름을 조금 넣으면 반죽이 더 잘된다.
휴지기를 갖는다. 박은 씨를 발라내고 속을 도려낸다. 꼭지 쪽은
맛이 쓸 수 있어 도려낸다. 박이 여물어서 쓴맛이 날 경우는
삶아서 헹군 후 사용한다.

가전육(假煎肉)은 고기와 같은 식감을 내는 식물성 재료로 만든 가짜 고기를 말한다. 옛날에도 대체육을 만들 때 고기 식감과 풍미를 내는 식물성 재료를 통해 고기 느낌을 냈다.

우엉, 파초, 연방으로 만든 포도 고기 같은 느낌을 주도록 만들었다. 현대에는 종교적인 이유뿐만 아니라, 환경보호를 위한 가치소비에 동참하는 소비자들이 늘면서, 식물성 고기에 대한 관심과 소비가 늘고 있다.

콩단백, 밀단백에 식물성 유지와 동물성 유지를 섞어 맛을 내기도 한다. 음료 시장에도 기존의 우유 대신에 아몬드밀크나 귀리우유 같은 식물성 음료가 두유만큼 인기를 끌고 있다. 식물성 오일과 견과류 전분을 이용한 비건 치즈와 템페, 두부도 모두 훌륭한 비건음식으로 건강을 위해 각광받고 있다.

밀기울은 밀가루를 만들 때 나오는 속껍질과 배아를 말한다. 밀기울에는 비타민, 미네랄, 식이섬유 같은 영양성분이 들어 있어 밀가루와 함께 섞어 먹으면 유익하다. 밀기울의 다소 거친 식감이 거북하다면 밀기울 가루, 배아 가루, 밀가루를 혼합하면 된다. 고기 식감을 느낄 수 있다. 박은 촉촉하면서 쫄깃한 느낌이 있다. 두 가지 재료를 함께 갈아서 서로의 장점을 취해도 괜찮다. 박은 가급적 씨가 여물기 전의 어린 박을 쓰는 것이 달고 맛이 좋다. 박은 말갛게 익을 때까지 볶는다. 가전육은 밀이 가진 단백질과 칼슘, 철분을 취할 수 있고 박은 칼슘, 칼륨, 비타민 C, 철분, 아연, 인, 식이섬유 등이 들어 있어 부기를 빼주고 칼로리가 낮아 미용식으로도 응용해 볼 수 있다.

수황우방

酥黃芋方

수황우(酥黃芋, 수황토란지짐) 만들기(수황우방)

토란을 삶는 데는 여러 가지 방법이 있는데, 유독 수황(酥黃)은 사람들이 얻기가 힘들다. 토란을 익혀 편으로 썬 다음, 비자(榧子)와 행인을 갈아서 간장을 섞고 토란에 바른다. 이를 밀가루에 묻혀서 지진다. 《산가청공》

酥黃芋方

煮芋有數法, 獨酥黃, 世罕得之. 熟芋截片, 研榧子、杏仁和醬, 拖麵煎之. 《山家清供》

재료

토란 368g, 비자 2g,
행인 2g, 조선간장 13g,
밀가루 50g,
기름 적당량(30g)

만들기

1 토란은 껍질을 벗겨 물속에 담갔다가 소금을 넣은 끓는 물에 삶아 데친다.

2 토란이 익으면 건져서 찬물에 헹군 후 물기를 빼고 편으로 썰어둔다.

3 행인은 여러 번 물을 바꿔가며 담갔다가 2~3일이 지나면 걸러낸다. 뜨거운 물을 부어 속껍질, 씨의 뾰족한 부분, 씨가 둘인 것은 제거한다. 한 번 볶아준다.

4 비자는 겉껍질을 깨서 벗기고 물에 불렸다가 속껍질은 기름에 볶아서 벗겨낸다.

5 행인과 비자는 갈아서 찧었다가 간장에 타서 편으로 썰어둔 토란에 바르고 밀가루를 묻힌다.

6 기름을 두르고 노릇하게 지져낸다.

446

토란은 특유의 아린 맛이 있어 삶을 때 생강과 함께 삶거나 잿물, 식초, 소금, 기름과 간장물 등 여러 가지 삶는 법이 있다. 삶을 때는 솥뚜껑을 열지 말고 삶아야 아린 맛이 나지 않는다고 한다.

토란은 갈락탄(galactan)이라는 미끈미끈한 점질액이 나오는데, 끓는 물에 데쳐야 없어진다. 토란은 가을에 수확해서 쇠고기를 썰어 넣고 탕을 끓여 먹는다. 〈정조지〉에는 여러 가지 토란의 조리법이 나와 있다. 익혀서 껍질을 제거하고 찹쌀가루와 섞어 모양을 잡아 참기름에 지져 먹는다. 또 다른 방법으로는 토란떡에 소로 설탕이나 콩가루, 산초, 소금, 설탕, 호두나 등자채를 섞어도 좋다. 큰 토란을 심을 도려내고 백매감초탕에 데치고, 꿀을 섞은 잣과 호두살을 넣고 쪄서 먹는다. 토란은 토지라고도 하는데《산가요록》에 "보관할 때 3~4일 볕에 말려, 항아리 안에 마른 모래를 깔고 토란을 넣고 번갈아 하여 꽉 채우고, 베 보자기로 입구를 막아 방안의 춥지도 덥지도 않은 곳에 두면 썩지도 마르지도 않는다."라는 기록이 있다. 볏짚을 덮어 숙성한 것은 토율아라고 해서, 화로에 구워 먹으면 밤 같은 맛이 난다. 술에 적신 습지에 싸서 끓인 술과 술지게미로 싸서 구워 먹는 법도 있다.

토란 지짐은 일종의 토란전인데 비자와 행인을 깨처럼 섞어 향이 감미롭다. 물론 비자 향이 익숙하지 않아 조금 강하게 느껴질 수도 있다. 그럴 때는 소량만 넣으면 된다. 살구씨 역시 청산이 만들어지는 아미그달린(amygdalin)이라는 독성이 있어 많이 넣을 필요는 없다. 행인은 기침과 천식을 멎게 하고, 장의 기능을 활발하게 해 줘 변비를 해소한다. 살구씨는 불포화지방산과 비타민이 있어 미백 효과 때문에 미용제로도 쓰인다. 비자는 특유의 향이 있으며, 안의 씨는 아몬드처럼 기름기가 있으면서 쌉싸래한 맛이 있다. 비자나무 근처에는 벌레들이 오지 않을 정도로 구충 효과가 뛰어나다. 혈액순환을 돕고 변비를 예방한다.

수황우(酥黃芋)는 부드러운 토란에 비자와 살구씨를 양념처럼 사용해 변비를 예방하는 효과를 극대화했다.

제4장 유전채(油煎菜)

수채

(酥菜)

05

총론
總論

콩류를 갈아서 끓이다가 응고제를 넣고 굳힌 다음 짜서 만든 수채(酥菜)는 두류(豆類)의 영양을 흡수할 수 있는 최고의 방법이다. 수락, 즉 치즈의 겉모양을 본떠 만들었는데 맛 또한 달고 부드럽고 촉촉하며 고소하다. 바다에서 나는 해초인 우뭇가사리로 묵을 만들고 녹두 전분으로 묵을 만들어 전혀 다른 차원의 부드럽고 탄력 있으며 소화가 잘되는 형태로 가공했다. 두부나 묵 같은 수채를 만들 때는 물이 매우 중요한데 냄새가 나지 않고 맛이 좋은 물을 써야 한다. 맑은 우물물이나 샘물이 있는 곳에서 만든 수채라야 원하는 맛을 얻을 수 있다.
양귀비씨나 홍화씨도 가능하니, 모두 보드랍고 고소해서 다른 채소와 함께 먹을 수 있다.

수채(酥菜)는 두채(荳菜, 콩류)를 갈아서 졸이거나, 눌러 짜서 덩어리를 만들거나, 그릇에 담아 굳힌 것이다. 모양이 수락(酥酪, 치즈)의 겉면과 같기 때문에 '수채'라 하니, 모양을 본뜬 것이다. 또는 맛이 달고 부드럽고 촉촉해서, 맛이 수락과 같기 때문에 이렇게 불렀다고 한다. 이 또한 뜻이 통한다.《옹치잡지》

酥菜, 磨荳菜而熬之, 或壓榨爲塊, 或貯器凝定. 形如酥酪之皮, 故曰"酥菜", 象形也. 或曰甘腝而澤, 味同酥酪, 故名, 亦通.《饔饎雜志》

두부요리

1554년 갑인년(甲寅年) 6월 14일 계미(癸未) 날에 만든 것으로 전해지는 《계미서(癸未書)》에는 두부 요리가 전해진다.

乾豆泡(건두포)　　　　　　　　　　　　　　　　두부 말리는 법

當二月造泡 以細帒細篩盡去細滓 作泡堅幅 太一斗則作九片 置槽三日後 布箔上
陽乾 夜則還浸其水盡爲度

2월이 되면 두부를 만드는데, 고운 자루와 고운 체에 찌꺼기가 없도록 걸러 단단하고 넓적하게 두부를 만든다. 콩 1말이면 (두부) 9판이 만들어진다. (두부) 통에 3일을 두었다가 발 위에 널어 양지에서 말린다. 밤에 다시 (두부 통의) 물에 담가 두었다가 (다시 널어) 두부의 물이 완전히 빠질 때까지 둔다.

取泡(취포)　　　　　　　　　　　　　　　　두부 연하게 만드는 법

太一斗磨破去 淸水爲限極洗 又菉豆一斗 別磨破去皮 淨洗 與 太相雜 極洗 徐緩
磨之 盛帒去滓 又用木綿帒絹帒 極去細 滓 盛釜沸之 若溢出則以淨冷水隨釜鉉
暫廻注 又溢則如此者 六七度 然後盡 去其釜底火氣用苦濕之布其釜下 酢水極淡
如 水 徐徐入之 若酢水稍醎則不軟 又入醋水 不徐則不軟 諺日 性急者 取泡多致
不軟 以菉豆之故 雖極軟 不破落 取泡.

콩 1말을 타서 껍질 벗기고 맑은 물이 나올 때까지 깨끗이 씻는다. 녹두 1말을 따로 타서 껍질을 벗겨 깨끗이 씻는다. 이 두 가지를 섞어 깨끗이 씻고, 맷돌에 천천히 간 후 자루에 담아 찌꺼기를 거른다. 또 목면 자루나 생명주 자루를 이용해 고운 찌꺼기까지 잘 거른다. (콩물을) 가마에 담아 끓이는데 넘치려 하면 찬물을 솥 가장자리로 천천히 돌리면서 붓는다. 또다시 넘치려 하면 앞과 같은 방법으로 예닐곱 번을 반복한 후, 완성되면 축축한 거적을 솥 밑에 덮어 불기운을 없앤다. 초를 물에 아주 연하게 타 서서히 넣는다. 만일 식초 물이 진하면 (두부가) 연하게 되지 않고, 식초 물을 급히 넣으면 (두부가) 연하지 않다. 성질이 급한 사람이 두부를 만들면 연하지 않게 된다는 말이 있다. 그리고 예부터 녹두를 함께 쓰면 매우 연하고 부서지지 않는다고 하였다.

《원행을묘정리의궤》에도 (윤 2월 14일 기록) 어상과 노인상에 두포탕과 태포탕이 올라간다는 기록이 보인다.

추탕(鰍湯)

조선 후기 문신이자 서예가인 최영년(崔永年)의 저술 《해동죽지(海東竹枝)》(1925)에 보면 두부와 추어를 활용한 음식이 기록되어 있다.

延安多鰍 霜降時 作豆腐未澱時 入鰍再壓成堅 細切入薑椒和粉烹熟 味甚甘滑

연안(延安) 지역에는 추어가 많이 나는데 서리가 내릴 때 두부를 만들어 굳기 전에 추어를 넣고 다시 눌러서 굳힌 다음, 잘게 잘라서 생강과 산초를 넣고 밀가루와 섞어 삶아 익히면 맛이 매우 달콤하고 부드럽다.

두부는 한나라 때 만들어졌는데 우리나라에 전래한 것은 분명치 않지만, 그 기원이 중국임은 분명하고 우리 문헌에 등장하는 때가 고려 말이고 보면 아마도 교류가 빈번했던 고려 말에 원나라에서 전래되었을 가능성이 크다. 우리 문헌에 두부에 관한 최초의 기록은 고려 말 성리학자 이색(李穡)의 문집인 《목은집(牧隱集)》(1404, 태종 4)의 〈대사구두부래향(大舍求豆腐來餉)〉이라는 시에서 찾을 수 있다.

> 菜羹無味久(채갱무미구) 맛없는 채소 국을 오래도록 먹었더니
> 豆腐截肪新(두부재방신) 두부가 썰어 놓은 비계처럼 새롭구나
> 便見宜疎齒(편견의소치) 성긴 이로 먹기에 알맞은 듯 보이니
> 眞堪養老身(진감양로신) 참으로 늙은 몸을 보양할 만하도다

이 시로 미루어 보면 고려시대에 이미 두부가 생활 음식으로 사용되고 있으며, 사람들은 이미 두부의 우수함을 알고 있었다.

이 외에도 조선시대 여러 문헌에 두부에 대한 기술이 있다. 세종 16년(1434) 《세종실록》에는 "조선에서 온 여인은 각종 식품 제조에 교묘하지만, 그 가운데서도 특히 두부는 가장 정미하다."라고 명나라 황제가 칭찬하였다는 기록이 있다. 이는 비록 두부가 중국에서 먼저 개발되어 전해졌지만, 우리나라에서도 나

름대로 조리법이 개발되었음을 뜻한다. 또 조선시대에 우리나라 사람들이 두부를 만드는 기술이 뛰어나 중국과 일본 사람들이 두부 만드는 기술을 전수해 갔다고 전한다. 이를 두고 허균은 《도문대작(屠門大嚼)》에서 "서울 창의문 밖 사람들이 두부를 잘 만들며 그 연하고 매끄러운 맛이 이루 말할 수 없다."라고 썼을 정도다. 특히 최남선은 《조선상식(朝鮮常識)》 풍속 편의 두부 조에서 "경주 성 장수로 있었던 박호인이라는 인물이 일본의 토좌현 고지에 머물면서 두부 만들기를 업으로 삼고 성마저 일본식으로 고쳤다."라고 했는데 이는 한반도의 앞선 두부 제조 기술이 일본으로 전파되었음을 증명하고 있다. 그러나 일본에서는 두부를 '당부'로도 불렸듯 중국에 유학한 승려들이 전한 것으로 보는 것이 유력하다.

 * 《우리가 정말 알아야 할 우리 음식 백 가지》(현암사) 참조
 * 《잘 먹고 잘사는 법 시리즈》(김영사) 참조

초당두부는 허균의 아버지 초당 허엽이 강릉 부사로 내려와 관청 뜰의 우물물이 맛이 좋아 이 물로 두부를 만들게 했다는 설도 있으나, 6. 25 때 남편을 잃고 생계가 막막했던 마을 아낙들이 두부를 만들어 팔기 시작했던 데서 유래했다.

순두부, 비지 요리, 유부 요리 등 두부는 수분 함량에 따라, 거르는 법에 따라 여러 가지 종류가 있다. 일본과 중국 역시 두부가공품이 발달했다. 두유를 끓인 후 생긴 막을 걷어서 만든 유바와 말린 유바가 있으며 두부를 동결 건조시켜 사용한다. 모양은 다 달라도 공통점은 모두 소화가 잘된다는 점이다.

건조두부

고소하면서 묵직한 맛

두부방

豆腐方

두부 만들기(두부방)

두부는 흑두(서리태)·황두(메주콩)·백두(白豆, 흰 강낭콩)·홍두(紅豆, 팥)·완두·
녹두의 종류로 모두 만들 수가 있다. 콩을 물에 담갔다가 맷돌에 간 다음
찌꺼기를 걸러내고 삶아서 만든다. 이때 간수나 산반(山礬) 잎사귀, 맛이 신
장수(漿水)나 식초를 넣어 응고시킨 뒤, 가마솥에 거두어 둔다. 또는 항아리
에 넣어 석고(石膏)가루로 응고시켜 거둔다. 대체로 맛이 짜고, 쓰고, 시고,
매운 재료를 콩물에 넣으면 모두 두부로 응고시켜 거두어들일 수 있다.
《본초강목》

두부(豆腐)는 한나라의 회남왕(淮南王) 유안(劉安)이 처음으로 만들었다. 흑
두·황두·백두에 관계없이 물에 담갔다가 맷돌에 갈아서 찌꺼기를 걸러내
고 달여서 만든다. 간수를 넣어 솥에서 거둔 다음 포대에 담는다. 버드나
무를 깎아 품대(品帶) 모양과 같은 틀을 만들고, 포대를 그 안에 넣는다.
판 2개로 위아래를 받쳐주고 눌러주면 저절로 둥근 덩어리가 완성된다.
이를 잘 잘라서 국을 끓이기도 하고, 편으로 잘라 굽거나, 꼬챙이에 끼우
고 국물을 더하여 연포(軟泡)를 만들기도 하는데, 모두 좋다.《고사십이집》

豆腐方

豆腐, 黑豆、黃豆、白豆、紅豆、豌豆、綠豆之類, 皆可爲之. 水浸, 磑磨濾滓, 煎
之. 以鹽滷汁或山礬葉或酸漿、醋澱, 就釜收之. 又有入缸內, 以石膏末收者. 大
抵得鹹、苦、酸、辛之物, 皆可收斂耳.《本草綱目》

豆腐, 漢 淮南王 劉安始造. 無問黑、黃、白豆, 水浸, 磑磨濾去滓, 煎成. 以鹽
滷汁就釜收之, 盛貯布袋. 削柳爲規如品帶形, 納布帒于中. 兩板壓其上下, 則自
成圓塊. 或細切煮羹, 或作片燔炙, 或穿串加汁以爲軟泡, 皆佳.《攷事十二集》

조선시대 성리학자인 성호(星湖) 이익(李瀷)(1681~1763)은 과거를 스스로 단념하고 학문의 길을 걸을 것을 결심한다. 녹봉을 받을 수 없는 처지에 물려받은 토지를 바탕으로 스스로 자급자족을 해야 했다. 검약한 생활을 실천하며 콩죽, 콩장, 콩나물을 권장하는 삼두회(三豆會)를 만들었다. 콩의 이점을 누구보다 잘 알았다. 그중에서 두부는 가장 실용적인 영양 공급원이었다.

포(泡)라고 불리는 두부는 모양이 반듯하고 뽀얀 빛깔에 영양은 많고 연하며 소화가 잘돼 많은 미덕을 가지고 있다. 불린 콩을 갈면 두유를 만들어 마실 수 있으며, 간 콩국으로는 면을 말아 먹을 수 있다. 콩비지로는 새우젓과 돼지고기를 넣고 비지밥, 비지찌개를 끓여 먹는다. 비단같이 부드러운 순두부는 양념장을 끼얹어 먹는다. 해물을 넣은 순두부찌개는 누구나 좋아한다. 두부를 얼리면 구멍이 송송 뚫리면서 독특한 식감이 만들어진다. 두유를 끓여 만들어지는 막은 걷어서 먹기도 하고 말려서 두었다가 국을 끓여 먹는다.

두부는 생선살이나 고기, 채소 다진 것과 함께 섞어 두부전을 부치면 고소하면서 부드럽고 영양의 균형이 잘 맞는다. 두부탕이나 두부 전골도 지진 두부를 사용해 고기를 넣고 채소와 함께 끓여 국물과 함께 두부를 건져 먹는다. 모양을 낸 두부요리로는 으깬 두부에 여러 가지 양념을 섞어 반대기를 짓고 그 위에 색스런 고명을 올린 후 쪄내는 두부선이 있다. 예전에는 관가에 두부를 만들어 바치는 '조포소(造泡所)'라는 기관이 있었고 왕실의 제사에 제물로 쓰는 두부를 만드는 절인 조포사가 있었다.

재료

흑두(서리태) 1kg,
황두(메주콩), 백두(흰 강낭콩),
홍두(팥), 완두, 녹두,
간수(산반 잎사귀, 맛이 신 장수,
식초, 석고가루 중 선택) 300g

만들기

1 흑두, 황두, 백두, 홍두, 완두, 녹두 등 콩의 종
   류에 상관없이 골라 콩을 씻은 후 8시간 정도
   물에 불린다.

2 불린 콩을 건져 맷돌에 간다. 찌꺼기는 걸러내
   고 콩물을 솥에 넣고 삶는다.

3 눋지 않도록 나무주걱으로 바닥까지 저어준다.

4 콩 알갱이가 익으면 선택한 간수를 고루 부어
   넣어 응고시킨다.

5 엉긴 두부를 떠서 미리 준비한 두부 틀에 베 보
   자기를 깔고 부은 후 감싸고 뚜껑을 덮은 후 무
   거운 물건을 올려 물기가 빠지도록 한다.

6 물기가 다 빠지면 틀에서 꺼내 두부를 잘라 두
   고 먹는다.

Tip
두부는 끓일 때 포(泡)라는 이름처럼 거품이 많이 생긴다.
거품은 건어내고 바닥이 눋지 않도록 불 조절에 신경 쓴다.

두부 만드는 과정

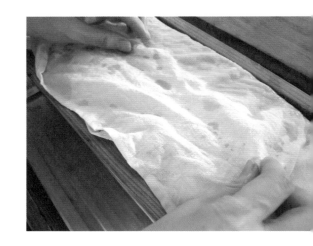

제 5 장 수채(酥菜)

맷돌이 없어도 어디서든 편하게 만드는 두부

행주두부방

行廚豆腐方

행주두부(行廚豆腐, 여행 중의 간편한 두부) 만들기(행주두부방)

메주콩을 깨끗이 말리고 찧어서 가루 낸다. 묽은 죽처럼
되도록 물을 섞은 다음 고운 베로 찌꺼기를 걸러낸 뒤,
끓는 물에 삶아낸다. 여기에 간수를 넣고 거두어들여 식
게 놔둔다. 굳으면 잘라서 쓴다. 더러는 보자기로 감싼
다음 산초·간장을 넣어 삶기도 한다. 이 방법은 여행 중
이라도 쓸 수 있다. 《산림경제보》

行廚豆腐方

大豆乾淨, 搗爲末. 水和如稀糊, 細布濾去滓, 沸湯煮出. 入
鹽滷收之, 放冷. 待凝定切用. 或裹袱, 入于椒、淸醬烹了. 此
法可施路次. 《山林經濟補》

가루를 장만하는 일은 살림하는 사람에게는 중요한 일 중 하나였다. 무더운 여름 시원하게 얼음을 넣고 탄 미숫가루의 고소한 맛은 더위와 배고픔까지 잊게 해 줬다. 볶은 콩가루, 보릿가루, 쌀가루 등 가루만 있으면 죽을 쑤든 부침개를 부치든 고추장, 된장 담글 때 등 쓰임이 많다.

콩가루로는 밀가루와 섞어 면이나 만두피를 만들기도 하고, 여행 중에 간편하게 두부를 만들 수도 있다. 여행 중에 간편하게 솥을 걸고 지니고 있던 콩가루와 간수만 있으면 두부를 만들어 먹을 수 있었다. 주막을 만나지 못할 경우를 대비해 미숫가루나 말린 밥, 말린 포 같은 요기가 되는 행찬(行饌)을 싸서 가지고 다녔다. 여행 중에 먹는 두부와 술 한잔에 민가에서 푸성귀라도 얻어먹으면 진수성찬이 부럽지 않았다.

조선시대에는 여행을 하려면 심지어 이불까지 챙겨 다녔다. 주막에서 이불을 제공하지 않으니 여유가 있는 사람은 이불을 지니고 다녔지만, 가난한 사람은 여의치 않았다. 여행하면서 지니고 다니는 것도 빈부격차가 심했다.

고소한 두부는 언제 먹어도 맛이 있지만 특히 콩가루로 만든 두부는 고운 베로 걸러줘야 두부가 곱게 만들어진다. 콩가루를 쓰면 비지가 거의 나오지 않는다. 응고제로 쓴 간수는 주성분이 염화마그네슘으로 짠맛이 있다. 나중에 두부를 물에 넣어두면 짠맛이 빠져나가 두부 맛이 좋아진다. 행주두부는 여행 중에 지닐 만큼 단단하게 만들었다.

콩에는 단백질과 지방, 무기질, 비타민까지 두루 들어 있고 소화 흡수가 잘돼 우리나라 사람들의 단백질 공급원으로 밭에서 나는 쇠고기로 불리며 사랑받아 왔다.

재료

메주 콩가루 400g,
물 2.5L, 간수 100g,
산초 0.8g, 간장 15g

만들기

1 메주콩을 깨끗이 말리고 찧어서 가루를 낸다.

2 묽은 죽처럼 되도록 물을 타서 섞은 다음 고운 베로 걸러 찌꺼기를 걸러낸다.

3 걸러낸 액을 끓는 물에 타서 끓인다.

4 바닥이 눋지 않도록 불 조절에 신경 쓰며 저어준다. 콩물이 익으면 간수를 넣고 저어 식힌다.

5 응고가 되면 모양을 잡아 물기를 빼고 굳으면 잘라서 쓴다.

6 보자기로 감싼 다음 산초, 간장을 넣고 같이 삶을 수도 있다.

Tip

콩가루는 저어가며 덩이를 풀어주고 콩물을 끓일 때는 눋지 않도록 불을 약하게 한다. 간수는 기호에 따라 양을 조절한다.

야들야들 탄력 있는 청포묵의 매력 속으로

청포방

靑泡方

청포[靑泡, 묵] 만들기(청포방)

청포는 녹두로 만들며, 두부 만드는 법과 같다. 다만 포대에 담거
나 누르지 않고 나무그릇에 저장해 두었다가 굳힌 뒤에 잘라서 쓴
다. 가늘게 잘라서 채로 썬 뒤, 식초와 간장을 섞어 먹으면 매우
좋다.《고사십이집》

청포는 반드시 녹두로 만들어야 좋다. 치자 물을 들이면 부드러운
황색을 띠면서 밝고 맑아서 매우 아낄 만하다. 메주콩으로 만들
때는 빛깔과 맛이 모두 떨어진다. 흉년에는 산골 사람들이 도토리
를 주워다가 갈아서 가루 내고 맑게 가라앉혀 거른 뒤, 졸여서 청
포를 만든다. 빛깔이 자줏빛을 띠고 맛이 담백하여 또한 허기를
달래기에 충분하다.《옹치잡지》

靑泡方

靑泡以綠豆製造, 如豆腐之法. 但不帒不壓, 收貯木器, 凝成後, 切而
用之. 細切作菜, 和醋、醬食之甚佳.《攷事十二集》

靑泡須用綠豆造乃佳. 用梔子水設色, 則嫩黃而明亮, 極可愛. 或用黃
豆造者, 色味俱劣也. 儉歲山氓拾橡子, 磨粉澄濾, 熬作靑泡. 色紫味
淡, 亦足住飢.《饔餼雜志》

재료

청포묵 가루 50g,
물 350g, 소금 0.5g,
식용유 적당량

황포묵
청포묵 가루 50g,
물 350g, 치자 가루 1g,
소금 0.5g, 식용유 적당량

식초 4g, 조선간장 16g

만들기

1 청포 가루를 준비해 물에 멍울 없이 풀어 준비한다. 베 보자기에 한 번 걸러 주면 더욱 곱다.

2 불을 약하게 해서 밑에 가라앉은 전분까지 눋지 않도록 고루 저어 준다.

3 소금을 넣고 간을 맞춘다.

4 색이 투명하게 바뀌면서 끓으면 더욱 신경 써서 저어준다. 가운데서 기포가 올라오면 조금 더 저어주다가 준비된 나무 그릇에 부어 서늘한 곳에서 충분하게 굳힌다.

5 포대에 담거나 누르지 않고 나무 그릇에 저장해 두었다가 굳힌 뒤에 잘라서 쓴다.

6 가늘게 잘라서 채로 썬 뒤, 식초와 간장을 섞어 먹는다.

Tip

황포묵은 치자 가루를 타서 쓰거나 치자 알맹이를 넣고 우려서 쓴다. 나무틀에도 미리 물을 바르거나 기름을 조금 발라 나중에 잘 떨어지게 한다. 필요에 따라 묵이 끓을 때 기름을 조금 넣으면 윤기가 난다.

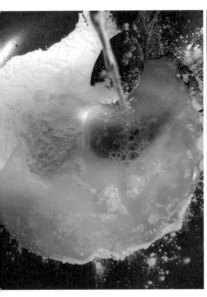
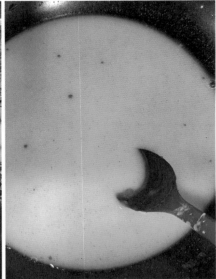

묵은 꽃잎이 사뿐히 내려앉아도 될 만큼 희고 순결해 보인다. 콩은 누렇고 알도 크지만, 녹두 알은 작고 풀 죽은 녹색이다. 수확도 콩보다 손이 더 간다. 녹두의 뽀얀 전분은 쉬기 쉽고, 만들 때도 손이 많이 간다. 감자 전분처럼 맛이 고소하지도 않고 무미해서 더욱 고상하다. 이런 특성 때문에 녹두 전분은 한과인 과편을 만들 때도 쓰였다. 유난히 빛도 뽀얗고 투명도가 있으면서 재료 본연의 맛을 잘 살려주기 때문이다. 빙허각 이씨는 지나치게 녹두 전분을 많이 넣으면 빛이 탁해지고 과편이 딱딱해질 수 있다고, 모과로 과편을 만들 때 주의하도록 이르고 있다. 과편은 과실의 고운 빛이 살아야 하기 때문이다. 청포묵은 녹두가루와 좋은 물이 있어야 한다. 색소를 들이지 않고 희다 못해 푸른빛이 도는 묵을 청포묵이라고 불렀다. 황포묵은 녹두가루로 죽을 쑤어 노랗게 치자 물을 들인 묵을 말한다. 전주비빔밥에는 노란 황포묵이 들

어가는데, 야들야들하면서도 씹는 맛이 있어 비빔밥의 맛을 한층 살려준다. 우리 풍속에 대해 적은 《동국세시기》의 3월 편에는 "녹두포를 만들어 잘게 썰고 돼지고기, 미나리, 김을 섞고 초장으로 무쳐서 서늘한 봄날 저녁에 먹을 수 있게 만든 음식을 탕평채"라고 하여 분명 봄철의 음식임을 알 수 있다. 특히 봄철에 녹두 전분을 만들어서 쑤는 청포묵은 색이 하얗고 말갛게 비치며 야들야들하다. 목으로 넘어가는 느낌이 아주 매끄럽다. 비타민을 많이 섭취해야 하는 봄에 여러 가지 채소와 녹두묵을 초간장으로 무친 탕평채는 나른한 입맛을 산뜻하게 해주는 좋은 음식이다. 메밀묵과 도토리묵이 서민의 음식이었다면, 녹두묵은 양반의 음식이었다.
열을 내려주고 독을 풀어주는 녹두는 뛰어난 해독 식품이다. 시스테인(cysteine), 글리신(glycine), 알라닌(alanine), 아르기닌(arginine)을 함유하고 있는 황포묵 역시 해독을 돕는다.

청량한 감촉으로 더위를 잊는 지혜

경지교방

璃枝膠方

경지교(璃枝膠, 우묵) 만들기(경지교방)

석화채(石花菜) 【안 《본초강목》에 "석화채는 일명 '경지(璃枝)'이다. 중국 남쪽 바닷가의 모래와 돌 틈에서 난다. 높이는 0.2~0.3척이며, 모양은 산호(珊瑚)와 같다. 붉은색과 흰색 2가지 종류가 있으며 가지에는 자잘한 톱니 모양이 있다. 끓인 물로 헹궈 모래가루를 제거하고 생강과 식초를 끼얹어 먹으면 매우 부드럽다. 오래 담가두면 성질이 변하여 끈적하게 굳는다."라 했다. 우리나라 민간에서는 이를 '우무채(盂蕪菜. 우뭇가사리)'라 부른다】를 여름에 깨끗이 씻어 볕에 말린 다음 다시 물에 담갔다가 볕에 말린다. 이와 같이 10일 동안 반복하면 흰색을 띤다.

이를 물에 끓여서 석화채는 건져낸 뒤 식히면 칡으로 쑨 죽처럼 굳지만 끈적거리지는 않는다. 이를 생강과 식초와 함께 먹으면 더위를 물리칠 수 있다. 더러는 소방목(蘇方木) 달인 물로 물들이기도 하는데, 색이 붉어 아낄 만하다. 승려들이 이를 재료로 소식(素食. 고기반찬 없는 소박한 식단)을 만들면 매우 진귀하다. 《화한삼재도회》

해발(海髮) 【안 《본초강목》에 "용수채(龍鬚菜)는 중국 동남쪽 바닷가의 돌에서 난다. 무더기 지어 살고 가지는 없으며, 잎은 버드나무잎과 같고, 뿌리털은 길이가 1척 남짓 되며 흰색을 띤다. 이를 식초에 담가 먹는다. 《박물지》에 '일종의 석발(石髮)이다.'라 한 것은 이것을 가리키는 듯하다."라 했다. 아마도 용수채가 해발일 것이다】은 길이가 1척 정도이고 푸른색을 띤다. 말리면 검붉은 빛깔을 띠며 흐트러진 머리카락 같다. 물에 담갔다가 볕에 여러 차례 말리면 깨끗하고 희게 된다.

이를 삶으면 석화채처럼 엉긴다. 얕은 그릇에 담고 식혀서 굳힌 다음 가늘게 잘라서 식초와 간장에 섞어 먹는다. 맛이 담백하고 감미롭다. 민간에 전해지기로는 해발을 삶을 때 말을 하면 안 된 다고 한다. 만약 농지거리를 내뱉으면 음식이 제대로 되지 않기 때문이라는 것이다.《화한삼재도회》

瓊枝膠方

石花菜【案《本草綱目》云：“石花菜, 一名‘瓊枝’. 生南海沙石間, 高 二三寸, 狀如珊瑚. 有紅、白二色, 枝上有細齒. 以沸湯泡, 去砂屑, 沃 以薑、醋食之甚脆. 久浸, 化成膠凍也.” 東俗呼爲“盃蕉菜”】, 夏月淨 洗曬乾, 復水浸曬乾, 如是十日成白色.
水煮冷定則凝凍如葛糊而不粘. 用薑、醋食之, 能辟暑也. 或用蘇方木 煎汁染之, 色赤可愛. 僧徒用作素食甚珍之.《和漢三才圖會》

海髮【案《本草綱目》云：“龍鬚菜, 生東南海邊石上. 叢生無枝, 葉如 柳, 根鬚長者尺餘, 白色. 以醋浸食.《博物志》‘一種石髮’, 似指此物.” 疑卽此海髮也】, 長尺許, 色青. 乾則紫黑色, 如亂髮, 水浸屢晒則潔白. 煮之則凝凍如石花菜, 盛淺器冷定, 纖裁之, 和醋、醬食之. 味淡甘美. 俗傳煮時勿語, 若吐戲語則不成也. 同上

소방목으로 물들인 목홍색 치마는 난하지 않으면서 치자로 은은 한 노란빛을 낸 손명주 저고리와 잘 어울린다. 요즈음에 볼 수 없 는 의젓하고 성숙하며 단아한 아름다움이 느껴진다.

《샘이 깊은 물》1989년 11월호 발췌

① 석화채(石花菜, 경지(瓊枝)) 만드는 법

재료

우뭇가사리

경지(석화채) 25g, 물 1.5L, 경지 채 25g, 소방목 30g,
물 1.5L, 생강 23g, 식초 30g.

만들기

1 깨끗하게 말린 우뭇가사리를 구해 풀어 헤친
   후 이물질을 털어낸다.

2 물에 넣어 가볍게 헹군다.

3 우뭇가사리가 잠길 정도의 물을 붓고 끓인 후
   우뭇가사리를 넣고 끓인다.

   (미리 준비한 소방목 달인 물로 목홍색을 들일 수도 있다.)

4 우뭇가사리가 끈적해지면서 물에 점도가 생기면
   고운체 위에 베 보자기를 깔고 끓인 액을 재빨
   리 물과 기름을 바른 매끄러운 그릇에 부어준다.

5 걸러진 액이 식으면서 굳어지도록 냉장고에서
   6시간 정도 굳힌다.

6 굳어진 묵을 잘라 생강채와 식초를 끼얹어 먹
   는다.

Tip

우뭇가사리를 끓일 때는 뚜껑을 덮지 않고
40분 정도 중불에서 끓인다.

근처 공사장에서 오전 일을 마친 한 무리의 사내들이 미닫이문을 열고 들어온다. 인심 좋은 아주머니는 찌그러진 얇은 양은 양재기에 식초와 설탕을 넣고 송송 썬 쪽파와 홍고추가 떠 있는 우무 냉국을 내놓는다. 탄성과 연신 감사의 말이 오간다. 땀내 나는 고된 노동에 찌든 얼굴에 환한 웃음이 번진다.

지금처럼 에어컨이 없던 시절 지독한 여름 복더위를 다스리기 위해 찾는 게 우무 냉국이었다. 우무로 만들어 청량감이 뛰어나고, 식초와 생강즙을 넣으면 새콤하고 깔끔한 맛이 갈증을 잊게 만든다. 수분과 유기산을 보충해 줘 피로를 없애고, 건강한 여름을 날 수 있게 해 준다. 우뭇가사리는 바닷속에 있을 때는 붉은색을 띠고 있다가, 채취해서 씻고 말리는 과정을 반복하면 뽀얀 빛으로 바뀌게 된다. 사람 손이 많이 가지만 정성 들인 만큼 희뿌옇고 깨끗한 우뭇가사리를 얻을 수 있다. 초여름에 채취한 우뭇가사리가 가장 질이 좋다. 우뭇가사리는 칼슘과 섬유질이 풍부하고 당질의 함량이 높다. 특히 아가로스(agarose)는 강력한 젤을 형성하는 중성 다당류이고 아가로펙틴(agaropectin)은 젤을 형성하는 성질이 약하다. 카라기난(carrageenan)은 소화가 되지 않아 비만, 변비를 예방해 미용 건강식으로 각광받고 있다. 우뭇가사리로 만든 한천은 가루나 건면 형태로 만들어져 푸딩이나 젤리 같은 디저트에 쓰인다. 보수성이 좋은 특성을 살려 화장품이나 의약품 등 활용 범위가 넓다.

후루룩 입안으로 미끄러져 들어가는 투명한 우무에 소방목(蘇方木)을 넣으면 붉은빛이 돌아 신비스럽다. 소방목은 원산지가 아시아의 아열대 지방으로 심재를 약재로 쓴다. 지혈, 진통, 어혈 제거 효과가 있어 약재로 쓰이며 홍색계열 염료로 쓰였다. 우리나라에서 생산되지 않아 조선 태조 때는 남만에서 공물로 보냈고, 세종 13년인 1431년에는 유구국에서 공물로 보내왔다.

소방목을 잘라서 끓이면 나오는 붉은색을 목홍(木紅)이라고 부른다. 황갈색이 도는 붉은색이 고와 조선시대 홍의를 염색하는 데도 많이 쓰였다.

② **해발(海髮, 용수채(龍鬚菜))**

재료
꼬시래기 젖은 상태 88g, 물 2.5L, 초장

만들기

1 말린 꼬시래기를 풀어 이물질을 제거한다.
2 물을 부어 꼬시래기를 석화채처럼 삶는다.
3 액이 굳으면 얕은 그릇에 담고 식혀서 굳힌다.
4 가늘게 자른다.
5 식초와 간장을 섞은 초장에 찍어 먹는다.

Tip
꼬시래기는 깨끗이 빨아 볕에 말리고 다시 물에 빨아 말리면 색이 빠진다.

용수채는 꼬시래기라고도 한다. 검은빛이나 자주색 짙은 갈색을 띠고 있어 홍조류에 속한다. 우무를 만들 때 우뭇가사리와 함께 넣기도 하고, 끓는 물을 부어 파랗게 데친 후 초나물로 무쳐 먹기도 한다. 꼬시래기는 조간대에 물이 드나드는 얕은 해역의 바윗돌이나 조개껍데기에 붙어 서식한다. 꼬시래기에는 칼슘, 철분, 섬유질이 풍부하고 칼로리가 낮아 살을 빼고 싶은 사람들이 국수처럼 먹는다. 몸 안에 쌓인 중금속을 배출해 주기 때문에, 꼬시래기를 비롯한 해초류는 현대인들에게 좋은 식재료가 된다.

꼬시래기를 끓이면 하얀 심이 드러나면서 물이 끈끈해진다. 이런 해초류들은 바다에서 중요한 역할을 한다. 바다가 사막화되는 '갯녹음' 현상을 막기 위해서도 꼬시래기 같은 해조류가 잘 자라도록 해양오염을 막아야 한다. 수많은 해양생물의 산란장이자 먹이가 되는 해초류가 없어지면 해양생태계는 파괴되고 말 것이다.

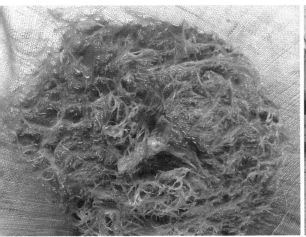

맑고 깨끗한 신선의 음식

수정회방

水晶膾方

수정회(水晶膾) 만들기(수정회방)

경지채(瓊芝菜)【안 경지(瓊枝)라고 써야 한다】를 씻어서 모래를 제
거하고, 쌀뜨물을 자주 갈아가며 3일 동안 담갔다가, 1~2번 끓어
오를 정도로 살짝 삶는다. 이를 동이에 넣어 매우 곱게 간 뒤, 노
구솥에 넣고 푹 끓여 찌꺼기를 걸러낸다. 굳으면 실처럼 채로 썰
어 쓴다.

이 채를 죽순채·마고채(표고버섯채)·무채·생강채·생채(生菜, 생채
소)·향채(香菜, 향신채)의 사이에 춘반(春盤) 모양처럼 돌려 담고 식
초를 끼얹어 먹는다.《거가필용》

水晶膾方

瓊芝菜【案 當作瓊枝】洗去沙, 頻換米泔浸三日, 略煮一二沸, 入盆研
極細, 下鍋煎化, 濾去滓, 候凝結, 縷切用.

筍絲、蘑菰絲、蘿蔔、薑絲、生菜、香菜, 間裝如春盤樣, 用醋澆食.《居
家必用》

재료

경지채 100g
(우뭇가사리 20g),
죽순채 60g,
마고채(표고버섯채) 40g,
무채 128g, 생강채 20g,
생채(생채소) 60g,
향채(향신채) 56g,
식초 22g, 삶는 물 2.5L,
쌀뜨물 적당량

만들기

1 경지채를 씻어서 모래를 제거하고 쌀뜨물을 자주 갈아가며 3일 동안 담갔다가 1~2번 끓어오를 정도로 살짝 삶는다.

2 이를 동이에 넣어 매우 곱게 간 뒤 노구솥에 넣고 푹 끓여 찌꺼기를 걸러낸다. 굳으면 실처럼 채를 썰어 쓴다.

3 이 채를 죽순채, 마고채, 무채, 생강채, 생채, 향채의 사이에 춘반 모양처럼 돌려 담고 식초를 끼얹어 먹는다.

더운 날씨 탓인지 죽순이 예년보다 일찍 올라왔다. 부추는 살이 도톰하게 올라 키는 작아도 실하다. 쑥갓은 가운데 꽃망울이 보이고 작고 야무진 잎은 향이 강하다. 고수는 둥근 잎을 멀찌감치 떼어버리고 잘고 고운 꽃을 피웠다. 향기가 진해서인지 꿀벌들이 날아와 붕붕거린다. 바람에 여유롭게 몸을 맡긴 모습이 어떤 꽃보다 아름답다.

향채는 이 3가지면 충분하다. 향채는 개운하고 상쾌해서 좀처럼 비위를 거스르는 법이 없다. 우무에 잘 어울린다. 무채도 수분이 많고 시원하고 깔끔하다. 소화가 잘되게 하는 디아스타아제(diastase) 같은 소화효소가 많다. 생강 역시 깔끔한 맛과 향이 있어 여름날의 시원한 수정회와 잘 어울린다. 더군다나 배탈을 막아주는 역할까지 한다. 수정회라는 이름이 너무 예뻐 맑고 투명한 느낌에 어울리는 재료로 고른다.

마고 버섯의 향기까지 더하면 고기가 없어도 죽순과 함께 부족함을 느끼지 못한다. 차게 굳힌 우무채와 상큼한 채소와 버섯의 곁들임은 식초로 마무리된다. 더위로 잃은 입맛을 되찾아 주고, 식초의 유기산이 피로물질을 없애준다. 여름에는 초 음식을 많이 먹어야 식중독도 예방하고, 몸에 쌓인 독소도 배출해 주고, 몸의 신진대사도 잘되도록 돕는다. 덥다고 얼음만 찾을 것이 아니라 건강에 도움이 되는 식초, 생강, 무, 향채 같은 건강 식재로 만든 수정회나 찬국을 자주 만들어 먹어보자, 다음 달에는 오이가 조금 더 있으면 가지도 주렁주렁 열릴 것이다.

Tip
표고버섯은 채를 쳐서 기름에 살짝 볶아 간장이나 소금 간을 한다. 각각의 재료들도 소금 간을 한다. 생강의 매운맛이 싫으면 식초에 담가 두었다가 매운맛을 조절한다.

제5장 수채(酥菜)

복원을 마치며

오래된 부엌문의 골진 틈으로 빛이 새어 들어온다. 암전 때문에 보이지 않던 정지의 모습이 한 눈에 들어온다. 매일매일 가족들의 밥상을 책임지던 부뚜막에는 밥을 짓던 커다란 솥, 조금 작은 국솥이 나란히 걸려 있다. 'ㄱ'자로 꺾인 부뚜막에 미닫이문이 달린 찬장까지 그대로다.

한 사람이 앉을 수 있는 아늑한 공간에서 불을 때며 연신 매운 눈을 비볐을 주부의 모습이 그려진다. 밥 하랴, 국 끓이랴, 장독대를 오가며 잘 숙성된 장을 퍼다 나물도 무치고, 김치며 장아찌를 상에 올리는 모습이 눈앞에 그려진다. 텃밭에서 따온 생채소도 된장이나 고추장과 함께 상에 오른다.

밥, 국, 김치와 나물 반찬으로 이루어진 한 끼 밥상은 삼국시대부터 우리 민족이 줄곧 먹어왔던 밥상의 모습이다. 일 년에 두어 번 양대 명절에나 먹을 수 있는 고기나 특별식이었던 계란이 없이도 채소만으로 삶을 유지해야 하는 절박함도 있었다. 우리나라는 사계절이 뚜렷하고, 지역마다 자연환경이 달라, 같은 채소를 가지고 특색 있게 조리하는 향토 음식이 발달했다. 주어진 환경을 지혜롭게 활용하고 채식 밥상이나 발효식이라는 효율적인 방법을 찾아낸 슬기로운 민족이다.

식이섬유, 장 건강, 혈액순환, 적정 체중 유지, 독소 배출, 스트레스 관리 같은 현대인들이 건강한 삶을 위해 신경 쓰는 키워드들은 모두 교여지류(咬

茹之類) 즉 씹어 먹는 채소 속에 답이 있다. 내가 먹을 채소를 재배하는 것은 내 건강을 챙기는 것뿐만 아니라, 땅의 건강에도 관심을 두게 되는 일이다. 뿌리와 잔뿌리를 제거한 손질된 채소는 식물이 가지고 있는 에너지가 덜 느껴지지만, 땅에서 막 뽑은 채소의 뿌리가 가진 활력과 향은 행복을 가져다준다. 채소 음식은 심고 가꾸고 조리하는 과정에서 정서적인 치유까지 얻을 수 있다.

텃밭 가꿀 여건이 안 되면 건나물, 약채소, 꽃차, 곡식, 여러 가지 제철 채소들이 나와 있는 시장이나 로컬푸드에 가 보면 좋다. 이곳에서는 가장 순박한 식재들을 만날 수 있다. 짬이 날 때는 근교에 있는 산이나 들, 작은 물가를 자세히 살펴보면 얼굴을 내미는 계절 식재들을 만나볼 수 있다.

노지에서 겨울을 견딘 키가 작지만 야무진 채소들, 눈과 얼음을 뒤집어쓴 채 추위를 견디는 봄동과 움파는 겨우내 빈밭을 지키고 있다.

땅에 훈짐이 오르고 밭 가장자리부터 흙이 풀리면, 하나둘 앙증맞게 쑥이 돋아난다. 낮에는 햇볕을 쬐고 밤에는 추위로 땅에 엎드린 고수는 달고 고소해, 여름 고수보다 훨씬 맛있다. 땅을 조금만 파 보면 얼지 않고 따뜻한 기운이 올라오는 것이 느껴진다. 봄의 기운이 왕성한 땅에서 올라오는 봄채소와 새싹은 맛도 맛이지만 연하고 보드라워 이때를 놓치면 자연과 하나 되는 느낌과 영 멀어지고 만다.

2월 말부터 3월, 4월, 5월은 푸성귀와 춘아(春芽)의 향연이 펼쳐진다. 꺾고 캐고 뜯어 성찬을 마음껏 즐길 수 있는 계절이다. 성가신 벌레도 없고 극성스러운 모기도 없는 봄은 채소가 연하고 쫄깃해 고기보다 풍미가 있는 미식의 계절이다.

여름은 꽃으로 음식 하기에 좋은 때다. 햇볕이 꽃 색을 곱게 낼 때 국도 끓이고 만두를 만들거나 꽃의 색소를 재료로 쓰기도 한다. 호박꽃, 옥잠화, 장미꽃, 원추리꽃, 목부용, 가지꽃, 부추꽃, 고수꽃, 참깨꽃 등은 눈도 즐겁고 몸에도 좋아 꽃으로 멋을 부려보거나 고기를 재우기도 한다. 잎줄기 식물들은 색도 진해지고 조금씩 억세지는 시기다.

가을은 열매가 영그는 결실의 시기다. 뿌리채소에 맛이 들고 과실이 익어가는 계절이다. 고구마, 우엉, 토란, 당근, 마, 양하, 연근, 무, 호박, 가지, 박, 동아, 마름 등은 보관을 잘해야 긴 겨울을 날 수 있어, 가을볕과 소슬해지는 바람을 잘 이용해 건채를 만들어야 한다. 이때는 버섯이 제철이다. 가을

산에서 따는 버섯을 말려두면 여러 가지 활용도가 높다.

들깨와 참깨 걷이도 중요한 일이다. 가을볕에 말려 타작을 해서 기름도 짜고 깨소금이나 들깨소금, 들깻가루를 장만해 나물 맛을 풍성하게 낸다.

서리가 내리기 전에는 밭에 있는 무와 배추를 뽑아 김장도 하고 시래기도 엮어 널어 말린다. 움을 지어 소루쟁이 뿌리도 옮겨 놓고 움파도 심어 놓는다. 눈 아래나 계곡의 찬물을 좋아하는 산갓은 1월에도 볼 수 있다.

음식이 홍수를 이루는 시대, 교여지류의 여러 음식과 식재는 의미가 크다. 지금이야 기록된 그대로 먹을 수 없는 것도 있지만 참고할 만한 것들이 많다.

먹는다는 것은 생명을 대하는 일이기도 하다. 제철 식재는 가공을 덜하고 생생한 전초를 쓸 수 있어 건강에 도움이 된다. 이제는 거들떠보지도 않지만, 쇠비름, 질경이 명아주, 소루쟁이 같은 산야(山野)의 자생초로부터 줄기를 취했다. 마름, 연방, 파초, 우백처럼 식물의 잎줄기, 뿌리줄기는 물론 소택지(沼澤地)의 식물까지도 식탁에 올렸다. 박과 밀기울로 대체육을 만들거나 재료의 엉기는 성질을 이용해 두부나 묵을 쑤었다. 호두나 행인 같은 견과류로는 반찬을 만들었다. 상추대나 갓뿌리까지도 약성과 식감을 살려 먹었다. 조금 더 채소를 이해하고 필요에 의해 채소에 더 다가가 여러 채소의 이점을 충분히 활용했다.

채소 반찬은 사찰 음식을 통해 더 풍성해졌다. 우리 민족 고유의 음식문화 역사와 지혜가 녹아 있는 보고(寶庫)이다. 제철 식재를 얻어 나선 길에 흥겨운 즉석 요리도 즐거움을 더한다. 산행증궐(山行烝蕨)의 주인공은 보드랍고 윤기 흐르는 고사리고 황화채를 고명으로 쓰는 멋스러움은 계절의 아취를 느끼게 해 준다.

음식에 조화와 균형, 음양오행의 원리를 담고자 했던 선비들에게 채소 음식은 마땅한 재료였다. 현대인들도 꼭꼭 씹어 먹고 잘 익혀서 막힌 것을 소통시키고 피를 잘 돌게 하는 나물은 먹으면 땅의 정수를 느낄 수 있고 건강에 보탬이 된다. 교여지류 복원은 주변의 작은 풀까지도 귀하게 볼 수 있게 만들어줬다. 작은 기쁨의 연속이었던 지난 일 년이 훌쩍 지나갔다.

조선셰프 서유구의

채 소 이 야 기

지은 이   풍석문화재단 음식연구소
         대표 집필 곽유경

펴낸 이   신정수

펴낸 곳   📖 **풍석문화재단**

         진행 박시현

         디자인 아트퍼블리케이션 디자인 고흐

         제작 상지사피앤비

         전화 (02) 6959-9921 **E-MAIL** pungseok@naver. com

펴낸 날   초판 1쇄 2025년 3월 15일

협찬   🦪 주식회사 오뚜기

ISBN   979-11-89801-69-4